高职高专"十三五"规划 国际商务（跨境电商）系列教材

网络营销与推广

于丽艳　主　编
毕盛楠　副主编
刘　丽　主　审

化学工业出版社
·北京·

网络营销是一门理论、方法与实践应用紧密结合的专业课程。本书在吸收国内外网络营销与推广领域研究与实践成果的基础上，以网络营销案例为突破口，采用项目引领、任务驱动的方法组织内容，并且注重从实际案例出发，系统阐述了网络营销与推广的基本理论、方法和实践应用。

本书注重理论与实践相结合，可供高等学校电子商务、市场营销、国际贸易专业的师生学习参考，也可供企业网络营销工作人员和经营管理人员学习参考。

图书在版编目（CIP）数据

网络营销与推广/于丽艳主编. —北京：化学工业出版社，2019.8（2025.1重印）
高职高专"十三五"规划. 国际商务（跨境电商）系列教材
ISBN 978-7-122-34414-4

Ⅰ.①网… Ⅱ.①于… Ⅲ.①网络营销-高等职业教育-教材 Ⅳ.①F713.365.2

中国版本图书馆 CIP 数据核字（2019）第 082359 号

责任编辑：董　琳　　　　　　　　　装帧设计：张　辉
责任校对：王　静

出版发行：化学工业出版社（北京市东城区青年湖南街13号　邮政编码100011）
印　　装：北京科印技术咨询服务有限公司数码印刷分部
787mm×1092mm　1/16　印张 14　字数 342 千字　2025 年 1 月北京第 1 版第 4 次印刷

购书咨询：010-64518888　　售后服务：010-64518899
网　　址：http://www.cip.com.cn
凡购买本书，如有缺损质量问题，本社销售中心负责调换。

定　　价：58.00元　　　　　　　　　　　　　　　　　　　版权所有　违者必究

高职高专"十三五"规划 国际商务(跨境电商)系列教材
编 委 会

主　　　任：毛忠明

副 主 任：刘　丽　杨志刚

编委会成员（按姓氏笔画排序）：

　　　　　　于丽艳　王宇翔　毛忠明　毕盛楠　吕冬梅
　　　　　　朱新强　庄　诺　刘　丽　刘　艳　汤丽佳
　　　　　　李爱群　杨　顺　杨志刚　杨春兰　吴文一
　　　　　　邹　娟　汪媛媛　沈　力　沈　洋　张　磊
　　　　　　张晓昕　陈　婧　周琼琼　房京坤　钟松影
　　　　　　董　淼　谢　莹　蔡　艺

序

近年来国家大力推进"互联网＋行动"计划，倡导"大众创业、万众创新"，坚持创新驱动发展，全面实施"中国制造 2025"，着力推进外贸供给侧结构性改革。随着"一带一路"国际合作高峰论坛的成功举办，跨境电商将迎来新的历史机遇。

为贯彻落实《国务院关于促进外贸回稳向好的若干意见》（国发〔2016〕27 号），以上海自贸区进行试点，推进自贸试验区贸易监管制度创新、推进跨境电子商务加快发展、加快培育外贸自主品牌、加快国际营销网络建设等多条措施，围绕中国（上海）跨境电子商务综合试验区建设目标，培育和集聚跨境电子商务、跨境金融、跨境物流及其他相关服务企业，形成具有国际竞争力的跨境电子商务产业集群。随着上海自贸区的发展，跨境电子商务发展也展现出勃勃生机，逐渐开通的国际商流、物流和迅速提升的产品运输速度和物流监管力为跨境电商发展提供了便捷有保障的服务支撑。

中国电子商务研究中心针对多家企业的调研结果显示，跨境电商企业普遍认为目前跨境电商人才严重缺乏，而不同规模企业对人才类型需求有差异。小型企业和大型企业相对于中型企业而言，更倾向于选择跨境电商复合型人才，而非专业人才。这类人才需要具备外语沟通能力、国际贸易实务、电子商务等专业知识和职业能力，并熟悉相关国际规则。

国内高等学校为了顺应经济社会发展需要，纷纷开设国际商务（跨境电商）专业（方向），以培养跨境电商行业急需的专业人才。但是目前教材大多偏重于传统国际贸易或电子商务平台，适合跨境电商的复合型系列教材还是比较缺乏。《国际商务（跨境电商）系列教材》正是在这种背景下编写的。为了做好此项工作，我们邀请多家高职高专、高校和企业专家共同参与教材编写。本系列教材基于对国际商务（跨境电商）相关岗位工作任务的调研，以培养学生的职业能力为核心目标，充分体现了工学结合、任务驱动和项目教学的特点。

本系列教材共有 11 本，涵盖了跨境电商、报关、报检、国际金融、会计、国际结算、人力资源、客户关系、网络推广、国际物流等，其中，3 本为双语教材，旨在将国际商务（跨境电商）的相关理论知识与英语的学习有机结合起来，培养跨境电商复合型人才，突出以就业为导向、以企业工作需求为出发点的职业教育特色。在内容上，注重与岗位实际要求紧密结合；在形式上，提供配套学习多媒体课件和项目学习评价。本系列教材既能满足国际商务（跨境电商）专业人才培养的需要，也可满足企业人员进行自我提升的需要，还可以作为在职人员培训教材。我们希望通过本系列教材的出版，加强专业内涵建设，促进复合型跨境电商人才与市场需求接轨，为跨境电商和"互联网＋行动"计划提供高素质、技能型的复合型人才。

国际商务（跨境电商）系列教材编委会
2019 年 2 月

前 言

21世纪，人类社会步入了以互联网为基础的网络经济时代，互联网的迅猛发展和广泛应用深刻影响着人类生活，也推动着企业的营销管理活动产生了巨大的变革。网络营销是以互联网为平台、以网络用户为中心、以市场需求为导向，利用各种网络应用手段实现企业经营管理目标的一系列行为。网络营销改变了传统的营销理念、策略、方法和手段，逐渐在企业经营活动中占据主导地位。很多企业在消费者观念转变和营销竞争日趋激烈的背景下，越来越认识到网络营销带来的低成本、高效率和覆盖面广等优势，广泛加入到网络营销与推广的大军之中。

网络营销在中国的起步虽然相对较晚，但发展势头却十分迅猛。网络营销环境日趋完善，网络营销规模快速增长，网络营销与推广的形式不断深化，企业网络营销与推广的专业水平逐渐提高，网络营销已成为企业最受欢迎的营销推广渠道之一。

为了适应社会经济发展对网络营销与推广技能型人才培养的需求，特编写此书。本书以高等职业教育"以服务为宗旨，以就业为导向"的培养目标为出发点，以知识"必需、够用"为原则来构建内容框架，密切结合企业网络营销与推广实践活动，侧重对学生技能的培养，总结了编者多年的教学经验，并吸取了国内外优秀教材的知识和案例，力求体现以下特点。

1. 结构编排合理

本书注重内容的系统性、科学性，深入浅出，项目安排循序渐进，通过案例有效地将知识与实践结合起来，增强了知识性与趣味性。

2. 注重培养学生的网络营销技能

本书加大了实训内容的比例，在注重网络营销与推广的基本理论、方法的基础上提供网络营销与推广技能培养教学。在每一个教学项目后都附有案例研讨和实践训练项目，用以提升学生的营销技能，增强高职高专院校学生知识结构与市场的对接能力。

3. 体例新颖、内容生动实用

本书在借鉴国内外优秀网络营销与推广编写模式的基础上，结合我国企业开展网络营销的实际情况和高职高专院校学生特点，力求使教材体例新颖、内容生动。在每个项目的开篇设置了"任务引入"，帮助学生快速进入知识学习；在每个项目中穿插设置了"提醒您""小链接"等栏目；在项目结束部分设置了"小结""实践案例"和"学习评价"，帮助学生巩固所学知识，提升实践技能。

本书由于丽艳担任主编，毕盛楠担任副主编。于丽艳负责全书体系结构设计编排以及统稿。各项目编写具体分工如下：项目一、项目二、项目三、项目十由于丽艳编写；项目五、项目八由毕盛楠编写；项目四、项目七由张晓昕编写；项目六、项目九由谢莹编写。全书由刘丽主审。

本书在编写过程中参阅了大量文献资料，同时参考和引用了一些作者的观点，谨向有关成果的贡献者、著作者表示诚挚的感谢。本书的编写和出版得到了化学工业出版社的大力支持和帮助，在此表示衷心的感谢。

由于编者水平和实践经验有限，书中难免存在一些疏漏和不足之处，恳请广大读者和同行批评指正。

编者
2019 年 2 月

项目一 认识网络营销 ··· 1
    任务一 网络营销概述 ·· 2
    任务二 网络营销与传统营销的比较 ·· 7
    任务三 网络营销的相关理论 ·· 9
    小结 ·· 13
    实践案例 ··· 14
    学习评价 ··· 14

项目二 网络营销发展的基础和环境 ·· 16
    任务一 网络营销发展的基础 ·· 17
    任务二 网络营销环境分析 ··· 23
    任务三 网络营销发展的宏观环境 ··· 26
    任务四 网络营销发展的微观环境 ··· 29
    小结 ·· 33
    实践案例 ··· 34
    学习评价 ··· 34

项目三 搜索引擎营销 ··· 36
    任务一 搜索引擎营销的基本原理 ··· 37
    任务二 搜索引擎营销的模式 ·· 40
    小结 ·· 53
    实践案例 ··· 54
    学习评价 ··· 54

项目四 社会化媒体营销 ··· 56
    任务一 论坛营销 ··· 57
    任务二 博客营销 ··· 61

任务三　微博营销 ·· 70
 任务四　微信营销 ·· 76
 小结 ·· 83
 实践案例 ·· 83
 学习评价 ·· 83

项目五　电子邮件营销 ·· 86
 任务一　电子邮件营销概述 ·· 87
 任务二　电子邮件营销过程和要点 ·· 93
 任务三　电子邮件营销效果评价 ·· 98
 小结 ·· 101
 实践案例 ·· 101
 学习评价 ·· 102

项目六　网络广告营销 ·· 104
 任务一　网络广告的特点和形式 ·· 105
 任务二　网络广告的投放 ·· 113
 任务三　网络广告的数据监测 ·· 125
 小结 ·· 128
 实践案例 ·· 129
 学习评价 ·· 129

项目七　软文营销 ·· 131
 任务一　软文营销概述 ·· 132
 任务二　软文营销的实施 ·· 135
 任务三　软文撰写的方法 ·· 140
 小结 ·· 146
 实践案例 ·· 147
 学习评价 ·· 148

项目八　事件营销 ·· 150
 任务一　事件营销概述 ·· 151
 任务二　事件营销成功要素及切入点 ·· 155
 小结 ·· 164
 实践案例 ·· 165
 学习评价 ·· 166

项目九　病毒营销 ·· 168
 任务一　病毒营销概述 ·· 169
 任务二　病毒营销推广 ·· 179
 小结 ·· 186

实践案例 …………………………………………………………………… 187
　　学习评价 …………………………………………………………………… 188

项目十　移动网络营销 ………………………………………………………… 190
　　任务一　移动网络营销概述 ……………………………………………… 191
　　任务二　APP 营销 ………………………………………………………… 198
　　任务三　移动广告 ………………………………………………………… 202
　　任务四　移动 O2O 营销 …………………………………………………… 207
　　小结 ………………………………………………………………………… 211
　　实践案例 …………………………………………………………………… 212
　　学习评价 …………………………………………………………………… 212

参考文献 ………………………………………………………………………… 214

项目一　认识网络营销

 知识目标

- 理解并掌握网络营销的内涵
- 理解网络营销的相关理论
- 熟悉网络营销的职能和内容
- 掌握网络营销的特点
- 掌握网络营销与传统营销的区别与联系

 能力目标

- 能够运用网络营销的思维分析相关问题
- 学会网络营销素材的积累

 重点难点

- 对网络营销的内涵的理解

 **任务引入**

无处不在的网络营销

很多人都会问，网络营销是什么？它在哪里？网络营销顾名思义是在网络上进行营销，是以互联网为主要手段的一种营销手段。在当今信息发达、互联网普及的时代，只要你登录网络，网络营销就无处不在，与人们生活、工作密切相关。

现在的人们要吃饭的时候，不用出门了，因为大家只需要登录必胜客的网站，点击喜欢的食物，半个小时内食物就会送上门；人们想要买衣服的时候，只要坐在家里，登录淘宝网，搜索衣服款式，点击自己喜欢的衣服，用支付宝支付，过一两天后就可以有衣服送上门，如果在使用衣服过程中，发现衣服有质量问题或其他问题，可以随时登录该淘宝店，与在线服务人员进行沟通交流；人们想买书的时候，可以登录当当网，那里的书比较齐全和便宜，还可以货到付款。只要我们登录过一次当当网，以后当当网有什么促销活动和书籍推荐时，会发促销广告到你的邮箱，让你了解他们的优惠活动。可见网络营销正在影响人们的生活。

网络营销的信息也慢慢走进人们的生活中。当我们想听歌时，登录酷狗页面，就会发现酷狗的页面会出现一些广告；当我们登录微博时，会发现自己微博主页的左侧会有一些广告；当我们在使用搜索引擎搜索信息的时候，会在我们的关键字下面出现其他推荐的关键字；当我们在电脑上观看电视剧的过程中，有时也会插入一些广告。可见网络营销的信息经常出现在我们身边。

任务一 网络营销概述

一、网络营销的含义

与许多新兴学科一样，网络营销目前并没有一个统一的、公认的、完善的定义，网络营销是一个快速发展中的概念。

(一) 国外学者关于网络营销的定义

网络营销在国外有许多提法，如 E-Marketing、Internet Marketing、Web Marketing、Online Marketing、Cyber Marketing、Network Marketing 等。这些提法都有网络营销的含义，但是其内涵、侧重点和应用场合有一定区别，具体如下。

（1）E-Marketing

即电子化营销或电子营销（这里的 E 有电子化、信息化、网络化的含义），是指通过国际互联网，内部网和外部网开展的营销活动。

（2）Internet Marketing

即互联网营销，是指在国际互联网上开展的营销活动。

（3）Web Marketing

即万维网营销，一般是指网站营销，如利用网站推广，发展用户通过站点与顾客的沟通，保持顾客对站点的忠诚度等。

（4）Online Marketing

即在线营销，是指借助联机网络开展的网上营销。

（5）Cyber Marketing

即虚拟营销或计算机数字营销，是指借助联机网络、计算机通信和数字交互式媒体的营销方式。

（6）Network Marketing

即在网络上开展的营销活动，此处的网络不仅指国际互联网，还包含电话网络、增值网络等。

其中，E-Marketing 意义最为广泛，Internet Marketing 是其最重要的子集，而 Web

Marketing 又是 Internet Marketing 的子集,Online Marketing 和 Cyber Marketing 都主要指针对在线消费者的销售,Network Marketing 则指利用各种类型网络进行营销。总体而言,在早期阶段,E-Marketing 使用较为普遍,而随着互联网的普及,人们更容易接受 Internet Marketing,其他提法使用相对较少,或存在一定局限性。

(二)国内学者关于网络营销的定义

在国内,网络营销还没有统一的定义,不同的学者从不同的角度给予了不同的解释。如:网络营销是在网络虚拟市场上用新策略和新方式实现营销目标;网络营销是借助于互联网完成一系列营销环节以达到营销目标的过程;网络营销就是利用互联网在更大程度上更有利润地满足顾客需求的过程;网络营销是企业利用当代网络技术来整合多种媒体,实现营销传播的方法、策略和过程;网络营销是以互联网为载体,以符合网络传播的方式、方法和理念实施营销活动,以实现营销目标或社会价值。

综合以上定义,我们认为,网络营销是以互联网为主要手段,以满足网络虚拟市场上顾客需求的营销活动为主要内容的一种现代营销方法。

(三)网络营销的内涵

1. 网络营销不是孤立存在的

网络营销是企业整体营销战略的一个组成部分,依附于一般的营销环境而开展。在实践中,网络营销与传统营销两者是并存的。

2. 网络营销不等于网上销售

网上销售是网络营销发展到一定阶段的产物,但不是唯一的产物。

(1)网络营销的目的并不仅仅是促进网上销售,其作用还有增加顾客的忠诚度。

(2)网络营销的效果表现在多个方面,例如提升企业的品牌价值、加强与客户之间的沟通、拓展对外发布信息的渠道、改善对顾客服务等。

(3)从网络营销的内容来看,网上销售也只是其中一部分,并且不是必须具备的内容。许多企业网站根本不具备网上销售产品的条件,网站主要是作为企业发布产品信息的一个渠道,通过一定的网站推广手段,实现产品宣传的目的。

3. 网络营销不等于电子商务

电子商务强调的是交易方式和交易过程这两个环节。网络营销的定义表明,网络营销是企业整体营销战略的一个组成部分,无论传统企业还是基于互联网开展业务的企业,也无论是否具有电子化交易的发生,都需要网络营销。

网络营销本身并不是一个完整的商业交易过程,而是为了促进交易提供支持,因此是电子商务中的一个重要环节,尤其在交易发生之前,网络营销发挥着主要的信息传递作用。网络营销和电子商务的这种关系也表明,发生在电子交易过程中的网上支付和交易之后的商品配送等问题并不是网络营销所能包含的内容。同样,电子商务体系中所涉及的安全、法律问题也不适合全部放在网络营销中。

4. 网络营销不应被称为虚拟营销

用虚拟营销来描述网络营销是不合适的。因为,所有的网络营销手段都是实实在在的,甚至比传统营销方法更容易跟踪并了解消费者的行为。比如:借助于网站访问统计软件,可确切知道网站的访问者来自何方,在一定的时间内浏览了哪些网页,还可以确切地知道订单用户的详细资料;利用专用的顾客服务工具,可以同访问者进行实时交流,所以每个用户都是实实在在的。

 **提醒您**

> **关于虚拟营销**
>
> 虚拟营销是一种克服资源缺乏的劣势的现代营销模式，其精髓是将有限的资源集中在附加值高的功能上，而将附加值低的功能虚拟化。比如：高档球鞋行业的战略环节是真正创造大量有价值的产品开发设计和营销组织管理，而不是相对简单的制造环节。美国耐克鞋业公司针对这一状况，集中主要的财力、物力、人力投入到创造和积蓄完成核心业务所必须的产品设计和营销管理方面，而将加工制造环节的这一非核心业务虚拟化，以合同承包加工返销的方式转向一些低工资国家。

5. 网络营销是营造网上经营环境

网络营销是综合利用各种网络营销手段、方法和条件并协调其间的相互关系，从而更加有效地实现营销目标。

网络营销的内涵和手段均处于不断发展演变之中，关于网络营销的定义和理解也只能适用于一定的时期。随着时间的推移，这种定义逐渐不能很好地反映新时期的实际状况。

二、网络营销的特点

由于互联网技术发展的成熟以及互联网成本低廉的特性，互联网好比是一种"万能胶"，将企业、团体、组织以及个人跨时空联系在一起，使得他们之间信息的交换变得毫不费力。市场营销中最重要也最本质的是组织和个人之间进行信息传播和交换。如果没有信息交换，那么交易也就是无本之源。正因为如此，互联网具有营销所要求的某些特性，使得网络营销呈现出一些特点。

1. 跨时空

营销的最终目的是占有市场份额，由于互联网可以跨越时间和空间限制进行信息交换，因此使得脱离时空限制达成交易成为可能。

2. 多维性

纸质媒体是二维的，而网络营销则是多维的，它能将文字、图像和声音有机地组合在一起，传递多感官信息，让顾客如身临其境般感受商品和服务。

3. 交互式

通过互联网展示商品图像以及商品信息资料库提供有关的查询，可以实现供需互动与双向沟通。互联网为产品联合设计、商品信息发布以及各项技术服务提供最佳场所。

4. 个性化

互联网上的促销是一对一的、理性的、消费者主导的、非强迫性的、循序渐进式的，而且是一种低成本与人性化的促销，能够避免推销员强势推销的干扰，通过信息提供与交互式交谈，与消费者建立长期良好的关系。

5. 成长性

互联网使用者数量快速成长并遍及全球，使用者多属于年轻、中产阶级、高教育水准，由于这部分群体购买力强而且具有很强市场影响力，因此是极具开发潜力的目标群体。

6. 整合性

互联网上的营销可由提供商品信息至收款、售后服务一气呵成，因此也是一种全程的营销。除此之外，企业可以借助互联网将不同的传播营销活动统一设计规划和协调实施，以统一的传播资讯向消费者传达信息，避免不同传播活动中资讯不一致产生的消极影响。

7. 超前性

互联网是一种功能最强大的营销工具，它同时兼具渠道、促销、电子交易、互动顾客服务，以及市场信息分析与提供的多种功能。它所具备的一对一营销能力，符合定制营销与直复营销的未来趋势。

8. 高效性

计算机可储存大量的信息，代替消费者查询，可传送的信息数量与精确度远超过其他媒体，并能顺应市场需求及时更新产品或调整价格，因此能及时有效地了解并满足顾客的需求。

9. 经济性

通过互联网进行信息交换，代替以前的实物交换，一方面可以减少印刷与邮递成本，可以无店面销售，免交租金，节约水电与人工成本；另一方面可以减少由于多次交换带来的损耗。

10. 技术性

网络营销大部分是通过网上工作者（威客等）完成，通过他们进行一系列宣传、推广，这其中的技术含量相对较低，对于用户来说是小成本大产出的经营活动。网络营销是建立在高技术作为支撑的互联网络的基础上的，企业实施网络营销必须有一定的技术投入和技术支持，改变传统的组织形态，提升信息管理部门的功能，引进懂营销与电脑技术的复合型人才，这样才能具备市场竞争优势。

三、网络营销的基本职能

作为一种新的营销模式，网络营销的基本职能主要表现在网上调研、网站推广、网络品牌建设、信息发布、网上销售、顾客服务、顾客关系和销售促进8个方面。

1. 网上调研

网上调研为制定网络营销策略提供了科学依据，也是其他网络营销职能更好发挥的重要支持。相对于传统市场调研，网上调研具有调查周期短、成本低的特点，其主要的实现方式包括：通过企业网站设立在线调查问卷、通过电子邮件发送调查问卷，以及与大型网站或专业市场研究机构合作开展专项调查等。网络市场调研与网络营销的其他职能具有同等地位，既可以依靠其他职能的支持而开展，同时也可以相对独立进行。

2. 网站推广

网站推广是网络营销基本的职能之一，是网络营销的基础工作。在网络营销的早期阶段，很多企业甚至认为网络营销就是网站推广。网站所有功能的发挥都要以一定的访问量为基础，获得必要的访问量是网络营销取得成效的基础，尤其对于中小型企业，由于经营资源的限制，通过互联网进行网站推广的意义显得更为重要。即使对于大型企业，网站推广也是非常必要的，事实上许多大型企业虽然有较高的知名度，但网站的访问量并不高。

3. 网络品牌建设

网络营销的重要任务之一就是在互联网上建立并推广企业的品牌，让企业的品牌在网上得以延伸和拓展。网络营销为企业利用互联网建立品牌形象提供了有利的条件，无论是大型企业还是中小型企业，都可以用适合自己企业的方式展现品牌形象。网络品牌建设以企业网站建设为基础，通过一系列的推广措施，达到顾客和公众对企业的认知和认可。与网络品牌建设相关的内容包括：企业官方网站、域名、搜索引擎排名、网络广告、电子邮件、会员社区等。

4. 信息发布

网络的本质是一种信息传播媒介，而网络营销的核心思想也是通过各种网络工具，将企业营销信息以高效的方式向目标用户、合作伙伴、公众等群体传递，因此信息发布就成为网络营销的一种基本职能。互联网为企业发布信息创造了优越的条件，不仅可以通过企业网站、微博、微信、电子邮箱向特定的用户发布信息，还可以利用搜索引擎、供求信息发布平台、网络广告服务商、合作伙伴网站等渠道向更大的范围传播信息。

5. 网上销售

网上销售是企业销售渠道在网上的延伸，一个具备网上交易功能的企业网站本身就是一个网上交易场所。网上销售渠道建设并不限于企业网站本身，还包括建立在专业电子商务平台上的网上商店，以及与其他电子商务网站不同形式的合作等，因此网上销售并不仅仅是大型企业才能开展的，不同规模的企业都有可能拥有适合自己需要的在线销售渠道。

6. 顾客服务

互联网提供了更加方便的在线顾客服务手段，从形式最简单的FAQ（常见问题解答），到电子邮件、邮件列表，以及在线论坛和各种即时信息服务等。在线顾客服务具有成本低、效率高的优点，在提高顾客服务水平、降低顾客服务费用方面具有显著作用，同时也能直接影响网络营销的效果。

7. 顾客关系

顾客关系是与顾客服务相伴而产生的一种结果，良好的顾客服务才能带来稳固的顾客关系。通过网络的交互性、顾客参与等方式在开展顾客服务的同时，也增进了顾客关系。网络营销为建立顾客关系、提高顾客满意度和顾客忠诚度提供了更为有效的手段，通过网络营销的交互性和良好的顾客服务手段增进顾客关系成为网络营销取得长期效果的必要条件。

8. 销售促进

市场营销的基本目的是为最终增加销售提供支持，网络营销也不例外。各种网络营销方法大都具有直接或间接促进销售的作用，这些促销方法并不限于对网上销售的支持。事实上，网络营销对于促进网下销售同样很有价值，这也就是为什么一些没有开展网上销售业务的企业一样有必要开展网络营销的原因。

四、网络营销的主要内容

1. 网络消费者行为分析

网络消费者是一个特殊群体，由于他们与传统市场群体有着截然不同的特征，所以开展有效的网络营销活动必须深入了解网上用户群体的需求特征、购买动机和行为模式。互联网已成为许多兴趣爱好趋同的群体聚集交流的地方，并且形成一些特征鲜明的网上虚拟社区，了解这些虚拟社区的群体特征和偏好是网上消费者行为分析的关键。

2. 网络市场调研

网络市场调研主要利用互联网的交互式信息沟通渠道来实施调查活动。它包括直接的网上问卷调查或通过网络收集市场调查中的二手资料。利用网上调研工具，可以提高调查效率。互联网作为信息交流渠道成为信息海洋,因此,在利用互联网进行市场调查时,重点是如何利用有效的工具和手段,实施调查和收集整理资料。此时收集信息不再是难事,关键是如何在信息海洋中获取想要的资料信息,并筛选出有用的信息。

3. 网络营销策略

网络营销虽然是行之有效的营销工具,但企业在实施时不可避免地需要承担大量投放信息的成本和风险,而由于不同的企业在市场中所处的位置不同,因此在采取网络营销实现企业营销目标时,就必须采取与各企业相适应的营销策略。同时,企业在制定网络营销策略时,还必须考虑各种因素对网络营销策略制定的影响。例如:产品的生命周期对网络营销策略的影响等。

4. 网络营销管理与控制

网络营销依托互联网开展营销活动,必将面临传统营销无法碰到的许多新问题,比如:网络产品质量保证问题、消费者隐私保护问题、信息的安全问题等,这些都是网络营销必须重视和进行有效控制的问题,否则企业开展网络营销的效果将适得其反,甚至产生负面效应。

5. 网络广告

互联网具有双向信息沟通渠道的特点,可以使沟通的双方突破时空限制进行直接的交流,操作简单、高效、费用低廉。这一特点使在网上开展促销活动十分有效,但必须遵循在网上信息交流与沟通的规则,特别是要遵守一些虚拟社区的礼仪。网络广告是进行网络营销最重要的促销工具,网络广告作为新兴的产业已经得到了迅猛的发展,在互联网这一被称为第五大媒体的平台上发布广告,其交互性和直接性的特点所显现的优势是报纸、杂志、无线广播和电视等传统媒体发布广告无法比拟的。

任务二　网络营销与传统营销的比较

网络营销作为传统营销的延伸与发展,既有与传统营销共性的一面,也有区别于传统营销的一面。随着网络营销的发展,网络营销的特点表现得越来越突出。

一、网络营销与传统营销的区别

1. 营销理念的转变

网络营销使大规模目标市场向个人目标市场转化成为可能,并向集中型、个性化营销理念转变。而在传统营销中,目标市场的选择都是针对某一特定消费群,很难把每个消费者都作为目标市场。目前,企业可通过互联网收集大量信息以了解消费者的不同需求,从而使企业的产品更能满足消费者的个性化需求。海尔集团多年来发展迅速,一直深受消费者的好评,其满足消费者个性化需求无疑是一个不可忽视的成功因素。亚马逊、淘宝网、当当网等的成功,也要归功于个性化服务。

2. 以现代信息技术为支撑

以现代信息为支撑是网络营销与传统营销最大的区别。网络营销是一种在现代科学技术基础上发展起来的新的营销模式,它的核心是以计算机信息技术为基础,通过互联网和企业内部网络实现营销活动的信息化、自动化和全球化。企业营销活动从信息收集到产品开发、生产、销售、推广、售后服务与评价等一系列的过程,均离不开现代计算机技术的支撑。

3. 供求平衡的转变

网络营销缩短了生产者和消费者之间的距离，节省了商品在流通中的诸多环节，有利于降低流通费用和交易费用。以往企业无法对产品的配置和数量加以精确规划，供应商不清楚客户何时需要他们的产品，不得不建立库存以应付各种需求，库存常有积压，由此导致供应链臃肿，造成清理库存的损失。网络营销使这种现象逐渐得到改善。

4. 市场环境的转变

网络营销面对的是完全开放的市场环境，互联网的广泛应用已将企业营销引导到一个全新的信息经济环境。传统市场营销活动所必需的物理距离，将在很大程度上被网络的电子空间距离所取代，"时差"将不复存在。互联网的开放性和参与性导致网络营销面对的市场环境是完全开放的，其丰富多彩的内容和灵活、便利的商业信息交流，吸引着越来越多的网络用户。

5. 沟通方式的转变

传统的营销在沟通方式上只能做到信息输送的单向性，利用媒体广告、公关活动等传统促销手段，也只能提供单向的信息传输，企业很难及时得到消费者的反馈信息。互联网使信息沟通模式由单向被动式转变为双向主动交互式。目前在网上流行的QQ、CSKYPE、微信、阿里旺旺等即时通信工具随时都保持着双向沟通。通过互联网，企业可以为用户提供丰富、详细的产品信息，用户也可以通过网络向企业反馈信息，真正做到双向互动交流。

6. 营销策略的转变

网络营销的双向互动性，真正实现了全程营销的模式。企业必须从产品的设计阶段开始，就充分考虑消费者的需求与意愿。在互联网上，即使是小型企业也可以通过电子公告栏、在线讨论广场和电子邮件等方式，以极低的成本在营销全过程对消费者进行即时的信息收集；消费者则有机会对从产品设计到定价以及服务等的一系列问题发表意见。这种双向交互式沟通方式能使企业的决策有的放矢，从根本上提高消费者的满意度。

7. 时空界限的转变

网络营销消除了传统营销中的时空限制，能够提供24小时无间断服务，消费者可随时查询所需商品或企业的信息，并在网上购物。查询和购物程序简便、快捷，这种优势在某些特殊商品的购买过程中尤其突出。

二、网络营销与传统营销的联系

1. 传统营销是网络营销的基础

网络营销作为一种新的营销方式或技术手段，是整个营销活动的组成部分。网络营销不是横空出世的，它与传统营销之间没有严格的界限，两者都是企业的经营活动，都需要通过组合运用来发挥最大的功效，单靠某一种手段就想达到理想的营销目标是不切实际的。

2. 网络营销与传统营销都需要通过组合发挥作用

不管是网络营销还是传统营销，都把满足消费者的需求作为一切活动的出发点，这里的需求不仅仅是指消费者的现实需求，还包括潜在需求。

目前，网络营销已成为许多企业的重要经营策略，尤其是中小企业对这种低成本的营销方式表现出了更大的热情。

（1）一些网上零售商甚至发展实体店来拓展销售渠道，网络公司并购传统企业的事件时有发生。

（2）传统企业上网的热情日益高涨，注资或并购网络公司的案例也不断增加。

网络企业与传统企业、网络营销与传统营销之间也在相互融合。事实上，两者之间并没有严格的界限，网络营销理论不可能脱离传统营销的理论基础。

三、网络营销与传统营销的融合

从心理学的角度看，消费行为至少有两种动机：一种是真的产生了购买的需要，这种情况只要能够及时使消费者安全地得到该需要就可以，这种动机的需要可以被网络满足；另一种则并不仅仅是为了购买，而是为了享受消费的过程，这种动机的消费者则是把整个挑选、试货等过程看作一种享受，因此消费者不会愿意把这个真实的体验和互动过程缩短。由此可见，传统营销过程中体验性强的优点是网络营销无法取代的。

消费者购物往往有"眼见为实"的心理。在商品的挑选上，传统营销比网络营销有更大的自主性。消费者到商场购物常常会对所需商品的各方面进行仔细查看，以确定是否符合自己的需要，消费者可以了解到商品的几乎所有信息。但网络营销方式的商场是虚拟的，从网上对商品的了解程度在于营销人员输入计算机中的信息量。有些信息如商品的质地、质量、重量、大小等不一定会在网上全部介绍。即便能了解到所有需要的信息，消费者购买某些产品时也会有一种不踏实的感觉，即使消费者亲临商场购物也怕假冒伪劣。另外，也确实发生过通过网上购物而拿到的食品已过保质期的现象。所以有的产品、有的企业完全用网络营销取代传统营销，并不能取得预期效果。

网络安全问题在一定程度上制约着网络营销的发展。网络给人们带来了种种便利，同时也带给人们更多的烦恼。尽管电子商务日益普及和完善，但网络依然存在着安全隐患。目前的金融结算体系还不能完全适应电子商务的要求，无法消除用户对交易安全性的顾虑。网上交易首先要防黑客，还要防诈骗。尤其在C2C方面，网络欺骗已到了比较严重的地步。这些安全漏洞将直接影响电子商务站点的信誉，对国内电子商务的发展进程产生重大影响。由于买卖双方都素未谋面，彼此毫无了解，网站对上传的信息无法确认以及跟踪交易，便为诈骗提供了肥沃的土壤。网络安全问题使得人们不会完全改变传统消费方式。

互联网的销售市场只是整个商品市场的一部分，覆盖的消费者群体只是整个市场中的某一部分。许多消费群体由于各种原因还不能或者不愿意使用互联网，比如：老年人，以及一些无法上网的消费者，而传统的营销手段却可以覆盖这部分群体。

任务三　网络营销的相关理论

网络营销的产生是有其理论依据的。在网络营销出现之前，人们已经在电子商务经济学、直复营销、关系营销、软营销、整合营销、体验营销、长尾理论等方面进行了探索，这些理论为网络营销的产生和发展奠定了理论基础。

一、电子商务经济学理论

电子商务经济学是研究因电子商务而引发的各种经济现象及其规律的一门经济学分支学科，主要讨论同电子商务有关的重要的微观和宏观经济学问题。前者主要涉及消费者和企业在电子化市场和传统市场（跨市场）上的行为，后者主要关心电子商务对一个经济体在宏观上的影响。属于前者的例子有：电子商务的基本模式；电子化市场的各种形式及其特点；动态定价的优点和局限性；消费者和厂商上网交易的经济学原因；网上交易对消费者和厂商的影响；个性化技术和智能代理技术对厂商和消费者的影响；价格歧视、产品差异化、一对一营销和批量定制对厂商和消费者的影响；各种 B2B 的交易模式，如一对一模式、一对多模式和多对多模式的比较；谈判理论在电子商务中的应用等。属于后者的例子有：电子商务对经济周期的影响；电子商务对通货膨胀和就业的影响；电子商务对经济增长的贡献；税收政策对电子商务的影响等。

由于网络营销是电子商务的重要组成部分，电子商务经济学理所当然地把有关网络营销的经济学问题作为研究的一个重点。例如：电子商务经济学研究的数字产品定价问题就对网络营销实践至关重要；有关网上广告特点和规律的理论对网络营销也有直接的指导意义。软件产品是网上交易的主要品种之一，假如对软件产品的成本特性及软件使用所具有的锁定效应和网络效应一无所知，将很难理解捆绑销售的重要意义，当然也就无法为软件企业制定出强有力的产品和价格策略。作为研究电子商务这一全新商业模式的经济学理论，电子商务经济学是网络营销基础理论中理论性最强的一个，其对网络营销的指导意义也最大。这种指导作用更多地集中在战略层次而不是操作层次，所以电子商务经济学对网络营销战略的制定最具意义。在许多时候，电子商务经济学向我们指明在网络营销领域哪些事情可为，哪些事情不可为。

二、直复营销理论

直复营销最早起源于美国，目前在以美国为首的发达国家已经得到了广泛的应用，其中在消费品市场和产业市场直复营销应用得尤其广泛。根据美国直复营销协会（ADMA）的定义，直复营销是一种为了在任何地方产生可度量的反应和达成交易而使用一种或多种广告媒体的相互作用的市场营销体系。直复营销中的"直"是指不通过中间分级渠道而直接通过媒体连接企业和消费者，利用网络进行销售，顾客可通过网络直接向企业下订单和付款；直复营销中的"复"是指企业与顾客之间的交互，顾客对这种营销效果有一个明确回复（买还是不买），企业可统计这种明确回复的数据，由此对以往的营销效果作出评价。直复营销企业需要建立起模式化运行的技术基础，即以顾客为导向的组织结构、完整和不断更新的顾客数据库系统和以网络为主要媒介的互动沟通平台。直复营销的常见类型有：直接邮购营销、目录营销、电话营销、电视营销、网络营销。

网络营销是一种典型的直复营销。借助互联网，企业与顾客之间可以实现一对一的信息交流和直接沟通。互联网的方便、快捷使得顾客可以方便地通过互联网直接向企业提出建议和购买需求，也可以直接通过互联网获得售后服务。这也是为什么网络营销虽然是直复营销各种方式中出现最晚的一种，但却是发展最为迅猛、生命力最强的原因。

由于直复营销最重要的一个特性就是营销活动的效果是可测定的，因此，网络营销是可测试、可度量、可评价的。有了及时的营销效果评价，企业就可以及时改进以往的网络营销方式，不断地提高网络营销效果。

三、关系营销理论

关系营销是指把营销活动看成是一个企业与消费者、供应商、分销商、竞争者、政府机构及其他公众发生互动作用的过程，其核心是建立和发展与这些公众的良好关系。

 小链接

Cisco（思科）公司的客户关系管理

作为一个对世界IT潮流有着足够敏感度的企业，Cisco公司已在互联网上开展了其所有业务。它全面采用Orale的数据库、互联网技术平台及前端应用程序，建设了面向全球的交易系统，并已将市场及服务扩展到了全世界的15个国家。Cisco在客户服务领域全面实施了CRM（客户关系管理），这不仅帮助Cisco顺利地将客户服务业务搬到互联网上，使通过互联网的在线支持服务占了全部支持服务的70%，还使Cisco能够及时和妥善地回应、处理和分析每一个通过Web、电话或其他方式来访的客户要求。

通过实施CRM战略，Cisco创造了两个奇迹：一是公司每年节省了36亿美元的客户服务费用；二是公司的客户满意度由原先的3.4分提高到现在的4.17分。这是一个惊人的数字，在这项满分为5分的调查中，IT企业的满意度几乎没有能达到4分的。CRM为Cisco创造了极大的商业价值：在互联网上的销售额达到了每天2700万美元，占到了全美国互联网销售额的半数以上；发货时间由3周减少到了3天；在新增员工不到1%的情况下，利润增长了500%。

互联网作为一种有效的双向沟通渠道，企业与顾客之间可以实现低费用成本的沟通和交流，它为企业与顾客建立长期关系提供有效的保障。利用互联网，企业可以直接接收顾客订单，顾客可以直接提出自己的个性化需求，企业还可以更好地为顾客提供服务和与顾客保持联系。通过互联网，企业还可以实现与相关的企业和组织建立关系，实现双赢发展。互联网作为最廉价的沟通渠道，它能以低廉成本帮助企业与企业的供应商、分销商等建立协作伙伴关系。

四、软营销理论

软营销是针对工业化大规模生产时代的强势营销方式而提出的一种新的营销理论，它强调企业在进行市场营销活动时，必须尊重消费者的感受和体验，让消费者乐意主动地接受企业的营销活动。软营销和强势营销的一个根本区别就在于软营销的主动方是消费者而强势营销的主动方是企业。网络本身的特点是软营销理论产生的原因之一。互联网上的信息交流是平等、自由、开放和交互的，它强调的是相互尊重和沟通，所以，企业如果在网络中依然采取传统的强势营销方式，如强行向用户发送E-mail广告、在用户浏览网页时强行弹出广告等，那么无论是有商业目的的推销行为，还是没有商业目的的主动服务，都会遭到唾弃甚至可能遭到报复，如消费者向企业网站进行病毒攻击或多个用户联合同时向企业发送E-mail致使企业服务器瘫痪等。

在互联网上，企业如果想向消费者提供信息，那就必须遵循一定的规则，这些规则被统称为网络礼仪。网络礼仪是互联网自诞生以来逐步形成与不断完善的一套良好的、不成文的网络行为规范，是网上一切行为都必须遵守的规则。软营销的特征主要体现在遵守网络礼仪的同时，通过对网络礼仪的巧妙运用从而获得一种微妙的营销效果。

软营销产生的另一个原因就是消费者个性化需求的回归。它使消费者在心理上要求自己成为主动方，而网络的互动特性又使消费者有了成为主动方的真正可能。他们不欢迎不请自到的广告，但他们会到网上寻找自己需要的信息，企业只需在那儿静静地等待消费者的寻觅即可。

五、整合营销理论

整合营销是一种新的营销理念和方法，是指以消费者为核心，重组企业行为和市场行为，综合协调地使用各种传播方式，以相同的目标、统一的传播形象，传递一致的信息，实现与消费者的双向沟通，迅速树立企业品牌在消费者心目中的地位和形象，建立企业品牌和消费者之间长期和密切的关系。与传统营销相比，整合营销强调营销即是传播，企业要和消费者多渠道沟通，其理论核心是以客户为中心的4C理论，即顾客（Customer）、成本（Cost）、便利（Convenience）和沟通（Communication）。

网络整合营销是基于信息网络（主要是互联网）之上，近年来新发展起来的一种营销模式。在深入研究互联网各种媒体资源（如门户网站、电子商务平台、行业网站、搜索引擎、分类信息平台、论坛社区、视频网站、虚拟社区等）的基础上，精确分析各种网络媒体资源的定位、用户行为和投入成本，根据企业的客观实际情况（如企业规模、发展战略、广告预算等）为企业提供最有价值的一种或者多种个性化网络营销解决方案，这种行为就称为网络整合营销，或者称为个性化网络营销。

网络整合营销的本质是以为客户提供有价值的信息为基础，整合各种网络营销方法，并与客户的客观需求进行有效匹配。主要有以下3个方面的含义。

（1）传播的统一性

企业以统一的传播资讯向消费者传递有效信息，消费者无论从哪种媒体所获得的信息都是统一的、一致的。

（2）互动性

企业与消费者双向沟通，可以迅速、准确、个性化地获得信息和反馈信息。

（3）目标营销

企业的一切营销活动都应围绕企业目标来进行，实现全程营销。

六、体验营销理论

体验营销是通过看、听、用、参与的手段，充分刺激和调动消费者的感官、情感、思考、行动、联想等感性因素和理性因素，重新定义、设计的一种思考方式的营销方法。体验营销理论认为，消费者消费时是理性和感性兼具的，消费者在消费前、消费中和消费后的体验，是研究消费者行为与企业品牌经营的关键。

网络营销中体验营销的应用主要体现在两个方面。

（1）网络虚拟体验的构建与呈现

企业需要充分利用网络多媒体技术来提高视觉感官、浏览操作、交互参与、安全信任等多方面的用户体验。

（2）部分商品通过线下体验来辅助网络营销

如珠宝、家居类电商在线下开设实体店，有助于缓解由于网络虚拟性带来的直接体验缺失问题，从而促成线上交易的达成。

 小链接

> **锐步（Reebok）的虚拟店面**
>
> Reebok 的本义是指非洲一种羚羊，它体态轻盈，擅长奔跑。Reebok 公司希望消费者在穿上 Reebok 运动鞋后，能像 Reebok 羚羊一样，在广阔的天地间纵横驰骋，充分享受运动的乐趣。Reebok 在体验营销领域进行了大胆尝试，将羚羊纵横驰骋的天地也搬进了虚拟世界 second life 中。在 second life 的 Reebok 虚拟店面里，游客不仅可以和前台小姐随意合影，还可以在新款运动鞋的展示台前随意改变鞋子的颜色和款式，挑选出自己最满意的产品。这一基于互联网 3D 技术的新的体验营销模式，改变了消费者固有的消费行为观念，使消费者对新产品的体验变得更快捷，更方便。

七、长尾理论

长尾理论是网络时代兴起的一种新理论，由克里斯·安德森 2004 年在美国《连线》杂志中提出。长尾理论认为：只要产品的存储和流通的渠道足够大，需求不旺或销量不佳的产品所共同占据的市场份额可以和那些少数热销产品所占据的市场份额相匹敌甚至更大，即众多小市场汇聚成可产生与主流相匹敌的市场能量。也就是说，企业的销售量不在于传统需求曲线上那个代表"畅销商品"的头部，而是那条代表"冷门商品"经常被人遗忘的长尾。

长尾理论是对传统主流营销思想"二八法则"的一次颠覆，也对互联网企业的营销思路有很大的冲击，从而对整个网络营销发展有一定的影响作用。实际上，亚马逊、eBay、Google、阿里巴巴、百度、腾讯等互联网企业的崛起，或多或少都有基于长尾理论的应用。企业开展网络营销时，在利基市场（需求很小的细分市场）寻找、搜索引擎营销的关键词选择、品牌多样化、渠道整合、网络推广宣传等领域都应用到长尾理论的思想。

小　　结

（1）网络营销是以互联网为主要手段，以满足网络虚拟市场上顾客需求的营销活动为主要内容的一种现代营销方法。

（2）网络营销具有跨时空、多维性、交互性、个性化、成长性、整合性、超前性、高效性、经济性和技术性等特点。

（3）网络营销的基本职能主要表现在网上调研、网站推广、网络品牌建设、信息发布、网上销售、顾客服务、顾客关系和销售促进 8 个方面。

（4）网络营销的主要内容是网络消费者行为分析、网络市场调研、网络营销策略、网络营销管理与控制、网络广告。

（5）网络营销作为传统营销的延伸与发展，既有与传统营销共性的一面，也有区别于传统营销的一面。

（6）网络营销的理论基础包括电子商务经济学、直复营销、关系营销、软营销、整合营

销、体验营销、长尾理论等。

 实践案例

案例分析　　　　　最为紧缺的网络营销人才

伴随着网络营销的快速发展，企业对网络营销人才的需求与日俱增，以下3类人才是目前企业开展网络营销活动最为紧缺的人才。

(1) 销售类人才

网络营销人员是目前最为紧缺的人才。伴随着网络搜索市场的急剧扩容，Google、百度、网易等靠搜索竞价营销盈利的搜索公司急需大量具有丰富经验的网络营销人员。在职能上，网络营销人员与广告公司的业务员有些相似，最大的不同是必须精通互联网，能够熟练运用各种网络工具与语言，还要具备一定的市场营销知识与技巧。除此之外，负责不同营销领域的人员要对自己服务的企业与行业有全面了解，熟悉该行业市场营销变化，并能根据这些变化为企业量身订制合理的营销方案。

(2) 客服类人才

网络营销能否成功，取决于客户服务人员对市场的把握与深入的调查分析。首先，客服应该是一个文案高手，能够撰写各类营销策划书，设计广告标题与内容，从而增加网民的关注度。其次，客服要熟悉人们使用互联网的习惯，制定最适合客户需求的营销模式。最后，客服要有较强的服务意识。例如，市场策划岗位要求应聘者要有较强的谈判与沟通能力，能够独立策划产品的整体广告销售方案，还要随时监控所负责合作项目的运营情况，提交运营分析报告。同时，能撰写各类相关文档。在网络营销人才中，客服类人才属于多面手，有广阔的知识面，既懂互联网，也懂客户的需求，对市场学、传播学、消费学，甚至心理学都有所了解。

(3) 技术类人才

无论是企业网络构建管理还是网站的开发运营，都需要靠实用型网络技术人才来实现。也就是说，几乎所有拥有计算机信息系统的IT客户都需要网络技术工程师负责运行和维护。国家相关部门的统计显示，未来5年，中国对从事网络建设、网络应用和网络服务等新型网络人才的需求将达到60万~100万人，供需缺口巨大。

业务操作

1. 结合以上案例，以小组为单位开展调研，并撰写网络营销人才需求调研报告。
2. 你认为作为一名网络营销人员应该具备哪些知识和技能？

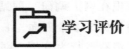 学习评价

一、选择题

1. "企业可以借助互联网将不同的营销活动进行统一设计、规划、协调和实施，以统一的传播方式向顾客传达信息"体现了网络营销的（　　）特点。
　　A. 交互性　　　　B. 整合性　　　　C. 个性化　　　　D. 技术性

2. 关于网络营销，下列说法中错误的是（　　）。
   A. 网络营销不是孤立存在的　　　　B. 网络营销不等于电子商务
   C. 网络营销就是网上销售　　　　　D. 网络营销不能完全替代传统营销
3. 定制营销将（　　）看作一个细分市场。
   A. 需求相同的顾客　　　　　　　　B. 每一位顾客
   C. 居住地相同的顾客　　　　　　　D. 年龄相同的顾客
4. 下列说法中错误的是（　　）。
   A. 强势营销活动中消费者是被动地接受广告信息的"轰炸"
   B. 软营销活动强调的是相互尊重和沟通
   C. 软营销是通过不断的信息灌输方式在消费者心中留下深刻的印象
   D. 强势营销的主要促销手段是广告和人员推广
5. 网络营销产生的现实基础是（　　）。
   A. 互联网的发展　　　　　　　　　B. 消费者的价值观的变革
   C. 激烈的竞争　　　　　　　　　　D. 个性化消费的需要
6. "企业可以向客户展示商品和服务信息，而用户也可以通过网络查询相关商品的详细信息"体现了网络营销的（　　）特点。
   A. 互动性　　　B. 整合性　　　C. 跨时空性　　　D. 成长性
7. 网络营销对传统营销策略的冲击表现为（　　）。
   A. 对传统标准化产品的冲击　　　　B. 对定价策略的冲击
   C. 对营销渠道的冲击　　　　　　　D. 传统广告障碍的消除
8. 网络营销系统的功能表现为（　　）。
   A. 信息发布与沟通　　　　　　　　B. 网上支付与结算、货物配送
   C. 网上售后服务　　　　　　　　　D. 产品交换的功能
9. 网络营销系统是由（　　）构成。
   A. 企业内部网络系统　　　　　　　B. 企业管理信息系统
   C. 网络营销站点　　　　　　　　　D. 网络营销的组织和人员
10. 网络营销与传统营销的相同点包括（　　）。
    A. 都是企业的经营活动　　　　　　B. 都以互联网为基础
    C. 都需通过组合发挥作用　　　　　D. 都有推销人员

二、判断题

1. 网络营销是市场营销的未来发展方向。（　　）
2. 网络营销就是利用互联网进行的销售行为。（　　）
3. 电子商务是网络营销的发展基础。（　　）
4. 利用网络可以对传统营销关系进行整合。（　　）
5. 网络营销产生的技术基础是互联网。（　　）

三、简答题

1. 与传统营销相比，网络营销有哪些优势和不足？
2. 网络营销产生的技术基础、观念基础和现实基础是什么？
3. 直复营销、关系营销、软营销、整合营销的主要思想是什么？

项目二　网络营销发展的基础和环境

 知识目标

- ◆ 了解中国网络营销发展的现状及存在的问题
- ◆ 正确理解网络营销环境的内涵
- ◆ 掌握网络营销宏观环境对网络营销的影响
- ◆ 掌握网络营销微观环境对网络营销的影响

 能力目标

- ◆ 掌握网络环境分析方法
- ◆ 能够运用 SWOT 分析法分析企业所处的网络营销环境

 重点难点

- ◆ 网络营销环境对网络营销的影响

 任务引入

营销环境对企业的营销管理来说是不可控制的变量,营销管理者的任务就在于适当安排营销组合,使之与不断变化着的营销环境相适应。如果没有充足的产品和服务的市场需求为公司创造利润,那么企业的财务、运营、会计和其他方面的努力都只不过是水中月、镜中花。因为营销是企业赢利的基础,许多企业设立了首席营销官(CMO),其地位相当于首席执行官(CEO)和首席财务官(CFO)等主管级别的经理。从消费品厂商到医疗保险人,从非营利组织到工业品厂商都做媒体广告,以此宣传他们最近的营销业绩。在他们的网站和商业媒体上有着数不清的关于营销战略和战术的文章。营销是复杂微妙的工作,西尔斯、李维斯、通用汽车和

项目二 网络营销发展的基础和环境

施乐等知名大企业都承认,面对着更强大的消费者和新的竞争对手,企业必须时刻关注营销环境的变化,适度调整营销战略。本项目将介绍学习网络营销环境的重要性。

任务一 网络营销发展的基础

互联网的产生,大大缩短了生产者和消费者的距离,减少了商品在流通中的诸多环节,使得消费者可以直接在网上完成购买行为。互联网与市场经济的融合,推动市场营销进入崭新的时代——网络营销时代。

一、网络营销的产生

20 世纪 90 年代以来,随着计算机通信技术的快速发展和广泛应用,互联网已经渗透到人们生活和工作的各个层面。作为人们日益重要的信息获取、商务沟通及新兴购物渠道,互联网具有巨大的传播媒介价值与商业潜力,以互联网为主要手段的网络营销应运而生,并逐渐在企业经营活动中占据主导地位。

(一)网络营销的产生基础

网络营销的产生是科技进步、消费者价值观变革、商业竞争等综合因素所促成的。网络营销的产生有其技术基础、观念基础和现实基础。

1. 互联网是网络营销产生的技术基础

互联网起源于 1969 年,经过几年的发展,到 1974 年,计算机网络已拥有 100 多个站点,之后的发展呈指数增长趋势。截至 2017 年 6 月,全球互联网用户渗透率由 2016 年年底的 47.1% 快速升至 48%,数量增至 35.8 亿人。美国国家科学基金会预计,到 2020 年全球互联网用户数量将接近 50 亿人。

根据 2018 年 8 月 20 日中国互联网络信息中心(CNNIC)在北京发布的第 42 次《中国互联网络发展状况统计报告》显示:截至 2018 年 6 月,我国网民规模达 8.02 亿人,互联网普及率为 57.7%;2018 年上半年新增网民 2968 万人,较 2017 年末增长 3.8%;我国手机网民规模达 7.88 亿人,网民通过手机接入互联网的比例高达 98.3%。

互联网是一种集通信技术、信息技术、时间技术为一体的网络系统,之所以有今天的规模,得益于其自身的特点:开放、分享与价格低廉。在互联网上,任何人都享有创作发挥的自由,所有信息的流动皆不受限制,任何人都可以加入互联网,网络上的信息资源是共享的。这些因素共同促进了互联网的蓬勃发展。

2. 消费者价值观的变革是网络营销产生的观念基础

当今的市场正在由卖方市场向买方市场演变。消费者主导的营销时代已经来临。面对纷繁复杂的商品和品牌选择,消费者心理已呈现出一些新的特点和趋势。网络营销的产生则适应了消费者新的价值观,主要表现在以下几个方面。

(1)网络营销是一种强调个性化的营销方式

网络营销的最大特点在于以消费者为导向,消费者将拥有比过去更大的选择自由。他们可以根据自己的个性特点和需求,不受地域限制在全球范围内寻找满足产品。消费者通过进入感兴趣的企业网站或虚拟商店就可获取有关产品的信息。消费者可利用自家的电脑和网络，自行设计（修改）产品，使购物更显个性。

（2）网络营销具有极强的互动性

传统的营销管理强调企业的 4P（Product 产品、Price 价格、Place 渠道和 Promotion 促销），现代营销管理追求 4C（Customer 顾客、Cost 成本、Convenience 便利和 Communication 沟通）。4C 理论见图 2-1。

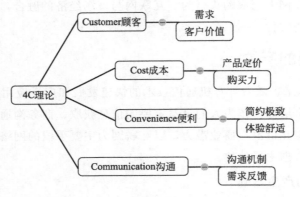

图 2-1　4C 理论

无论哪一种观念都必须实行全程营销，即必须从产品的设计阶段就充分考虑消费者的需求和意愿。但是在实际操作中往往难以做到，因为消费者与企业之间缺乏合适的沟通渠道或沟通成本过高。而在网络环境下，这一状况将有所改观，即使是中小企业也可通过电子布告栏、线上讨论广场和电子邮件等方式与消费者进行沟通。这种双向互动的沟通方式可以提高消费者的参与积极性。更为重要的是，它将使企业的营销决策有的放矢，从根本上提高消费者的满意度。网络营销是实现全程营销的理想工具。

（3）网络营销能提高消费者的购物效率

现代化的生活节奏已使消费者户外购物的时间越来越有限。而网络营销给人们描绘了一个诱人的场景，使购物的过程不再是一种沉重的负担，甚至有时还是一种休闲、娱乐。网络营销简化了消费者的购买过程。

① 售前。向消费者提供丰富生动的产品信息及相关资料，如质量认证、专家品评等。网络的界面清晰、友善，便于操作执行。消费者通过比较后，就可做出购买决定。

② 售中。消费者只要坐在家中即可逛虚拟商店，用电子货币结算，省去了许多麻烦。在网上，一切都变得那么简单。

③ 售后。在使用产品的过程中，如果消费者发现问题，可以随时与厂家联系，获得及时的技术支持和服务。

总之，网络营销能简化消费者的购物环节，节省消费者的时间和精力，满足消费者对购物方便性的需求。

（4）网络营销能满足价格敏感型消费者的需求

网络营销能为企业节省巨额的促销和流通费用，从而使企业产品的成本和价格降低成为可能。而消费者则可在全球范围内寻找最优惠的价格，甚至可以绕过中间商直接订货，从而获得低价。

3. 激烈的市场竞争是网络营销产生的现实基础

随着市场竞争日益激烈化，为了在竞争中取得优势，各个企业都使出了浑身解数来招徕顾客。一些营销手段即使在一段时间内吸引顾客，也不一定能确保企业的利润增加。企业之间的市场竞争已不再是依靠表层的营销手段来竞争，而更多的是依靠更深层次上的经营组织形式上的竞争。

对于企业经营者求变的要求，网络营销可谓是一举多得。企业开展网络营销，可以节约大量昂贵的店面租金；可以减少库存商品资金的占用；可以使经营规模不受场地限制；便于企业收集用户信息等。这些会使企业的经营成本和费用降低，运作周期变短，从根本上增强企业的竞争优势，增加利润。

（二）网络营销的出现和发展

1993年，出现了基于互联网的搜索引擎；1994年10月网络广告诞生；1995年7月，全球最大的网上商店亚马逊成立。这些事件在互联网及网络营销发展历史上都具有里程碑式的意义。

1994年被认为是网络营销发展重要的一年，因为网络广告诞生的同时，基于互联网的知名搜索引擎Yahoo!、WebCrawler、InfoSeek、Lycos等也相继在1994年诞生，另外，由于发生了"第一起利用互联网赚钱"的"律师事件"，促使人们开始对E-mail营销进行深入思考，也直接促成了网络营销概念的形成。由于这次事件所产生的影响，人们开始认真思考和研究网络营销的有关问题，网络营销的概念也逐渐开始形成。因此，我们可以认为网络营销诞生于1994年。此后，随着企业网站数量和上网人数的日益增加，各种网络营销方法也开始陆续出现，许多企业开始尝试利用网络营销手段来开拓市场。

 小链接

"第一起利用互联网赚钱"的"律师事件"

互联网上最早的赚钱方式，既不是网上销售，也不是网上拍卖，当然更不是网络广告，最早赚钱的也不是什么著名网络公司，而是两名美国律师。在E-mail和WWW得到普遍应用之前，新闻组（newsgroup）是人们互相交流的主要方式之一。新闻组也是早期网络营销的主要场所，是E-mail营销得以诞生的摇篮。1994年4月12日，美国亚利桑那州两位从事移民签证咨询服务的律师Laurence Canter和Martha Siegel把一封"绿卡抽奖"的广告信发到他们可以发现的每个新闻组，这在当时引起了轩然大波，他们的"邮件炸弹"让许多服务商的服务处于瘫痪状态。

有趣的是，两位律师在1996年还合作写了一本书《网络赚钱术》（How to Make a Fortune on the Internet Superhighway），书中介绍了他们利用互联网赚钱的辉煌经历：通过互联网发布广告信息，只花费了20美元的上网通信费用就吸引来25000个客户，赚了10万美元。他们认为，通过互联网进行E-mail营销是前所未有几乎无需任何成本的营销方式，当然他们并没有考虑别人的感受，也没有计算别人因此而遭受的损失。

> 1995年之后，Canter事实上已经不再从事律师行业，而是从事电脑软件开发。1997年7月，Laurence Canter被吊销律师执照一年，其中部分原因为发送垃圾邮件。直到现在，很多垃圾邮件发送者还在声称通过定向收集的电子邮件地址开展"E-mail营销"可以让你的产品一夜之间家喻户晓，竟然还和那两个律师当年的腔调一模一样，但现在的网络环境已经发生了很大变化，无论发送多少垃圾邮件，也无法产生那种神奇效果了。

二、中国网络营销的发展

尽管世界上部分发达国家的电子商务活动发展的较快，网络营销也取得了初步成功，但是中国的网络营销起步比较晚，在发展过程中也面临各种问题。因此，在网络营销发展前景令人瞩目的同时，我们也要清醒地认识到中国网络营销的发展历程和中国网络营销发展的现状及存在的问题。

（一）中国网络营销的发展历程

1. 传奇阶段（1997年之前）

在1997年以前，中国已经有了互联网，但那个时候的互联网主要是为政府单位、科研机构所使用，还未用于商业，直到1996年，中国的企业才开始尝试着使用互联网。那个时候网络营销的特点是：网络营销概念和方法不明确，绝大多数企业对上网几乎一无所知，是否产生效果主要取决于偶然因素。

因此，当时的网络营销事件更多的具有传奇色彩，如"山东农民网上卖大蒜"堪称网络营销神话：当拥有"中华蒜都""大蒜之乡"西李村的农民因自己生产的菠菜每斤两三分钱还无人问津，一筹莫展的时候，1996年5月，山东省金乡县村民李敬峰走进因特网，注册了自己的一个域名，把西李村的大蒜、菠菜、胡萝卜等产品信息一股脑儿搬到因特网，发布到世界各地。1998年7月，青岛某外贸公司在网上看到信息后主动与李敬峰取得了联系，李敬峰两次出口大蒜870吨，销售额270万元。

2. 萌芽阶段（1997—2000年）

随着互联网在企业中广泛使用，电子商务呈现快速发展的趋势，越来越多的企业开始注重网络营销，根据相关数据统计：1997年10月底，我国上网人数为62万人，万维网（WWW）站点数大约1500个，到2000年年底，国内上网人数已经达到2250万人，万维网（WWW）网站数量达到265405个。

从1997年到2000年这短短的三年里，国内发生了好几起具有标志性意义的网络营销事件：1997年2月，ChinaByte开通免费新闻邮件服务，到同年12月，新闻邮件订户数接近3万；1997年3月，在ChinaByte网站上出现了第一个商业性网络广告（468 * 60像素的按钮广告）；1997年11月，首家专业网络杂志发行商"索易"开始提供第一份免费的网络杂志；1999年，B2B网站阿里巴巴、B2C网站8848等网站成立⋯⋯

在这个阶段，越来越多的企业开始涉及互联网，电子商务也开始从神话向现实转变。而到了2000年上半年互联网泡沫的破灭，又刺激了网络营销的应用。

3. 发展阶段（2001—2010 年）

网络营销服务市场初步形成，企业网站建设发展迅速，专业化程度越来越高；网络广告形式不断创新，应用不断发展；搜索引擎营销向更深层次发展，形成了基于自然检索的搜索引擎推广方式和付费搜索引擎广告等模式；网络论坛、博客、RSS、聊天工具、网络游戏等网络介质不断涌现和发展。

4. 社交移动化阶段（2010 年至今）

进入 21 世纪第 2 个 10 年，网络营销已经成为企业市场销售行为要求的必然结果之一，尤其是淘宝、天猫、京东等网上商店平台的影响巨大，吸引了大量企业和个人利用其开设网上产品专营店铺，让企业线上与线下销售（O2O 概念出现）结合更加紧密，电子商务环境已经基本出现并迈向成熟，同时，由于企业对新型网络营销资源的关注，使得部分传统的网络营销手段逐渐被冷落。随着移动互联网使用率的不断提高，个人 PC 电脑上的网络营销与移动互联网通信技术融合，促使我国的网络营销趋势呈现更加多元化的形态。

（二）中国网络营销发展的现状及存在的问题

1. 中国网络营销发展现状

根据中国互联网络信息中心（CNNIC）于 2018 年 1 月发布的第 41 次《中国互联网络发展状况统计报告》，截至 2017 年 12 月，我国网络购物用户规模达到 5.33 亿，较 2016 年增长 14.3%，占网民总数的 69.1%。手机网络购物用户规模达到 5.06 亿，同比增长 14.7%，使用比例由 63.4%增至 67.2%。与此同时，网络零售继续保持高速增长，全年交易额达到 71751 亿元，同比增长 32.2%，增速较 2016 年提高 6 个百分点。

网络购物持续向高质量、高效能阶段过渡并取得积极成效，主要表现在以下方面。

（1）网络消费商品质量不断提升

网易严选、米家有品等品质电商平台蓬勃发展，直接连接制造商和消费者两端，促进流通领域供给侧改革。

（2）服务型网络消费保持高速增长

2017 年非实物网络零售交易额达到 16945 亿元，占整体交易规模比例的 23.6%。

（3）绿色电商、二手电商进入快速发展期

新能源车、绿色包装、电子运单、电子发票使用进一步推广，二手汽车、二手商品等网络消费平台通过整合社会闲置资源有效地提升商品利用效率。

2. 中国网络营销发展存在的问题

与欧美等发达国家相比，我国网络营销的总体发展水平仍有不小的差距，主要存在以下问题。

（1）网络营销应用水平较低

从总体上看，目前我国企业网络营销应用水平低下，还处于较低层次。据资料显示，绝大多数企业认识到了网络营销对企业的重要作用，特别是一些中小企业也在尝试着将互联网和信息技术运用到企业中，但是从结果上看，一般企业还停留在作业层次，即通过网络获得大量的免费信息资源，还有一些企业运用网络进行推广宣传，这些仅仅是网络营销的低层次阶段。很多企业也试图将网络营销引入企业生产管理方面，但由于我国网络营销起步较晚，市场成熟经验少，制约着企业网络营销的快速发展。

(2) 网络营销发展不平衡

目前我国网络营销发展极不平衡，主要体现在地区、行业、不同企业之间，这种现象的产生与地区的经济发展水平和行业竞争程度关系密切。从区域来看，沿海地区经济发达，观念先进，对外交流通畅，企业的信息化技术运用程度高，网络基础设施建设好，在网络营销的认识上明显好于其他地区。如深圳、上海、北京、武汉等地企业网络营销的基础设施建设情况较好，西北、西南地区应用水平较低。从行业情况来看，机械、电子、汽车、化工等行业参与网络营销的水平遥遥领先于食品、建材等行业。不同行业中的各个企业应用网络营销的水平也有很大差距，这和企业自身技术能力、员工素质高低有着很大的关系。

(3) 企业网络营销人才缺乏

在互联网技术高速发展的今天，很多企业都希望通过网络进行营销和推广，更希望企业自身融入网络营销来加强企业竞争力，社会上对网络营销人才的需求量越来越大。网络营销的综合性、专业性很强，它不但需要从业者具备市场调研能力，还需要从业者具备网络广告设计、搜索引擎营销、营销型网站策划与实现、网络整合推广等相关知识才能更好地为企业进行网络营销。就目前而言，虽然很多高校和社会机构也有相关的专业设置和培训课程，但课程设置面比较窄，缺乏行业调研，培养出来的大学生无法与岗位进行对接，网络销售人才、网络技术类人才比较紧缺。

(4) 网络环境不成熟，网络法制欠缺

企业进行网络营销势必会引发交易，目前我国网络环境存在安全隐患，网民对网络环境持有不信任态度。据中国互联网络信息中心调查显示，通过对2017年遭遇网上诈骗的用户进一步调查发现，虚拟中奖信息诈骗依然是受众最为广泛的网上诈骗类型，在遭遇网络诈骗的用户中占比达70.5%；其次为利用社交软件冒充好友进行诈骗，在遭遇网络诈骗用户中的占比为48.4%。网上诈骗、犯罪等问题严重阻碍了电子商务的发展，使网络营销更加困难。因此，要发展企业网络营销，需要解决的首要问题是网络环境的安全和健康，网络营销急切需要法制、诚信、健康的互联网环境作为支持。

三、网络营销的发展趋势

随着互联网技术的不断发展完善，网络营销的发展趋势也渐渐变得更加明朗。在未来的几年当中，以下几个方面将是网络营销发展的重点。

1. 营销型网站将成为企业网站建设的主流

以前的企业网站一般都被赋予了形象展示、促进销售、信息化应用等使命。经过这些年的发展，大量的中小企业都明白了企业网站是最靠谱的，而且还能够为他们带来客户，促进销售。基于这种大的市场环境，营销型网站的理念浮出水面，并很快被市场和客户接受。营销型网站能够帮助企业获得目标客户，并使其充分了解企业的产品或者服务，最终使交易变成可能。

2. 搜索网站是最主要的网络营销工具

在当前的互联网世界，搜索网站也早已成为人们上网获取信息必不可少的工具之一。据统计，有超过7成的用户每天都会通过搜索引擎去寻找自己需要的信息，这使得搜索引擎成为互联网上最大的流量集散中心。因此，在没有出现更好的网络营销方式以前，搜索引擎营销无疑仍将是最主流、最重要的网络营销方式。

3. 网络视频广告更加突出

视频网络广告分两种：一种是传统网站的广告形式；另一种是针对视频网站以及视频网络应用软件的广告。

对于一些视频网站而言，由于忠实的客户群越来越大，因此吸引了不少广告主的目光。与传统的网站相比，视频网站中的广告更直接、更有效。如果把广告安放在视频当中，当客户在观看视频的时候，不自然地就会看到里面的广告，而不会像其他普通网站那样，客户可以选择忽略广告或是用某些软件屏蔽掉广告。

4. 社交媒体营销大行其道

人与人在网络上的交流从点对点，到点对面，再到面对面，交流成本不断被拉低，网络社交发展将原来的交际面呈几何数级放大。依靠资源丰富、用户依赖性高、互动性极强的特点，社交媒体的口碑式营销更能为企业和个人带来丰厚的客户资源。

5. 从产品营销走向品牌营销

随着网络营销的崛起，各品牌企业意识到，人们利用社交媒体与他人进行互动时，并不经常提及品牌和具体企业，而是常常指向某种产品。一种产品热销过后又要重新制定网络营销战略，而通过品牌建立的忠诚客户才会经常光顾本品牌的产品，品牌的树立与推广将放在网络营销的重中之重。一旦在消费者中建立起可靠的品牌形象，投入产出比将被放大，可有效地提高企业效益。

随着网络技术的进一步成熟与发展，必然为网络营销提供功能更为强大、技术更为完善的物质载体。市场营销与网络技术的结合，必将随着网络实践活动的深入开展而不断得到深化，新的结合空间和领域将不断被发现。我国企业由于一些自身的原因，使得其在发展网络营销上产生了诸多问题，正因为这些问题，我国网络营销的功能无法更好地发挥。如果企业能够有针对性地采取对策，那么网络营销一定会帮助企业提升企业营销能力，更好地满足消费者的需求。因此，我国企业必须积极利用新技术，变革经营理念、经营组织和经营方式，搭上技术发展的快速列车，实现企业的飞速发展。

任务二　网络营销环境分析

营销环境是一个综合的概念，由多方面的因素组成。环境的变化是绝对的、永恒的。随着社会的发展，特别是网络技术在营销中的运用，使得环境更加变化多端。虽然对营销主体而言，环境及环境因素是不可控制的，但也有一定的规律性，我们可通过营销环境的分析对其发展趋势和变化进行预测和事先判断。因此，对网络营销环境进行分析是十分必要的。

一、认识网络营销环境

1. 网络营销环境的含义

网络营销环境指对企业的生存和发展产生各种影响的外部条件，是企业营销过程相关因素的集合，企业和消费者的各种行为活动都是在一定的营销环境中形成和变化的。营销环境对企业的营销管理来说是不可控制的变量，营销管理者的任务就在于适当安排营销组合，使之与不断变化着的营销环境相适应。

2. 网络营销环境的特点

（1）客观性

网络营销环境是不以营销者的意志为转移而客观存在着，有着自己的运行规律和发展趋势。

（2）差异性

不同网络企业受不同网络营销环境的影响，而单个网络营销因素的变化对不同网络企业的影响也不同。

（3）相关性

网络营销环境各影响因素相互依存、相互作用和相互制约，某一因素的变化会带动其他因素的相互变化，从而形成新的网络营销环境，如网民年龄结构的变化会导致网络消费结构的变化。

（4）多变性

网络营销环境是一个动态系统，任何网络营销环境因素都不是静止的、一成不变的。网络营销环境的诸因素都会受到众多因素的影响，每一个环境因素都随着社会经济的发展而不断变化。网络营销环境的变化，既给企业提供机会，也会给企业带来威胁。

（5）不可控性

在开展网络营销过程中，企业无法控制人口、经济、政治法律等宏观环境因素对其造成的影响，只能适应这些因素的变化，寻求发展机会，尽量降低对企业带来的威胁；同时，企业在实施网络营销过程中对顾客、竞争者、公众等微观环境因素变化也是不可控的。

（6）可影响性

网络企业可以通过对内部微观环境要素的调整和控制，来对外部宏观环境施加一定的影响，促使其向预期的方向转化。

二、网络营销环境的分析方法——SWOT 分析法

（一）SWOT 简介

SWOT（Strengths Weaknesses Opportunities Threats）分析法，又称态势分析法或优劣势分析法，用来确定企业自身的优势（Strength）、劣势（Weakness）、机会（Opportunity）和威胁（Threat），从而将公司的战略与公司内部资源、外部环境有机结合起来，SWOT 矩阵分析如图 2-2 所示。

（1）优势

优势是组织机构的内部因素，具体包括：有利的竞争态势、充足的财政来源、良好的企业形象、技术力量、规模经济、产品质量、市场份额、成本优势、广告攻势等。

（2）劣势

劣势是组织机构的内部因素，具体包括：设备老化、管理混乱、缺少关键技术、研究开发落后、资金短缺、经营不善、产品积压、竞争力差等。

（3）机会

机会是组织机构的外部因素，具体包括：新产品、新市场、新需求、外国市场壁垒解除、竞争对手失误等。

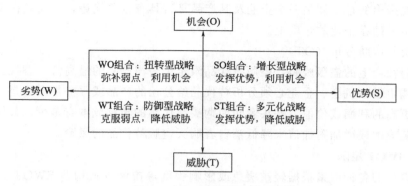

图 2-2 SWOT 矩阵分析图

(4) 威胁

威胁是组织机构的外部因素，具体包括：新的竞争对手、替代产品增多、市场紧缩、行业政策变化、经济衰退、客户偏好改变、突发事件等。

SWOT 方法的优点在于考虑问题全面，是一种系统思维，而且可以把对问题的"诊断"和"开处方"紧密结合在一起，条理清楚，便于检验。

（二）SWOT 分析方法

SWOT 分析法常常被用于制定集团发展战略和分析竞争对手情况，在战略分析中，它是最常用的方法之一。进行 SWOT 分析时，主要有以下几个方面的内容。

1. 分析环境因素

运用各种调查研究方法，分析公司所处的各种环境因素，即外部环境因素和内部环境因素。外部环境因素包括机会因素和威胁因素，它们是外部环境对公司的发展直接有影响的有利和不利因素，属于客观因素；内部环境因素包括优势因素和劣势因素，它们是公司在其发展中自身存在的积极和消极因素，属于主动因素。在调查分析这些因素时，不仅要考虑历史与现状，而且更要考虑未来发展问题。

从整体上看，SWOT 分析法可以分为两部分：第一部分为优势与劣势分析（SW），主要用来分析内部条件；第二部分为机会与威胁分析（OT），主要用来分析外部条件。利用这种方法可以从中找出对自己有利的、值得发扬的因素，以及对自己不利的要避开的东西，发现存在的问题，找出解决办法，并明确以后的发展方向。根据这个分析，可以将问题按轻重缓急分类，明确哪些是急需解决的问题，哪些是可以稍后解决的事情；哪些属于战略目标上的障碍，哪些属于战术上的问题，并将这些研究对象列举出来，依照矩阵形式排列，然后用系统分析的思想，把各种因素相互匹配起来加以分析，从中得出一系列相应的结论，而结论通常带有一定的决策性，有利于领导者和管理者做出较正确的决策和规划。

(1) 优势与劣势分析（SW）

由于企业是一个整体，并且由于竞争优势来源的广泛性，所以，在做优劣势分析时必须从整个价值链的每个环节上将企业与竞争对手做详细的对比。如产品是否新颖，制造工艺是否复杂，销售渠道是否畅通，以及价格是否具有竞争性等。如果一个企业在某一方面或几个方面的优势正是该行业企业应具备的关键成功要素，那么，该企业的综合竞争优势也许就强一些。需要指出的是,衡量一个企业及其产品是否具有竞争优势,只能站在现有潜在用户角度上,而不是站在企业的角度上。

(2) 机会与威胁分析(OT)

对于当前社会上的盗版威胁,盗版替代品限定了公司产品的最高价,替代品对公司不仅有威胁,可能也带来机会。企业必须分析替代品给公司的产品或服务带来的是"灭顶之灾",还是提供了更高的利润或价值;购买者转而购买替代品的转移成本有多少;公司可以采取什么措施来降低成本或增加附加值来降低消费者购买盗版替代品的风险。

2. 构造 SWOT 矩阵

将调查得出的各种因素根据轻重缓急或影响程度等排序方式构造 SWOT 矩阵。在此过程中,将那些对公司发展有直接的、重要的、大量的、迫切的、久远的影响因素优先排列出来,而将那些间接的、次要的、少许的、不急的、短暂的影响因素排列在后面。

3. 制定行动计划

在完成环境因素分析和 SWOT 矩阵的构造后,便可以制定出相应的行动计划。制定计划的基本思路是:发挥优势因素,克服弱点因素,利用机会因素,化解威胁因素;考虑过去,立足当前,着眼未来。运用系统分析的综合分析方法,将排列与考虑的各种环境因素相互匹配起来加以组合,得出一系列公司未来发展的可选择对策。

任务三　网络营销发展的宏观环境

网络营销发展的宏观环境是指企业开展网络营销活动的社会背景,包括政治法律环境、人口环境、经济环境、科技环境和社会文化环境。

一、政治法律环境

网络营销的政治环境是指对企业营销活动产生影响的政治因素,如政治局势、政治制度以及在网络营销方面的方针政策,如价格管制(专卖)、进口管制、税收政策(退税)、国有化政策等。网络营销的法律环境是指国家或地方政府颁布的各项法规、法令和条例等。

市场经济是法制经济,包括营销活动在内的所有企业行为都必然受到政治与法律环境的强制和约束。这种政治法律环境主要指国家政局、国家政治体制、经济管理体制及相关的法令法规、方针政策等对企业的网络营销运作存在着或多或少关联的要素。在国家和国际政治法律体系中,相当一部分内容直接或间接地影响经济和市场,某些方面的政治制度和法律条款禁止、限制或鼓励某些经济和市场行为。

营销市场运作的规范性、公平性需要政治法律的制约和保障。因此,企业开展网络营销活动,必须了解并遵守国家或政府颁布的有关经营、贸易、投资等方面的法律法规。

网络营销发展迅速,但各个国家相关的立法呈现出不平衡的特点。2004 年我国正式推行《中华人民共和国电子签名法》,赋予了电子签名和手写签名以及盖章具有同等的法律效力,明确了电子认证服务的市场准入制度,对中国电子商务的发展产生了重大影响。

1. 网络安全法制化管理基础更加坚实

2017 年 6 月 1 日,《中华人民共和国网络安全法》正式实施,标志着网络空间治理、网络信息传播秩序规范、网络犯罪惩治等方面翻开了崭新的一页。2017年12月24日，全国人大常委会审议关于检查网络安全法、加强网络信息保护的决定实施情况的报告，建议加快个人信息保护、关键信息基础设施保护、网络安全等级保护、数据跨境评估等网络安全法配套法规的立法进程。这标志着信息安全将由合规性驱动过渡到合规性和强制性驱动并重，将为此后开展的网络安全工作提供切实的法律保障。

2. 电子商务的法治化进程加速推进

电子商务行业相关政策和标准陆续出台，《促进电子商务发展三年行动实施方案（2016—2018）》《网络零售标准化建设工作指引》先后发布。互联网领域司法不断创新，间接促进了电子商务的发展，杭州互联网法院于2017年8月18日挂牌成立，是全国第一家集中审理涉网案件的试点法院，集中解决管辖区范围内网络购物合同纠纷等涉网案件，降低网络交易诉讼成本，到2017年年底共立案4859件，结案3064件。电子商务相关立法进程不断加快，2018年8月31日，十三届全国人大常委会第五次会议表决通过《中华人民共和国电子商务法》，自2019年1月1日起施行。

二、人口环境

人是企业营销活动的直接和最终对象，是产品的购买者和消费者。人口的规模决定着市场规模和潜力，人口结构（包括家庭）影响着消费结构和产品构成。网络营销的人口环境包括网民数量、网民年龄结构、网民性别结构、网民地理分布等。对于网络营销来说，人口年龄结构是否趋于年轻化是决定网络营销发展速度的基础性因素，而男女性别比例又决定了网络营销业务类型发展的比例。在我国网络营销市场上，女性消费者更多地倾向于日用品、化妆品、服装等消费，比如，聚美优品、唯品会等一直致力于向女性白领消费者销售商品，其提供的商品大多数符合女性购物需求，从而使网站获得了良好的销售业绩，而男性消费者则更多地购买电器产品、娱乐产品及游戏产品等。

三、经济环境

经济环境是指企业开展营销活动所面临的各种经济条件，其运行状况及发展趋势会直接或间接地对企业营销活动产生影响。网络营销不仅需要网民，还需要有强劲的购买力。直接影响网络营销活动的经济环境因素包括网民收入水平的变化、网民支出模式和消费结构的变化、网民储蓄和信贷情况的变化。

经济全球化发展趋势下，信息技术为企业从事经营活动提供了技术平台，这个技术平台突破了传统企业经营活动中的地域限制。在网络环境下，企业可以跨国、跨地区来组织各种生产、经营，在世界范围内规划自己的营销和发展战略。间接影响网络营销活动的经济环境因素包括经济发展水平、经济体制、地区与行业发展状况。

宏观经济环境包括经济体制、经济增长、经济周期与发展阶段及经济政策体系，也包括国民的收入水平、市场价格水平、利率、汇率、税收等经济参数与政府调节取向，更具体的经济因素有居民收入来源、可自由支配收入所占比例及支出结构等。营销人员的各种营销活动都以经济环境为背景，能否适时地依据经济环境进行市场决策是营销活动成败的关键。

四、科技环境

科学技术对经济社会发展的作用日益显著,科学技术是生产力,也是最强大的生产力,是影响人类前途和命运的最大力量。技术的进步对市场营销的影响更是直接而显著。科技进步不仅改变生产力和生产方式,推动产品开发,影响生产要素的功能和利用率,同时也影响中间消费和最终消费。网络营销是以网络信息技术为基础的营销活动,它的发展必须以网络环境的完善及网络技术的发展为前提。互联网的普及和有关各项新技术对行业与企业的经营所具有的特种影响,要求网络营销人员密切注意技术环境的新变动,有必要熟知其所提供的服务,了解互联网的优越性和局限性,使其能更好地为网络营销服务。

科学技术是社会生产力最新和最活跃的因素,作为营销环境的一部分,科技环境不仅直接影响企业内部的生产和经营,同时还与其他环境因素互相依赖、相互作用。网络营销是以互联网为基础的营销模式,全球互联网的高速发展促进了网络营销的繁荣。

互联网的应用开发也是一个持续的热点。一方面,电视机、手机、个人数据助理(PDA)等家用电器和个人信息设备都向网络终端设备的方向发展,形成了网络终端设备的多样性和个性化,打破了计算机上网一统天下的局面;另一方面,电子商务、电子政务、远程教育、电子媒体、网上娱乐技术日趋成熟,不断降低对使用者的专业知识要求和经济投入要求;互联网数据中心(IDC)等技术的提出和服务体系的形成,构成了对使用互联网日益完善的社会化服务体系,使信息技术日益广泛地进入社会生产、生活各个领域,从而促进了网络经济的形成。

1. 电子邮件(E-mail)

电子邮件是用户或用户组之间通过计算机网络进行联系的快捷、简便、高效、廉价的现代化通信手段。发送方可以通过互联网将电子邮件在短短几秒钟时间内发送到世界各地接收方服务器上,可以传送文字、图像、声音、视频等多媒体信息,是人们使用互联网进行信息传递的主要途径。

2. WWW 服务

WWW 服务又称万维网服务,又称 Web 服务,是目前互联网上最流行和最受欢迎的信息服务项目。它把分布于全球互联网上的各种类型的信息有机地联系起来,通过浏览器软件提供一种友好的、统一的信息浏览界面。

3. 文件传输(FTP)

文件传输是指用户通过访问服务器实现文件的异地读取,不受地理位置、连接方式、操作系统的约束。

4. 远程登录(Telnet)

远程登录是指用户连接到远程另一台计算机上,能在自己的本机上操作和使用远程计算机,获取自己所需的信息资源。

5. 电子公告栏(BBS)

BBS 类似于现实生活中的公告栏,允许每个人阅读其中的内容,查看其他网友发布的信息,也可发表自己的见解和主张。另外还有 Gopher 信息查询服务、Archie 信息查询服务、网络新闻组服务(Usenet)等。

 小链接

移动支付升级，线下支付场景逐步搭建

技术的不断升级促使移动支付场景日益丰富。CNNIC 数据显示，2015 年网上支付用户规模达 4.16 亿，增长率为 36.8%。其中手机支付用户规模达 3.58 亿，增长率为 64.5%，是网上支付市场用户总规模增长速度的 1.8 倍。随着消费向移动端倾斜，互联网移动支付技术水平不断提升，远程支付和近场支付都已经得到广泛应用，短信支付、扫码支付、指纹支付、声波支付以及传统银行推出的可穿戴支付设备等多种支付方式不断涌现，移动支付技术水平的不断提升为网络零售支付提供了极大的便利。与此同时，移动支付市场线下布局竞争带动了支付服务场景的不断完善。目前，商场、超市、连锁店、品牌店、酒店、餐饮、停车场等线下零售及服务业商户网点均逐步接入支付宝、微信支付等。

不断涌现的 O2O 到家服务带动了国内物流多种模式的发展。全民众包模式通过利用社会闲散资源降低物流成本，同时点对点离散型的方式实现"最后一公里"配送的需求；物流众包则通过整合现有物流企业资源灵活调配；货运 O2O 物流模式则通过智能匹配与推送实现同城货运运营效率。此外，智能化物流已经起步探索，正处于前期研发和试应用阶段。其中一些物流企业，如顺丰、申通等已经通过合作方式研发运营智能快递柜尝试构建物流新生态。

五、社会文化环境

社会文化指在特定的自然、经济环境中生活，久而久之必然会形成某种特定的思维定式和心理趋向，包括民族特征、价值观念、生活方式、风俗习惯、伦理道德、教育水平、语言文字、宗教信仰、社会群体等。人们在不同的文化背景下生活，就建立起不同的价值观，因而就具有不同的购买理念和不同的购买行为。

网络文化作为一种不分国界、不分地区、建立在互联网基础上的亚文化，涵盖了人们在参与信息网络应用与技术开发过程中所建立起来的价值观念、思想意识、语言习惯、网络礼仪、网络习俗及社会关系等，并对网络消费群体产生重大影响。常见的网络语言如菜鸟（新手）、GG（哥哥）、童鞋（同学）、886（再见了）等，这些网络语言在网络营销过程中有利于加速买卖双方的沟通效率、加强双方的信任。

任务四　网络营销发展的微观环境

网络营销的微观环境是指与企业的网络营销活动有着密切联系，对企业的网络营销活动构成直接影响的各种力量，包括企业内部环境、供应商、营销中介、顾客、竞争者和公众等。微观环境因素存在着一定的不可控性，它比宏观环境对企业经营的影响更为直接，但企业可以通过努力在不同程度上控制微观环境。

一、企业内部环境

1. 企业网络营销人员

在内部各环境要素中，人员是企业网络营销策略的确定者与执行者，是企业最重要的资源，对一个企业来说，开展网络营销的必要条件是要有真正的网络营销人才，即集网络技术与营销技能于一身的人员。很多传统企业要开展网络营销，一方面可以直接引进人才，另一方面也可以对企业已有人员进行培训。

2. 企业内部组织结构

企业内部环境的另一个要素是企业的组织结构。这主要是指企业经营者或营销部门与企业其他部门之间在组织结构上的相互关系。营销部门在整个企业组织中的地位影响到网络营销活动能否顺利进行。解决部门间冲突的办法是营销部门与其他部门根据网络营销的特点，在企业实际情况的基础上制定合理协调的运作流程。达成合理协议的前提便是要保证营销部门与其他部门在组织地位上是平等的。

3. 企业技术基础

各企业具备相应的网络设备和技术是开展网络营销的基础条件。硬件技术和系统软件是其他所有网络营销工具和方法直接依赖的具体技术项的基础。由于网络营销开展度的差异，企业建立网络营销系统所需要的技术组成也会产生差异。不同企业网络营销的目标不同，对技术的需求和依赖也有所不同。

二、供应商

供应商是为企业提供所需要的产品和服务的厂商，是企业外部供应链的重要组成部分，与企业之间具有战略性的关系。如果没有资源作为保障，企业就根本无法正常运转，也就无法提供给市场所需要的产品。网络营销企业在寻找和选择供应商时，应特别注意3点：

（1）企业必须充分考虑供应商的资质和信誉状况；

（2）企业必须使自己的供应商多样化；

（3）企业必须与供应商之间建立高效快捷的信息传输网络，并共同建立信息处理机制，尽量缩短两者间信息及物流链的长度。

三、营销中介

营销中介是协调企业促销和分销其产品给最终购买者的公司。网络营销中介包括网络服务提供商、第三方物流提供商、认证中心、网上金融服务商、网上营销服务机构及网络中间商（网络批发商、网络零售商、经纪人和代理商）等。其中，网络服务提供商（ISP）是为用户提供互联网接入和互联网信息服务的公司或机构，如搜索引擎ISP（百度、搜狗、必应等）、即时通信ISP（飞信、微信等）、门户ISP（新浪、搜狐、网易等门户网站）；第三方物流提供商是为交易的商品提供运输配送的专业机构，如申通、圆通、中通、顺丰等快递公司；认证中心提供对企业和顾客身份的认证，确定交易双方身份的合法性、真实性以提高交易的可靠性，其主要通过向电子商务各参与方发放数字证书来确认各方的身份，保证网上支付的安全性。

认证中心主要包括注册服务器（RS）、注册管理机构（RA）和证书管理机构（CA）三个组成部分。注册管理机构负责证书申请的审批，是持卡人的发卡行商户的收单行。因此，认证中心离不开银行的参与。网上金融服务商通过提供各种电子支付方式，简化企业与顾客之间的支付活动，提高支付效率，实现安全支付；网上营销服务机构是为企业提供网络技术支持、网上调研、营销策划、网络广告设计发布、站点推广、会计及法律咨询等服务的中介机构，对企业顺利开展网络营销活动、提高营销效率、降低营销成本及费用具有重要作用；网络中间商主要向企业提供在线营销平台服务，如淘宝网为个人及企业用户提供在线销售的平台及相关服务，如图 2-3 所示。

图 2-3　淘宝网网站页面

四、顾客

顾客是企业产品销售的对象，是企业直接或最终的营销对象，是企业最重要的环境因素。企业的一切营销活动都是以满足顾客的需要为中心的。顾客可以从不同角度以不同的标准进行划分，按照购买动机和类别分类，顾客市场可以分为以下几种。

1. 生产者市场

指为赚取利润或达到其他目的而购买商品和服务，用于生产其他产品和服务的市场。

2. 消费者市场

指为满足个人或家庭需要而购买商品和服务的市场。

3. 中间商市场

指为获取利润而购买商品和服务并加以转售或租赁的市场。

4. 政府市场

指为了执行政府职能而购买或租用商品和服务的市场。

5. 非营利组织市场

指为了维持正常运作和履行职能而购买产品和服务的各类非营利组织所构成的市场。

小链接

安客诚强化企业与消费者、合作伙伴间的有效联结

2014 年 9 月 14 日，在中国互联网大会上，美国安客诚公司（Nasdaq：ACXM）首席营运官暨执行副总裁施倄希女士表示，为了达到更好的营销效果，加强消费者与企业间的有效联结是非常重要的。

> 她认为大数据为消费者、企业和合作伙伴三者间连接创造了机遇，而连接的实现，需要企业提高数据洞察，并有效应用于营销中，而数据的隐私与安全对保护顾客和企业都是至关重要的。
>
> 作为这个领域的先锋，安客诚是首个设立首席隐私官（CPO）的企业，多年来不断地致力于全球数据保密安全政策和标准的开发。2011年，安客诚首席隐私官詹妮弗·巴雷特·格拉斯格（Jennifer Barrett Glasgow）被国际隐私专业人员协会（IAPP）授予隐私保护先锋奖（Privacy Vanguard Award）。

五、竞争者

竞争是商品经济活动的必然规律。在开展网络营销的过程中，不可避免地要开展竞争。

（一）识别网上竞争者

1. 愿望竞争者

愿望竞争者是指提供不同的产品，来满足顾客当前愿望的不同需求的竞争者。比如说制造类的企业，他们的愿望竞争者有生产电视机、洗衣机、空调等不同产品的企业。因为消费者都会有自己的预算，在超出了自己的预算范围时，可能就不会再购买其他的产品了，这样的话，企业就要考虑如何促使消费者更多地首先选购自己的产品而非其他产品，这样就和其他企业形成了一种竞争关系。再比如，在可任意支配的收入有限时，卖车和卖房的企业就是竞争者，卖化妆品和卖服装的企业就是竞争者。

2. 普通竞争者

普通竞争者即能够同时满足购买者某种愿望的不同产品提供者。如为满足自身的娱乐愿望，消费者可以购买音箱、录像机或者电子琴等，这几种产品的生产企业就形成了竞争关系。

3. 品牌竞争者

品牌竞争者是指同种产品不同品牌之间的竞争，如彩电类的企业，海尔、海信、长虹等企业就是品牌竞争者。

4. 产品形式竞争者

产品形式竞争者是指消费者在购买产品的时候，会考虑型号的问题，不同型号的厂商便形成了竞争。比如，自行车就有男式车、女式车、轻便车、加重车、平车、山地车、助力车、赛车等，自行车购买者做出选择山地车的购买决策，这实际上是产品形式竞争的结果。

（二）分析网上竞争者

识别了网络营销竞争对手仅仅是开始，还要进一步分析确定网络营销竞争，对于当前的状况和下一步的商业活动进行分析，特别是要从与网络营销竞争对手的对比中更深刻地认识自己，并制定企业自身下一步的营销战略。对网络营销竞争对手进行分析研究，就是要在利用互联网收集信息的基础上重点分析筛选，确定企业网络营销直接的、间接的竞争对手或潜在的竞争对手，然后对它们的网站建设和促销方法进行全面的信息收集、分析与评价，继而建设和完善自己企业的网站，制定合理的网络竞争策略，以保持企业在网络竞争中的优势。

1. 收集与处理信息

收集网络营销竞争对手信息可以访问竞争对手的网站，一般来说，竞争对手会将自己的市场活动、服务保障、业务流程和站点建设等重要信息展示在主页上。还可以通过公开的网络媒体，如网络报纸、BBS、新闻组讨论等收集信息，以便发现潜在的竞争对手和最新竞争动态。

项目二　网络营销发展的基础和环境

2. 研究网络站点

这是分析网络营销竞争对手的主要内容。通过对网络营销竞争对手网站的分析研究，可以了解网络营销竞争对手的网站建设、营销策略与手段。对网络营销竞争对手网站的研究主要包括5个方面。

（1）研究其网站总体设计水平。从消费者的角度出发，对网络营销竞争对手网站中页面的图形设计、栏目设置、文字表达、多媒体信息处理等方面进行仔细的观察和体会，看其主页创意能否一下子抓住消费者，能否使浏览者产生比较强烈的好感。

（2）通过对竞争对手网站的设计理念与方式的分析，研究其业务的开展情况。网络营销竞争对手一般都用自己的网站展示出企业的形象和业务信息。通过对其网站展示信息内容的认真分析，可以了解竞争对手的企业标志、主要业务项目、服务内容、开展业务的地理区域。从其提供服务的方法等方面考察其势力范围；从其客户清单中判断其实力和业务的好坏等。

（3）分析研究其网站建设的技术细节问题。网页间的链接质量、记录其传输速度、图形的下载时间、页面的导航规则等都是网站能否留住客户的主要因素。

（4）全面考察竞争对手在导航网站、新闻组中宣传网址的力度，研究其选择的类别、使用的文字介绍，特别是图表广告的投放量等。

（5）观察在竞争对手网站上有无其他企业的广告，以此来判断该企业在行业中与其他企业的合作关系。

3. 评估信息处理能力

对收集到的网络营销竞争对手的有关信息，必须及时进行有效的加工处理，建立有效的信息分析处理体系。经过精心考察，将这些信息加以归类，能够对网络营销竞争对手情况有比较清楚的了解，总结出它们在干什么，怎么干，有哪些特点，产品、服务和价格的行情等。根据这些数据和信息，编写对网络营销竞争对手的评估报告，据此制定或修改自己的网络营销策略。

总而言之，每个企业在选择网络营销或者是其他的营销模式时，都应该做到分析好市场形势和竞争对手，这样才能够很好地把握好市场动向，才会形成强有力的竞争力。

六、公众

网络营销公众是指对网络营销企业实现其网络营销目标有实际的或潜在的利害关系的一切团体或个人，主要包括政府公众、媒体公众、金融公众、社团公众和内部公众。

政府公众是指负责企业的业务、经营活动的政府机构和企业的主管部门，如工商行政管理局、税务局、物价局等；媒体公众是指联系企业和外界的大众媒体，如报纸、杂志、广播、电视、互联网等，这些媒体的宣传对网络营销顾客的行为和企业形象具有不可估量的作用；金融公众是指影响企业取得资金能力的银行、投资公司、证券公司、保险公司等；社团公众是指消费者权益保护组织、环境保护组织及其群众团体等；内部公众是指企业内部全体员工，包括董事长、经理、管理人员和职工等。

<h2 style="text-align:center">小　　结</h2>

（1）网络营销的产生，是科技进步、消费者价值观变革、商业竞争等综合因素所促成的。网络营销的产生有其技术基础、观念基础和现实基础。

（2）网络营销环境指对企业的生存和发展产生各种影响的外部条件，是企业营销过程相关因素的集合，企业和消费者的各种行为活动都是在一定的营销环境中形成和变化的。

(3) 网络营销环境具有客观性、差异性、相关性、多变性、不可控性和可影响性的特点。

(4) 网络营销的宏观环境是指企业开展网络营销活动的社会背景，包括政治法律环境、人口环境、经济环境、科技环境和社会文化环境。

(5) 网络营销的微观环境是指与企业的网络营销活动有着密切联系，对企业的网络营销活动构成直接影响的各种力量，包括企业内部环境、供应商、营销中介、顾客、竞争者和公众等。

实践案例

案例分析　　　　　　　　　**淘宝网的发展**

2003年5月10日，淘宝网成立，由阿里巴巴集团投资创办。

2005年，淘宝网超越eBay易趣，并且开始把竞争对手们远远抛在身后。2005年5月，淘宝网超越日本雅虎，成为亚洲最大的网络购物平台。2005年淘宝网成交额破80亿元，超越沃尔玛。

2007年，淘宝网不再是一家简单的拍卖网站，而是亚洲最大的网络零售商圈。这一年，淘宝网全年成交额突破400亿元，成为中国第二大综合卖场。

淘宝网是中国深受欢迎的网购零售平台，截至2014年年底，淘宝网拥有注册会员近5亿，日活跃用户超1.2亿，在线商品数量达到10亿，在C2C市场，淘宝网占95.1%的市场份额。淘宝网在手机端的发展势头迅猛，根据易观2014年发布的手机购物报告数字，手机淘宝＋天猫的市场份额达到85.1%。

淘宝网致力于推动"货真价实、物美价廉、按需定制"网货的普及，帮助更多的消费者享用海量且丰富的网货，获得更高的生活品质。通过提供网络销售平台等基础性服务，帮助更多的企业开拓市场、建立品牌，实现产业升级，帮助更多胸怀梦想的人通过网络实现创业就业。

淘宝网不仅是中国深受欢迎的网络零售平台，也是中国的消费者交流社区和全球创意商品的集中地。淘宝网在很大程度上改变了传统的生产方式，也改变了人们的生活消费方式。不做冤大头、崇尚时尚和个性、开放擅于交流的心态以及理性的思维，成为淘宝网上崛起的"淘一代"的重要特征，淘宝网多样化的消费体验，让"淘一代"们乐在其中：团设计、玩定制、赶时髦、爱传统。

业务操作

1. 请你结合本项目所学内容，分析影响淘宝网发展的宏观环境因素和微观环境因素分别有哪些，并将如何影响淘宝网未来的发展？
2. 请以京东商城、当当网等竞争对手作为比较对象，对淘宝网进行SWOT分析。

学习评价

一、选择题

1. 网络营销环境是指对企业的生存和发展产生影响的各种（　　），即与企业网络营销活动有关联因素的部分集合。

    A. 内部条件　　　　B. 外部条件　　　　C. 组织条件　　　　D. 自身条件

2. （　　）是实现商品实体转移、完成商品交易的最后环节。

A. 物流配送　　　B. 电子支付　　　C. 网络下单　　　D. 签订协议

3. 以下环境因素中，不属于市场中介的是（　　）。
　A. 经销商　　　　　　　　　　　B. 储运商
　C. 供应商　　　　　　　　　　　D. 营销服务机构

4. 网络营销环境具有（　　）特点。
　A. 客观性　　　B. 差异性　　　C. 相关性
　D. 多变性　　　E. 不可控性　　F. 可影响性

5. 宏观环境是指影响企业营销活动的一些大范围的社会性约束力量，包括（　　）等多方面的因素。
　A. 人口　　　　B. 经济　　　　C. 政治　　　　D. 法律
　E. 科学技术　　F. 社会文化　　G. 自然地理

6. 网络营销的微观环境是指与企业的网络营销活动有着密切联系，对企业的网络营销活动构成直接影响的各种力量，包括（　　）等。
　A. 企业内部环境　　B. 网络供应商　　C. 网络营销中介
　D. 网络顾客　　　　E. 网络竞争者　　F. 网上公众

7. 网络营销管理系统是企业通过营销环境分析，结合自身情况和网络特征，为实现其营销目标所建立的管理体系，可分为（　　）。
　A. 品牌管理子系统　　　　　　　B. 营销沟通子系统
　C. 网上销售子系统　　　　　　　D. 客户关系管理子系统
　E. 营销绩效评价子系统

8. 电子支付系统主要应包括（　　）等。
　A. 付款　　　　B. 网络营销企业　　C. 开户行
　D. 支付网关　　E. 金融专用网　　　F. 认证中心

9. 影响网络消费者购买的因素包括（　　）。
　A. 文化因素　　B. 社会因素　　C. 个人因素
　D. 心理因素　　E. 商品价格　　F. 购物时间

10. 网络消费者的购买决策过程包括（　　）。
　A. 引起需要　　B. 搜集信息　　C. 评估信息
　D. 决定购买　　E. 购后评价　　F. 重复购买

二、判断题

1. 网络营销的产生，是科技进步、消费者价值观变革、商业竞争等综合因素所促成的。（　　）
2. 网络营销具有极强的互动性。（　　）
3. 网络营销环境是指对企业的生存和发展产生各种影响的内部条件。（　　）
4. 网络营销环境具有不可控性。（　　）
5. 网络营销中介包括网络服务提供商、第三方物流提供商、认证中心、网上金融服务商、网上营销服务机构及网络中间商等。（　　）
6. 网络营销公众是指对网络营销企业实现其网络营销目标有实际的或潜在的利害关系的一切团体或个人。（　　）

三、简答题

1. 网络营销环境的内容有哪些？
2. SWOT 分析法的主要内容有哪些？

项目三 搜索引擎营销

 知识目标

- ◆ 了解搜索引擎营销的概念
- ◆ 了解搜索引擎优化及影响搜索引擎排名的因素
- ◆ 了解搜索引擎付费广告

 能力目标

- ◆ 能够运用搜索引擎优化的主要方法
- ◆ 能够掌握 PPC 搜索网络投放和内容网络投放的方法
- ◆ 掌握 PPC 竞价排名优化的技巧
- ◆ 能够在各大搜索类网站提交企业网站

 重点难点

- ◆ 搜索引擎优化的主要方法
- ◆ PPC 搜索网络投放和内容网络投放的方法

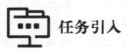 **任务引入**

亚马逊、当当在利用搜索引擎推广 B2C 网站的业务上积累了非常丰富的成功经验,每年在搜索引擎领域投入大量费用,同时也获得了巨大的回报。

为了提升关键词投放的有效性和转化率,这两个企业除了巨额的推广费用,还支付了大量的管理成本来不断地修改、调整关键词的投放,并都有相应的策略来具体管理搜索引擎。本项目将论述企业搜索引擎营销的具体方法。

任务一 搜索引擎营销的基本原理

搜索引擎是最重要的网络信息获取渠道和最有效的网站推广工具。搜索引擎不仅使消费者在获取有效信息方面更加容易,而且也使企业能够及时、准确地向目标客户群体传递各种产品和服务信息,挖掘更多的潜在客户,帮助企业实现更高的转化率。

一、搜索引擎营销概述

搜索引擎(Search Engine)是根据一定的策略,运用特定的计算机程序从互联网上搜集信息,在对信息进行组织和处理后,为用户提供检索服务,将用户检索相关的信息展示给用户的系统。搜索引擎是互联网信息爆炸时代的产物,至今仍然是人们获取网络信息的主要工具。根据中国互联网络信息中心发布的第41次《中国互联网络发展状况统计报告》数据显示,截至2017年12月,我国搜索引擎用户规模达6.4亿,使用率为82.8%,用户规模较2016年底增加3718万,增长率为6.2%。

(一)搜索引擎营销的概念

搜索引擎营销(Search Engine Marketing,SEM)是根据用户使用搜索引擎的方式,利用用户检索信息的机会尽可能将营销信息传递给目标用户的一种营销方法。简单来说,搜索引擎营销就是基于搜索引擎平台的网络营销,利用人们对搜索引擎的依赖和使用习惯,在人们检索信息的时候将信息传递给目标客户。搜索引擎营销的基本思想是让用户发现信息,并通过点击进入网站或网页,进一步了解所需要的信息。

(二)搜索引擎营销的特点

相较于其他网络营销方法,搜索引擎营销有以下特点。

1. 精准定位

搜索引擎营销在用户定位方面具有更好的功能,尤其是在搜索结果页面的关键词广告完全可以实现与用户检索所使用的关键词高度相关,从而提高营销信息被关注的程度,最终达到增强营销效果的目的。

2. 用户主导

和其他网络营销方法不同,在搜索引擎营销中,是用户主动创造了营销机会。没有哪个企业或网站可以强迫或诱导用户的信息检索行为,使用什么搜索引擎、通过搜索引擎检索什么信息、在搜索结果中点击哪些网页都是由用户自己决定的。搜索引擎营销是由用户所主导的,用户主动地加入了营销过程,这也是为什么搜索引擎营销比其他网络营销方法效果更好的原因。因此,最大限度地减少对用户的干扰,是搜索引擎营销的基本思想。

3. 灵活可控

搜索引擎营销可以实现随着网络服务环境的变化而变化,具有较高的灵活性。基于搜索引擎技术特点的营销方式还为广告主提供了可以用来进行效果评估的统计报告。这些报告的内容包括网站流量、搜索引擎访问、关键词访问、访问地区时间等数据统计。将这些原始数据进行对比,就可以分析出搜索引擎营销在不同时间段、不同地域的效果如何,从而为企业调整优化搜索引擎营销计划提供依据。搜索引擎营销实现了营销费用的可控性。例如,"关键词广告"及其扩展形式"网页内容定位广告"按照每次点击价格付费,不点击不付费,广告主可以设定每次广告点击的费用以及每日的最高花费,还可以设定广告被点击的时间和地域。

4. 间接性

搜索引擎检索出来的是网页信息的索引,一般只是某个网站/网页的简要介绍,或者搜索引擎自动抓取的部分内容,而不是网页的全部内容,因此这些搜索结果只能发挥一个"引子"的作用。另外,搜索引擎营销的效果表现为网站访问量的增加而不是直接销售量的增加。搜索引擎营销的使命就是获得访问量,因此被作为网站推广的主要手段,至于访问量是否可以最终转化为收益,不是搜索引擎营销可以决定的。

5. 门槛低,投资回报率高

搜索引擎是开放性的平台,门槛比较低。几乎任何企业都可在搜索引擎上推广宣传,且机会均等。与传统广告和其他网络推广方式相比,搜索引擎营销投入费用少、产生效果快、影响程度深,非常适合中小企业。

(三)搜索引擎营销的功能

1. 网站推广

网站推广即通过搜索引擎推广实现网站访问量增加的目的,这是搜索引擎营销最重要的功能。用户通过网站获取信息主要有两种方式:如果已经知道或者可以猜测网站的网址,则用户直接通过网址访问;如果不了解网址,则通过搜索引擎查询。搜索引擎也是用户发现新网站最主要的途径,有83.4%的中国互联网用户通过搜索引擎得知新网站。这就意味着搜索引擎是网站推广最有效的工具。一个设计专业的网站,通过搜索引擎自然检索获得的访问量占网站总访问量的60%是很正常的现象,甚至有些网站80%以上的访问者来自搜索引擎。

2. 网站优化

网站优化分析往往要用到一些搜索引擎优化检测工具,以了解网站在搜索引擎结果中的表现,如检测网站链接数量、网站被搜索引擎收录网页数量、关键词在搜索引擎结果中排名情况等。搜索引擎是最直接、最全面的网站优化工具,通过搜索引擎检索结果反馈信息的详细分析是网站优化的最有效方法。

3. 网络品牌传播

企业品牌信息在互联网上存在并且可以被用户所发现,是网络品牌传播的必要条件。用户通过某个关键词检索的结果中看到的信息,是对一个企业网站网络品牌的第一印象,这一印象的好坏决定了这一品牌是否有机会进一步被认知。一个知名企业或者产品的信息理所当然地应该可以通过搜索引擎检测到,否则就表明该企业的网络品牌传播存在严重的缺陷。网站被搜索引擎收录并且在搜索结果中排名靠前,是利用搜索引擎营销手段推广网络品牌的基础。

4. 产品促销

在搜索某些产品名称时,搜索结果中往往会出现很多网上零售网站的广告,可见搜索引擎对于产品的推广与促销也具有重要作用。一般来说,用户用"产品名称""品牌名+产品名称""品牌名+产品名称+购买方式"等关键词进行检索时,往往表明用户已经产生了对该产品的购买意向,也就意味着在搜索引擎中占据有利位置将会对产品销售发挥积极作用。用户购买产品前,尤其购买汽车、住房、电器等高价值产品前,通过搜索引擎获取初步信息的情况非常普遍。

5. 网上调研

通过搜索引擎,不仅可以方便地了解竞争者的市场动向,还可以方便地获得竞争者的产品信息、用户反馈、市场热点等最新信息。企业通过搜索引擎获得的初步信息，结合网站分析和跟踪，还可以对行业竞争状况做出理性的判断。

二、搜索引擎营销的实现

（一）搜索引擎营销的目标层次

搜索引擎营销的目标层次分为存在层、表现层、关注层和转化层 4 个层次。

1. 存在层

存在层的目标是在主要的搜索引擎/分类目录中被收录。搜索引擎登录包括免费登录、付费登录、搜索引擎关键词广告等形式。

2. 表现层

表现层的目标是在被搜索引擎收录的基础上尽可能获得好的排名，即在搜索结果中有良好的表现。

如果利用主要的关键词检索时，网站在搜索结果中的排名靠后，那么还有必要利用关键词广告、竞价广告等形式作为补充手段来实现这一目标。同样，如果在分类目录中的位置不理想，则需要同时考虑在分类目录中利用付费等方式获得排名靠前。

3. 关注层

关注层直接表现在网站访问量指标方面，也就是通过搜索结果点击率的增加来达到提高网站访问量的目的。由于只有受到用户关注，经过用户选择后的信息才可能被点击，要通过搜索引擎营销实现访问量增加的目标，则需要从整体上进行网站优化设计，并充分利用关键词广告等有价值的搜索引擎营销的专业服务。

4. 转化层

转化层是前面三个目标层次的进一步提升，是各种搜索引擎方法所实现效果的体现，但并不是搜索引擎营销的直接效果。第四个目标在搜索引擎营销中属于战略层次的目标。其他三个层次的目标则属于策略范畴，具有可操作性和可控制性的特征。实现这些基本目标是搜索引擎营销的主要任务。

（二）搜索引擎营销的基本过程

搜索引擎营销的基本过程主要包括 5 个步骤，如图 3-1 所示。

图 3-1　搜索引擎营销的工作原理和过程

① 企业将信息发布到网站上成为以网页形式存在的信息源。
② 搜索引擎收集网站网页信息到索引数据库。
③ 用户利用关键词在搜索引擎上检索。
④ 搜索引擎检索结果罗列出相关的索引信息及其链接。
⑤ 用户对检索结果进行判断并点击感兴趣的链接进入相关的网站/网页了解信息。

在上述搜索引擎营销过程中，包含了 5 个基本要素：信息源（网页）、搜索引擎信息索引数据库、用户的检索行为和检索结果、用户对检索结果的分析判断和对选中检索结果的点击。对这些要素及搜索引擎营销信息传递过程的研究和有效实现，就构成了搜索引擎营销的基本任务和内容。搜索引擎营销的基本内容包括以下 5 个方面。

1. 构造合适的信息源

信息源被搜索引擎收录是搜索引擎营销的基础，这也是网站建设之所以成为网络营销基础的原因，企业网站中的种种信息是搜索引擎检索的基础。由于用户通过检索之后还要通过信息源以获取更多的信息，因此这个信息源的构建不能只是站在搜索引擎友好的角度，还应该包含用户友好，这就是在建立网络营销导向的企业网站中所强调的，网站优化不仅仅是搜索引擎优化，还包含对用户、对搜索引擎、对网站管理的维护和优化。

2. 创造被收录的机会

无论网站设计得多么精美，如果不能被搜索引擎收录，用户便无法通过搜索引擎发现这些网站中的信息，当然就不能实现网络营销的目的。因此，让尽可能多的网页被搜索引擎收录是网络营销的基本任务之一，也是搜索引擎营销的基本步骤。

3. 占据搜索结果靠前的位置

网站/网页仅仅被搜索引擎收录还不够，还需要让企业信息出现在搜索结果中靠前的位置，因为搜索引擎收录的信息通常都很多，当用户输入某个关键词进行检索时，会反馈大量的结果，如果企业信息出现的位置靠后，被用户发现的机会就大大降低，搜索引擎营销的效果也就无法保证，这就是搜索引擎优化的任务。

4. 获取用户关注

用户通常并不能点击浏览检索结果中的所有信息，而是需要对搜索结果进行判断，从中筛选一些相关性最强、最能引起用户关注的信息进行点击。所以搜索结果中的信息对用户要有足够的吸引力，要想做到这一点，需要针对每个搜索引擎收集信息的方式进行针对性研究。

5. 为用户获取信息提供方便

用户通过点击搜索结果而进入网站/网页，是搜索引擎营销产生效果的基本表现形式，用户的进一步行为决定了搜索引擎营销是否可以最终获得收益。在网站上，用户可能为了了解某个产品的详细介绍，选择成为注册用户。在此阶段，搜索引擎营销将与网站信息发布、顾客服务、网站流量统计分析、在线销售等其他网络营销工作密切相关，在为用户获取信息提供方便的同时，与用户建立密切的关系，使其成为潜在顾客或者直接购买产品。

任务二　搜索引擎营销的模式

搜索引擎营销的主要模式有搜索引擎优化（SEO）、点击付费广告（PPC）和搜索引擎收录等方式，提升网站在搜索结果页面的排名。网站在搜索引擎中的排名位置会直接影响该网站的营销效果或广告效果，因为当客户在搜索引擎中查找相关产品或者服务的时候，通常会优先点击排名靠前的网站。

一、搜索引擎优化（SEO）

（一）搜索引擎优化概述

搜索引擎优化（Search Engine Optimization，SEO）是一种利用搜索引擎的搜索规则来提高网站排名的营销手段。目前比较常用的搜索引擎有百度搜索（见图3-2）、360搜索（见图3-3）、搜狗搜索（见图3-4）等。

除了上述专业的搜索引擎网站外，还有一些大型门户站内搜索，如京东站内搜索（见

项目三 搜索引擎营销

图 3-2 百度搜索

图 3-3 360 搜索

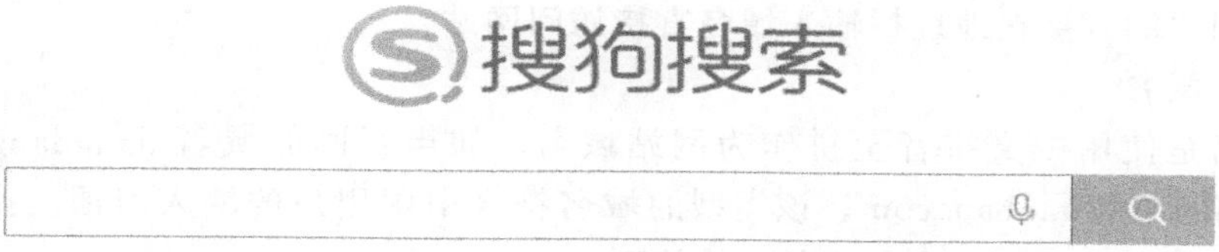

图 3-4 搜狗搜索

图 3-5 京东站内搜索

图 3-5）等平台。这些站内搜索优化也非常关键，将直接影响产品的站内排名及销量。

对于网站拥有者来说，只有提高网站在搜索引擎中的排名，才能有效提高网站访问量，最终实现销售目的或宣传效果。

（二）影响搜索引擎排名的主要因素

想要提升网站排名，首先需要了解影响搜索引擎排名的主要因素，只有这样才能有针对性地解决问题，提升排名。

1. 域名

当用户在浏览器的地址栏输入域名地址时，可以直接打开对应的网站，此时无需搜索。当用户在某个搜索引擎中输入某个域名时，用户可以通过查看该域名分辨搜索到的信息是否是官方网站或者是想要查找的信息，可见域名对搜索引擎优化推广的重要影响。因此，需要有一个简单、好记、易识别的域名，如淘宝、京东、当当等。

域名具有唯一性，已经注册过的域名就无法再注册，而随着互联网的发展，很多域名都已经被注册过了，所以在注册域名之前就需要进行域名查询，如图 3-6 所示为阿里云万网域名查询网站，可以在这里先查询域名是否被注册，未被注册的域名才能注册，否则只能通过域名交易来找回想要的域名。

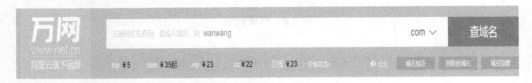

图 3-6 阿里云万网域名查询

从搜索引擎优化的角度来说，域名的长短、域名的类型、域名的拼写对优化并无直接影响，只是一个好的域名是网站推广的第一步。因为推广的最终效果是产生销售或提升品牌宣传，好的域名容易被用户记住，也容易在推广过程中展示，而复杂难记的域名不利于推广展示。域名命名的技巧总结如下。

(1) 短域名

短域名更容易记忆，如唯品会的域名 vip.com，京东的域名 jd.com。这些域名非常简单、好记，用户能直接在地址栏输入域名直接访问网站。

(2) 拼音域名

拼音域名是使用中文拼音全拼作为网站域名，如当当网的域名 dangdang.com（见图 3-7），淘宝网的域名 taobao.com。该类型的域名符合中国用户的输入习惯。拼音域名是网站域名的首选，也是企业在确定域名时的首选。

图 3-7 当当网的拼音域名

(3) 数字域名

数字域名不但输入方便，而且贴切好记，推广时非常有优势，但是现在大部分数字域名都被注册了，企业想注册数字域名就不那么容易了。如阿里巴巴批发的域名为 1688.com，28 商机网的域名为 28.com。

2. 存储空间

这里的空间指的是用来存储网站内容的虚拟空间。网站的空间在搜索引擎中也有着非常重要的影响。

（1）空间的位置

空间的位置即机房（服务器存储的地方）所在位置，机房的位置决定空间的位置。在国内，网站想要上线必须经过网站备案，备案大概需要15～30天，很多企业为了规避备案或者尽快上线，便会选用中国香港地区或国外的虚拟空间，但其实这是不利于网站优化排名的，并且很容易被搜索引擎认为是恶意网站而屏蔽掉。

（2）空间的速度

空间的速度主要体现在用户浏览过程中打开页面的速度，用户打开一个网站很久都没有响应，如果不是本地网速的问题，就说明该网站空间访问速度慢，如果是这样，即使网站排名前期优化上去了，后期也很容易降下来。

（3）空间的稳定性

用户上网时掉线了，如果不是网络断了，那么一定是空间的稳定性不够好，或者同时出现被攻击、网站信息读取错误等情况，也是因为网站空间安全稳定性不够好，这样的网站同样不受搜索引擎的青睐。

域名和存储空间不仅是网站建设的基础保障，也是网站优化排名的关键要素，选择好的域名和空间是推广的第一步。

3．网站名称

（1）影响搜索结果

同样的名称、相似的名称或者名称有重合文字的网站很多，比如叫"外国语职业学院"的网站很多，如果进行模糊查找，包含该关键词的网站都会出现，给查找者带来不便。那么，就需要将网站名字设置得更精确，这样，用户搜索的时候会从结果中筛选，并且进行精确查找时能快速找到想要的内容，360搜索中输入"广西外国语职业学院"的部分显示结果如图3-8所示。

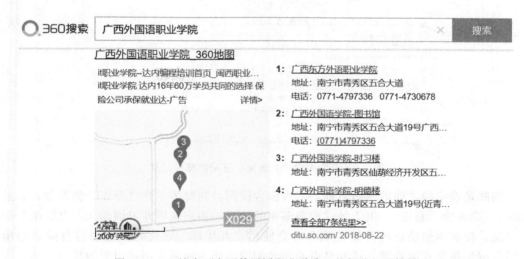

图3-8　360搜索"广西外国语职业学院"的部分显示结果

（2）影响搜索展示效果

设置网站名称的字数也是有技巧的，取较长的名字尤其是重复关键词太多时，会被搜索引擎认为该网站在作弊，不但排名不会上升，反而会被搜索引擎排斥。通常，搜索引擎能显示的最多字数是60个标准字符（1个汉字＝2个字符），所以网站标题最好在30个汉字（60个字符）内，最多不要超过40个汉字（80个字符）。

除了上述网站域名、空间、名称以外，影响网站在搜索引擎中排名的因素还有很多，比如网站包含的关键词、网站的建设结构、网站的页面形式（如静态、动态、Flash网站等）、网站的更新频率、网站的浏览量等。所以，每一个网站细节都会对排名有影响，这就需要网站建设者和运营者随时对网站进行维护。

（三）搜索引擎优化方法

搜索引擎优化方法又分为站内搜索引擎优化和站外搜索引擎优化。站内搜索引擎优化方法包括网站结构的设计、网站代码优化、网站内部链接优化、网站内容的优化、网站用户体验优化等，是对网站自身的优化。站外搜索引擎优化包括网站外部链接优化、网站的链接建设、网站的外部数据分析等。下面我们重点介绍站内搜索引擎优化方法。

1. 网站标题优化

在所有优化方法中，最重要的就是网站标题的优化，网站标题将直接影响搜索引擎排名及结果页面展示。

（1）网站标题在搜索引擎中的展示

图3-9所示为百度搜索"九块邮"显示的部分结果，其中箭头所指部分为网站标题。

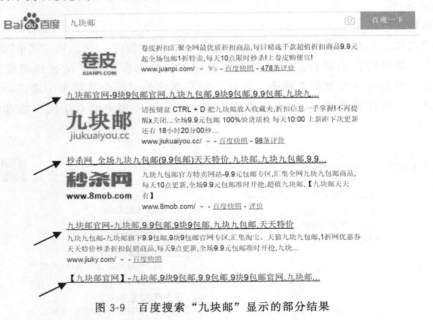

图3-9 百度搜索"九块邮"显示的部分结果

九块邮是卷皮网之前的网站名称，因为重合度高，同时为了建立企业品牌形象，企业将"九块邮"更名为"卷皮"。由于经过前期多年的积累，用户认可并习惯输入"九块邮"来查找，因此，很多相似功能的网站在取名时会使用"九块邮"字样，以增加自身网站的检索量，提升网站排名及浏览量，这就是借助知名关键词作为标题为网站引流的优化方法。

（2）网站标题在浏览器中的展示

如果网站标题较长，在很多的浏览器中不能全部展示出来（见图3-10），尤其是将关键词放前面，企业或品牌名称放后面时，用户浏览时便不容易记住和区分网站。当然，可以将鼠标放在浏览器标题位置，然后会弹出网站全部的网站标题（见图3-11），但是只要鼠标移

项目三 搜索引擎营销

图 3-10　网站标题在浏览器中的显示

图 3-11　鼠标放在标题位置显示全部标题

开，标题便又不能全部显示了。

（3）复制完整的网站标题

如图 3-11 所示，虽然显示了全部标题文字，但是只要鼠标移开，名称显示就不全了，无法复制下来，可以按照下列方式来查看和复制。

① 鼠标放在页面中任意位置，单击右键，在弹出窗口单击"查看源代码"，如图 3-12 所示。

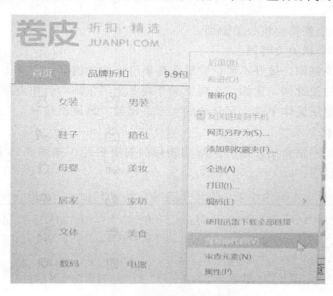

图 3-12　网站页面"查看源代码"

② 单击"查看源代码"后，弹出一个代码页面，其中〈title〉〈/title〉部分显示的就是网站标题（见图 3-13），此时就可以查看到该网站标题中全部的关键词了，并且可以随意复制。

2. 网站检索关键词优化

网站检索关键词是不会显示在搜索引擎结果页面中的，同样，在网站中也不会显示。网站检索关键词不显示不代表没有价值，相反，网站检索关键词在网站优化中非常重要，因为它能帮助搜索引擎网站收录或检索到网站。

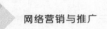

```
<html class="jp-pc w1200">
    <head>
    <title>卷皮官网-专注独家折扣,1折特卖,全场包邮 - 上卷皮 购便宜!</title>
    <meta content="卷皮折扣,品牌折扣,折扣,特卖,打折,9.9元包邮,卷皮网" name="keywords">
    <meta content="卷皮折扣汇聚全网最优质折扣商品,每日精选千款超值折扣商品9.9元起全场包邮1折特卖,每天10点限时秒杀!上卷皮购便宜!" name="description">
        <meta name="mobile-agent" content="format=html5;url=//m.juanpi.com/">
        <meta name="applicable-device" content="mobile">
        <meta content="text/html; charset=utf-8" http-equiv="Content-Type" />
```

图 3-13 卷皮网部分网站源代码

同样按照上述"查看源代码"的方法，我们可以看到网站检索关键词，如图 3-14 所示为折 800 网站的检索关键词。

```
<html>
    <head>
        <meta http-equiv="Content-Type" content="text/html; charset=utf-8"/>
        <meta property="qc:admins" content="21000376576205006375"/>
        <title>【折800官网】精选商品折扣,1折特卖,天天9.9包邮在折800网!</title>
        <meta name="keywords" content="折800,折800官网,折八百,9.9包邮,九块九包邮,折800天天特价,zhe800,折八百官网,9块9包邮">
        <meta name="description" content="折800(折八百)-优质折扣商品推荐平台,每天精选千款超值折扣商品,特卖1折起,九块九包邮,9.9元包邮的宝贝天天有,欢迎选购!【折800 真便宜】"/>
        <meta name="renderer" content="webkit">
```

图 3-14 折 800 网站检索关键词

从图 3-14 中可以看出，网站检索关键词的字数比标题要长很多。这是因为检索关键词在网站中不显示，所以字数也没有限制，但并不代表可以任意选取关键词。设置检索关键词要注意以下几点。

(1) 设置 1~2 个重要的核心关键词。
(2) 设置 3~5 个相关关键词。
(3) 避免冗余关键词，最好不要设置没有搜索价值的关键词。
(4) 避免过长的关键词，比如"在哪里买 9 块 9 全场包邮的折扣商品"。
(5) 尽量不要使用繁体字或生僻复杂的文字，比如"玖块玖包邮"。

3. 网站说明优化

网站说明类似于网站介绍，是对网站功能做的简要概述，如图 3-15 所示，标题下面显示的内容就是网站说明。

<u>9.9包邮,九块九包邮网,9块9包邮,全场9.9元特卖包邮- 折800官网</u>
折800官网9块9包邮专区,天天有全场9.9包邮、9.9元特卖包邮的超值宝贝,每天9点上新,价格足够低,找九块九包邮折扣商品,请到折800网。【9.9包邮天天有】 9块9包邮 共有1...
www.zhe800.com/ju_type/baoyou - 快照 - 折800

图 3-15 搜索"九块九包邮"折 800 网站说明展示

用户可以按照"查看源代码"的方法，查看折 800 网站的说明内容，如图 3-16 所示，可以看出此处网站说明文字比关键词的字数还要多，所以网站说明也是没有规定字数要求的，但是按照搜索引擎的显示标准，建议设置在 120 个汉字（240 个字符）以内，最佳设置为 40~80 个汉字。网站说明部分最好包含重要信息，如核心关键词、优惠活动、最新事件、品牌实力等，将重点内容展示出来有利于网站的点击和推广。

(四) 搜索引擎优化注意事项

在进行搜索引擎优化时，关键词的设置非常重要，但并不是在网站里设置越多的关键词

```
<html>
  <head>
    <meta http-equiv="Content-Type" content="text/html; charset=utf-8"/>
    <meta property="qc:admins" content="2100037657620500006375" />
    <title>9.9包邮,九块九包邮网,9块9包邮,全场9.9元特卖包邮 - 折800官网</title>
    <meta name="keywords" content=""/>
    <meta name="description" content="折800官网9块9包邮专区,天天有全场9.9包邮、9.9元特卖包邮的超值宝贝,每天9点上新,价格足够低,找九块九包邮折扣商品,请到折800网.【9.9包邮 天天有】"/>
    <meta name="renderer" content="webkit">
```

图 3-16 折 800 网站说明

就越好。在进行搜索引擎优化时,需要注意以下几个方面。

1. 不要堆砌关键词

比如一家做网站的公司,其关键词是"网站建设",于是很多人设置关键词时就设置为北京网站建设、上海网站建设、山东网站建设……这样虽然可以为关键词增加精确搜索的概率,但实际上是关键词堆砌严重,建议同样的词不要重复出现 3 遍以上。

2. 不要使用 CSS(层叠样式表)或背景色隐藏内容

有些网站内容发布者将关键词等内容输入网页中,使用白色背景色等方式隐藏起来,既不影响网站效果,又设置了关键词,想要一举两得,但这些都会被搜索引擎识破。

3. 不要链向作弊的网站或使用被惩罚过的域名

有些网站通过作弊手段使网站排名很靠前,然后将网站卖给想要提升排名的站长,这虽然能获得一时的利益,但是作弊网站总有被发现的时候,到时不但作弊网站会被屏蔽,自身的网站同样会受到影响。

4. 尽量避免单一图片和 Flash 的网站

这种类型的网站不仅文字信息很少,而且几乎没有更新,所以对网站优化非常不利。

5. 删除与网站主题无关的内容

如果内容与网站主题无关,不是作弊网站就是没有可读性的网站,所以网站在更新内容时不要上传无关的内容。

 提醒您

识别网站被搜索引擎屏蔽的方法

方法一:使用 site:域名

比如要查看"www.baidu.com"在搜狗搜索引擎的收录情况,就在搜狗搜索框里输入"site:www.baidu.com",则会显示搜狗收录结果(见图3-17),如果没有网站页面的显示,就说明被屏蔽了。

方法二:搜索网站名称

在搜索引擎框中输入网站名称,如果排在第一位的不是企业的官方网站,通常说明网站被惩罚了。但是要排除一种情况,就是当有竞价广告出现的时候,竞价排名会在第一位,此时就需要看自然排名的位置。

图 3-17 搜狗检索"site：www.baidu.com"的部分结果

二、点击付费广告（PPC）

点击付费广告（Pay Per Click，PPC）是很多企业常用的网络推广形式。提供点击付费的网站主要有各大门户网站（如网易、搜狐、新浪），搜索引擎网站（如 360 搜索、百度搜索、搜狗搜索），以及其他浏览量较大的网站。

（一）PPC 投放分类

PPC 按投放地分为搜索网络投放和内容网络投放，比如百度搜索、360 搜索、搜狗搜索等属于搜索网络投放，搜狐新闻、新浪新闻、网易新闻等则是内容网络投放。其中百度搜索、360 搜索的点击付费广告是以竞价来排名的，谁出的价格高谁就排在前面，因此这种方式又称为竞价排名推广。

搜索引擎营销越来越受欢迎，合理运用竞价排名提高知名度

搜索引擎营销是目前使用最广泛的网站推广营销手段之一，尤其是搜索引擎推广。因为其中有许多搜索引擎可以免费使用，所以更受中小企业欢迎，从而成为"互联网＋搜索引擎"营销体系的主体之一。数据表明，2015 年全球搜索市场上的直接流量占 43.38%，搜索引擎流量占 27.79%，搜索引擎营销在全球有越来越受欢迎的趋势。

2015 年 6 月，我国互联网用户搜索引擎使用率达到 80.30%，与 2014 年同期持平。2015 年，我国网络广告市场的规模已经超过电视广告。我国作为全球第一大互联网市场，2016 年 6 月互联网用户数已达 6.68 亿。全国每天有 5.36 亿人在通过搜索引擎检索相关商品。

> 搜索引擎营销主要包含竞价排名、分类目录、搜索引擎登录、付费搜索引擎广告、关键词广告、搜索引擎优化、地址栏搜索、网站链接策略等。无论是企业还是个人，都可以把搜索引擎与自己的网络门户如企业自建网站、个人博客和微博等相关联，以此来增加访问量，提高知名度和关注度。有条件的企业和个人可适当运用竞价排名等付费营销方式，快速提高知名度和宣传效果。
>
> 需要注意的是，付费参与竞价排名确实有效果，但目前社会上各种搜索排行榜也存在一些问题，必须加以识别和防范。有些搜索关键词竞价排名中付费竞价权重过高，引发公愤，国家相关部门将责令整改。

360搜索引擎上的广告展示如图3-18所示，箭头所指部分写着"广告"，说明该条信息为PPC推广的内容，按照后台设置的点击价格标准，价格越高则排名越靠前，即竞价排名推广。

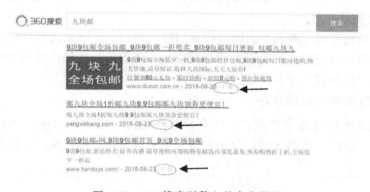

图 3-18　360 搜索引擎上的广告展示

在各大门户网站上也时常见到"广告"字样，说明这些信息均是广告展示，但是这种广告展示分为多种情况收费。

（1）PPC 形式，即点击收费；

（2）按照展示次数收费，就是按在用户面前展示的次数来计算广告费用；

（3）购买广告位的形式，即广告固定在页面某个位置，不管用户点没点，展示多少次，都收取一定的费用。

总体上来说，它们都属于内容网络投放推广。

（二）PPC 内容网络投放技巧

很多做 PPC 广告的商家认为，广告投放得越多效果就越好，这么做的结果往往是花费大额广告费用，但是效果却不一定能达到理想状态，那么，如何做好内容网络投放呢？这需要一定的技巧。

1. 注意区分两种不同的内容网络投放方式

两种内容网络投放方式：第一种是自己指定网站进行投放；第二种是让后台自动根据设定的关键字予以匹配进行网站投放。

例如，游戏公司针对相关的网站进行投放，用户打开游戏类网站时，说明他比较关注或者感兴趣，因此能保障广告效果。采用的就是第一种内容网络投放方法。

网络营销与推广

例如,某用户近期搜索"九块邮"的频率比较高,网络识别技术捕捉到该用户的需求:"近期想要买便宜低价的产品",那么用户在浏览很多网站时,给他呈现的广告大多以购物为主,而且还都是价格比较便宜的。该方法采用的是第二种内容网络投放方法:自动根据设定的关键字进行匹配网站投放,非常有针对性,广告效果比较明显。

2. 制作多个广告样式

投放广告一般有两个作用:一是吸引用户点击;二是进行品牌和产品宣传推广。吸引用户点击是大部分广告投放主的目标,但如果是单一的广告形式,很容易产生视觉疲劳或用户逆反心理,相反,制作多个好玩又有趣的广告,更容易吸引用户点击。商家的内容网络投放广告可以采用文字、小图、动态图等多种形式,即使在一个页面中显示,也表现出不一样的视觉效果。

3. 广告展示要突出品牌和产品的特征

在内容网络投放中,图片广告的效果要远比文字广告好,因此,制作好的图片广告非常重要。另外,在广告展示中,要把品牌或产品的特点、卖点、优惠等表现出来。

4. 注意设置投放周期

内容网络投放的平台一般都是新闻或行业门户网站,这类网站内容更新很快,如果广告陈旧或更新比较慢,对于用户的吸引力就会相应地下降而无法达到广告预期效果,所以内容网络投放时间最好控制在7个自然日内。

(三)PPC搜索网络投放技巧

PPC搜索网络推广分为多种模式,如竞价排名推广、搜索展示推广、网盟推广、企业百科等。下面以百度广告产品为例,分别介绍一下企业百科、网盟推广、搜索推广这几种推广方式。

1. 企业百科

企业百科是按年展示收费。企业百科设置的关键词一般为企业名称或企业品牌,是为树立企业或品牌形象而设立的。

企业百科有助于加强企业品牌形象,减少竞价费用,但其弊端是只能搜索品牌相关词语时才展示,所以企业百科可以根据企业自身需求选择性使用。

2. 网盟推广

网盟推广是搜索引擎平台跟其他网站合作,在合作网站上展示的广告信息,有纯文字、图文或动画等多种形式,并且网盟推广是主动型的。搜索引擎会根据用户平时浏览的网站兴趣爱好及近期搜索的关键词选择性地推送相关内容的广告给客户。

3. 搜索推广

搜索推广旨在百度的搜索引擎中显示,也就是百度搜索的结果页。搜索推广是被动的,只有用户搜索时才有机会展现,搜索"化妆品"部分展示广告如图3-19所示,带"广告"字样的内容均为搜索推广展示的,根据出价高低顺序排列。

三、搜索引擎收录

搜索引擎的蜘蛛程序是一只有思维、有辨别能力的"蜘蛛",用户不要把它当成单纯的网站内容搬运工,它在读取内容的时候,同时会对这些内容进行价值辨别。百度蜘蛛工作图如图3-20所示。一个网站收录的信息数量越多,收录得越快,就越说明此网站对搜索引擎比较友好。

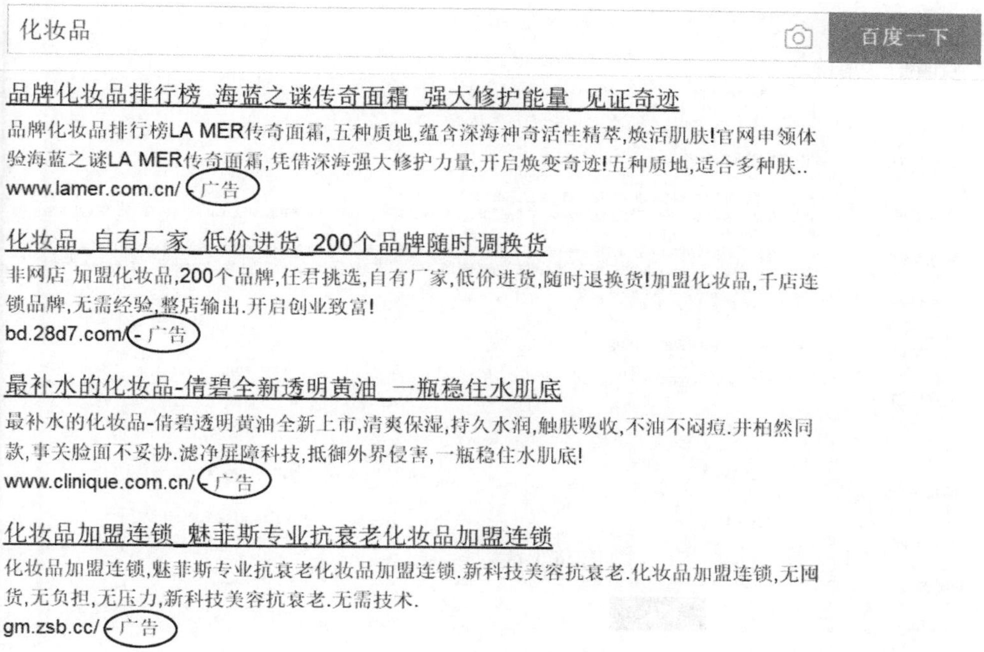

项目三 搜索引擎营销

化妆品　　　　　　　　　　　　　　　　　　　　　　　　　　　　[📷]　　百度一下

品牌化妆品排行榜_海蓝之谜传奇面霜_强大修护能量_见证奇迹
品牌化妆品排行榜LA MER传奇面霜,五种质地,蕴含深海神奇活性精萃,焕活肌肤!官网申领体验海蓝之谜LA MER传奇面霜,凭借深海强大修护力量,开启焕变奇迹!五种质地,适合多种肤..
www.lamer.com.cn/ (广告)

化妆品_自有厂家_低价进货_200个品牌随时调换货
非网店 加盟化妆品,200个品牌,任君挑选,自有厂家,低价进货,随时退换货!加盟化妆品,千店连锁品牌,无需经验,整店输出.开启创业致富!
bd.28d7.com/ - (广告)

最补水的化妆品-倩碧全新透明黄油 一瓶稳住水肌底
最补水的化妆品-倩碧透明黄油全新上市,清爽保湿,持久水润,触肤吸收,不油不闷痘.井柏然同款,事关脸面不妥协.滤净屏障科技,抵御外界侵害,一瓶稳住水肌底!
www.clinique.com.cn/ (广告)

化妆品加盟连锁_魅菲斯专业抗衰老化妆品加盟连锁
化妆品加盟连锁,魅菲斯专业抗衰老化妆品加盟连锁.新科技美容抗衰老.化妆品加盟连锁,无囤货,无负担,无压力,新科技美容抗衰老.无需技术.
gm.zsb.cc/ (广告)

图 3-19　搜索"化妆品"部分展示广告

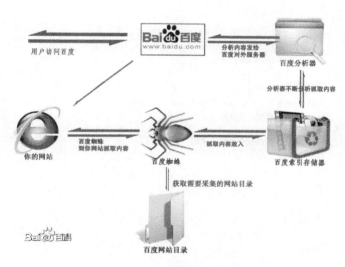

图 3-20　百度蜘蛛工作图

1. 搜索引擎提交入口

对于一个刚刚建设成功的新网站,要想快速地被搜索引擎发现并被它收录,最基本的方法就是登录各大搜索引擎网站并提交自己的网站。

（1）360搜索引擎登录入口

网址：http://info.so.360.cn/site_submit.html,360提交入口如图3-21所示。

（2）搜狗搜索引擎登录入口

网址：http://fankui.help.sogou.com/index.php,搜狗提交入口如图3-22所示。

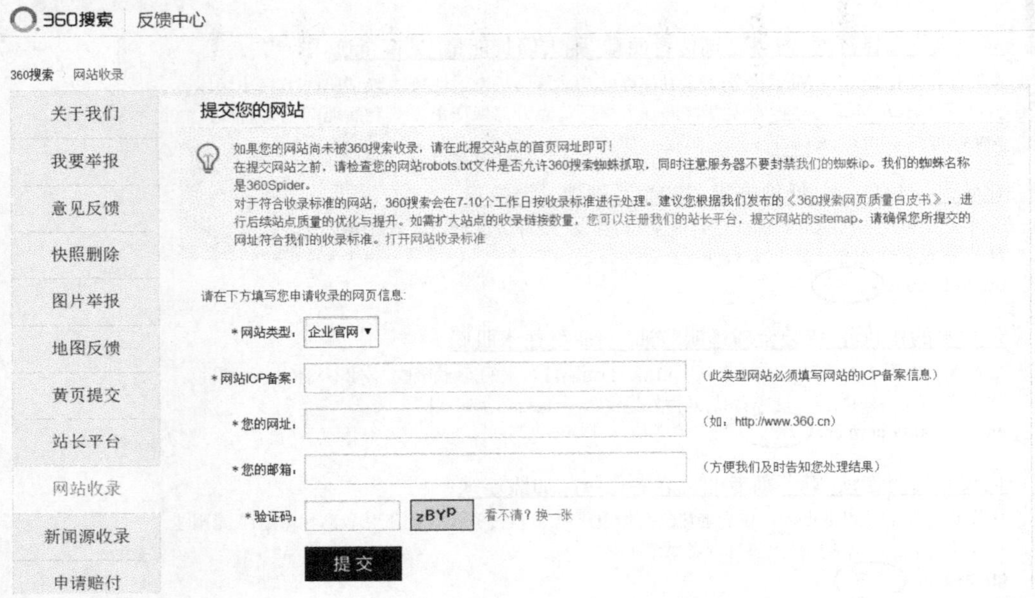

图 3-21 360 提交入口

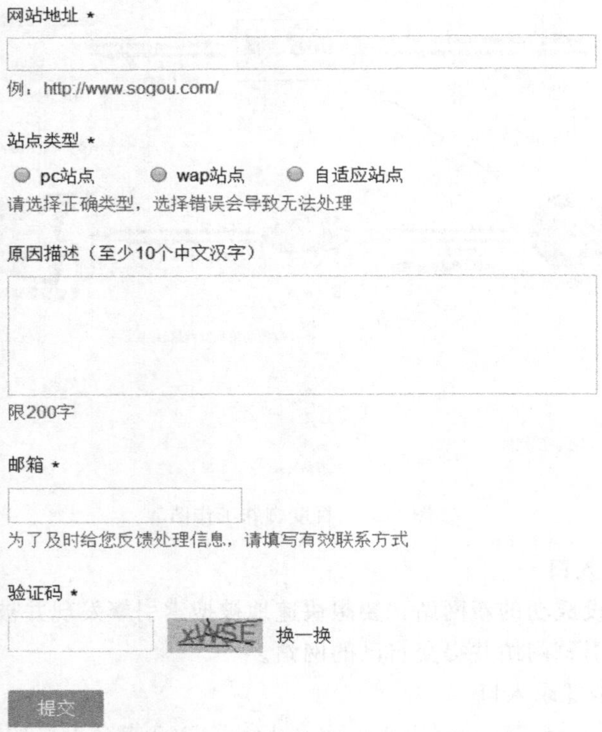

图 3-22 搜狗提交入口

(3) 必应网站登录入口

网址：https://www.bing.com/toolbox/submit-site-url，必应提交入口如图 3-23 所示。

图 3-23 必应提交入口

新网站建立后，可以在各大搜索引擎提交入口提交网站信息，以便快速收录。

2. 发布链接诱饵

到百度贴吧、A5 等权重高的网站发布链接诱饵，引诱百度蜘蛛过来搜索并收录。如果严格按照上面的操作步骤完成搜索引擎收录的提交等，基本上 7～15 天时间搜索引擎就能收录网站首页了。如果过了 1 个月，网站还没有被收录，可以尝试把首页的布局做个改版，这就需要调整 CSS 样式了。

3. 收录查询

按照上述方法对网站进行优化后，需要检查一下收录情况，可以进入这个网址查看网站被收录的情况：http://indexed.webmasterhome.cn（中国站长之家—收录查询）。

小　　结

(1) 搜索引擎营销（SEM）是根据用户使用搜索引擎的方式，利用用户检索信息的机会尽可能将营销信息传递给目标用户的一种营销方法。

(2) 搜索引擎营销具有精准定位、用户主导、灵活可控、间接性和门槛低等特点。

(3) 搜索引擎营销的目标层次分为存在层、表现层、关注层和转化层 4 个层次。

(4) 搜索引擎营销的主要模式有搜索引擎优化（SEO）、点击付费广告（PPC）和搜索引擎收录等方式。

(5) 影响搜索引擎排名的主要因素有域名、存储空间和网站名称。

(6) 点击付费广告（PPC）是很多企业常用的网络推广形式。提供点击付费的网站主要有各大门户网站（如网易、搜狐、新浪）、搜索引擎网站（如360搜索、百度搜索、搜狗搜索），以及其他浏览量较大的网站。

 实践案例

案例分析　　　　　某电商网站的 SEM 投放策略

某电商网站通过整合 B2C、B2B、时尚传媒和强势媒体、实体店面等多个渠道，将分散的供应资源、传播资源和销售资源有机结合在一起，将自身打造成为一个全面而创新的电子商务平台。

在开展 SEM 投放后，其一直以来都是百度的大客户。可以说，SEM 达成目标的关键在于选词、扩词，通过关键词体现行业特征、突出企业特色、匹配市场热点，从而扩大企业在互联网上受到关注的机会、拓宽潜在客户能够找到企业的通道、节约客户寻找消费目标的成本、增加客户从关注到消费的转化。

围绕关键词投放，网站制定了有针对性的 SEM 投放策略：百度＋Google 双引擎关键词投放，通过跨平台的数据跟踪和对比分析，改进投放效果，最大限度地覆盖潜在人群；研究网站优势和特色，精细选词、筛词，保证同等投放规模下，关键词覆盖率高；及时捕捉网络的关注热点，与网站相关的商品和促销信息相匹配，及时调整关键词投放策略，在确保关键词最大覆盖率的情况下，实现投放的精准性、定向性、时效性；重视广告语、广告推广页面和登录页面的设计，使关键信息清晰、易读，强调符合潜在客户群体消费特征的商品特色和活动特色，高效率地完成"寻找—关注—选择—下单—分享"一系列操作，节约用户在线访问成本，提升消费转化率；基于后台数据跟踪分析系统，不断获取关键字价值度参考信息，改进提升整体投放方案，精细的营销策略为各个销售渠道的发展指明了方向。依靠 SEM 带来的巨大流量，网站平台实现了不断增长的销售业绩。

业务操作

1. 请你结合上述案例，分析在实施搜索引擎营销时如何投放关键词。
2. 请你分析搜索引擎营销的主要模式。

 学习评价

一、选择题

1. 以下不属于搜索引擎营销特点的是（　　）。
   A. 精准定位　　　B. 用户主导　　　C. 灵活可控　　　D. 直接性
2. 以下（　　）是互联网上进行信息资源搜索和定位的基本工具。
   A. 网络广告　　　B. 搜索引擎　　　C. 信息检索　　　D. 索引信息
3. 搜索引擎营销可分为4个层次，分别为存在层、表现层、关注层和（　　）。
   A. 网络层　　　　B. 表示层　　　　C. 数据层　　　　D. 转化层
4. 下列不属于实现搜索引擎营销的目标层次是（　　）。

A. 存在层　　　　B. 转化层　　　　C. 表现层　　　　D. 交易层
5. 下列不是搜索引擎常用的方法的是（　　）。
   A. 关键词广告　　　　　　　　B. 搜索引擎登录和排名
   C. 在线销售　　　　　　　　　D. 搜索引擎优化
6. 搜索引擎在网络营销中的作用体现在（　　）。
   A. 网站推广　　B. 网络品牌　　C. 网上销售　　D. 网上调研
7. 利用搜索引擎营销的常见方式有（　　）。
   A. 关键词广告　　　　　　　　B. 搜索引擎优化
   C. 免费登录分类目录件　　　　D. 网页内容定位广告
8. 搜索引擎营销过程中包含的基本要素是（　　）。
   A. 信息源　　　　　　　　　　B. 顾客
   C. 搜索引擎信息索引数据库　　D. 搜索引擎品牌

二、判断题

1. 搜索引擎是最重要的网络信息获取渠道和最有效的网站推广工具。（　　）
2. 搜索引擎营销是一种用户主导的营销推广手段。（　　）
3. 网站优化是搜索引擎营销最重要的功能。（　　）
4. 搜索引擎营销关注层的目标是增加搜索结果点击率，提高网站访问量。（　　）
5. 信息源被搜索引擎收录是搜索引擎营销的基础。（　　）
6. 影响搜索引擎排名的主要因素有域名、网站存储空间和网站名称。（　　）
7. 网盟推广是一种被动型的营销方式。（　　）
8. 关键词广告有固定排名和竞价排名两种模式。（　　）

三、简答题

1. 搜索引擎营销的工作过程是什么？
2. 搜索引擎营销的模式有哪些？
3. 搜索引擎关键词的匹配方式是什么？
4. 什么是搜索引擎优化？
5. 简要分析搜索引擎优化与竞价推广的优劣势。

项目四 社会化媒体营销

 知识目标

- ◆ 熟记社会化媒体营销的几种方式
- ◆ 掌握每种营销方式的特点或模式
- ◆ 了解每种营销方式的意义

 能力目标

- ◆ 能够对企业已有的营销方案提出合适的建议
- ◆ 能够根据企业设定的不同目标帮助企业找出合适的营销媒体
- ◆ 能够根据企业的不同情况帮助企业策划合适的营销方案

 重点难点

- ◆ 对各个营销方式的区别进行正确的理解
- ◆ 了解各个社会化媒体营销方式所涉及的传播学理论

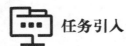 **任务引入**

小张是一名大学生，除了每日正常的上课和活动外，其他的课余时间基本上都用在微信上了，但是她不是在微信上与朋友聊天，而是在浏览微信公众号。打开小张手机的"订阅号"一栏，里面有很多界面的公众号，她经常浏览这些公众号，来了解自己感兴趣的商家的产品信息或者优惠活动或者购买自己心仪的产品和服务等。那么商家是怎么通过微信公众号来推送自己的商品信息呢？通过本项目的学习，你将了解社会化媒体营销的不同方式，以及这些方式是如

何进行产品的推广活动的。

任务一 论坛营销

一、论坛概述

(一) 论坛的形式

1. 网络交流型

网络交流型是论坛的最早形式，全称 Bulletin Board System（电子公告板）或者 Bulletin Board Service（公告板服务），简称 BBS 网络交流论坛，是互联网上的一种电子信息服务系统。它提供一块公共电子白板，每个用户都可以在上面书写，可发布信息或提出看法。后来也指公众发表议论的地方，如报刊、座谈会等。

2. 实体参与型

实体参与型由第一种论坛形式演化而来，是一种高规格、有长期主办组织、多次召开的研讨会议。著名的论坛有：博鳌亚洲论坛、精英外贸论坛、中国-东盟自由贸易区论坛、泛北部湾经济合作论坛等。

在论坛营销中的论坛都是指第一种形式的论坛，即以网络为媒介的交流平台，所以本书中提到的论坛主要是指第一种形式的论坛。

(二) 论坛的分类

随着互联网的普及，论坛也如雨后春笋般纷纷出现，从不同的角度，可以对论坛进行不同的分类划分。

1. 按照论坛的专业性划分

(1) 综合性论坛

综合性论坛包含的信息比较丰富和广泛，能够吸引几乎全部网民，但是这类的论坛往往存在着弊端，即不能全部做到精细和面面俱到。通常大型的门户网站有足够的人气和凝聚力以及强大的后盾支持，能够把门户类网站做到很强大。但是对于小型规模的网络公司，就倾向于选择专题性的论坛来做到精致。

(2) 专题性论坛

专题性论坛能够吸引真正志同道合的人一起来交流探讨，有利于信息的分类整合和搜集，例如购物类论坛、军事类论坛、情感倾诉类论坛、电脑爱好者论坛、动漫论坛，这样的专题性论坛能够在单独的一个领域里进行版块的划分设置，甚至有的论坛还能把专题性做到最细化，这样往往更能够取到很好的效果。

2. 按照论坛的功能性划分

(1) 教学型论坛

这类论坛通常如同一些教学类的博客或者是教学网站，其中心是对知识的传授和学习。在计算机软件等技术类的行业，这样的论坛发挥着重要的作用，通过在论坛里浏览帖子、发布帖子能迅速地与更多人在网上进行技术性的沟通和学习，如计算机科学论坛、太平洋电脑网软件论坛等。

(2) 推广型论坛

这类论坛通常不是很受网民的欢迎，因其注定是要作为广告的媒介，为某一个企业、某一种产品进行宣传推广服务,如瑞星杀毒软件官方论坛。从2005年起,推广型论坛就开始发展起来,但是这样的论坛往往很难具有吸引人的潜质,单就其宣传推广的性质很难有大作为,所以这样的论坛寿命经常很短,论坛中的会员也几乎是由受雇佣的人员非自愿组成。

(3) 地方性论坛

地方性论坛是论坛中娱乐性与互动性最强的论坛之一。不论是大型论坛中的地方站,还是专业的地方论坛,都有很热烈的网民回应,比如:长春贴吧、北京贴吧,或者是清华大学论坛、运城论坛、长沙之家论坛等。地方性论坛能够更大距离地拉近人与人的沟通。另外由于是地方性的论坛,所以对其中的网民也有了一定的局域限制,论坛中的人或多或少都来自于相同的地方,这样既有那么一点点的真实的安全感,也少不了网络特有的朦胧感,所以这样的论坛常常受到网民的欢迎。

(4) 交流性论坛

交流性的论坛又是一个广泛的大类,这样的论坛重点在于论坛会员之间的交流和互动,所以内容也比较丰富多样,有供求信息、交友信息、线上线下活动信息、新闻等。

二、论坛营销推广实施

(一) 论坛营销概述

论坛营销就是网络论坛营销,是企业以论坛为媒介,通过策划话题或事件,引导网民参与有关企业产品和服务的讨论,从而建立企业的知名度和权威度,推广企业的产品和服务的营销过程。

在整个网络营销体系中,包括企业博客营销、搜索引擎营销、网络广告营销、电子邮件营销、个性化营销、网络会员制营销、B2B、C2C等各种营销模式。上述的各种网络营销模式都有一个共同的特征:即营销都具有明显的主动性,也就是说上述的网络营销模式都是商家或企业自己在对自己的产品或服务向消费者进行宣传,具有很强的目的性。而这种具有很强的目的性的营销方式总是会让消费者不由自主地产生商家或企业是在"老王卖瓜,自卖自夸"的感觉,还会让消费者认为商家和企业是在强制引导消费者进行消费,所以自然而然就出现一种"你越推荐,我越不买"的消费者逆反心理。但是论坛营销却和以上的营销截然不同,论坛营销具有很强的隐蔽性,在这里商家和企业处于被动地位,消费者处于主动地位,不是商家和企业在宣传自己,而是消费者自己在帮助商家和企业进行宣传,是消费者对于自己使用过的好的产品或经历过的服务体验进行的一种自发的宣传和推广。这就从原来的商家或企业引导的消费模式变成了消费者主动探索着去消费,改变了以往那种基本上由商家和企业牵着鼻子走的消费现象,使得消费者的主观主动需求心理得到完全满足。所以越来越多的商家或企业意识到论坛营销的重要作用,也开始逐渐将企业产品或服务的营销重点放在论坛营销上,希望利用论坛来打开一片市场。

论坛营销作用显著,利用论坛既可以传播企业的最新动态与产品及其他信息;也可以通过论坛提高网民对产品、品牌和企业的认知度;还可以利用论坛按主题分类、产品与用户定位明确的特点,针对性地开展营销。圆通"无偿快递国旗"的系列帖子直击社会热点,迎合了网民的爱国情绪,吸引了网民的目光,增强了网民对圆通快递的好感。最美iphone中国女孩通过论坛传播红遍全球只用了6天,而大众也在跟帖中开始了解、熟悉该款手机及iphone。仅通过淘宝社区论坛,网民们就捧红了一些本不太有名的国产化妆品品牌,如御泥坊、相宜本草、薇诺娜、HomeFacialPro 等。

贝因美奶粉以奶源为切入口，"选奶粉，我看中奶源""走进北纬 45 度'中国奶牛之乡——冠军牧场'""'冠军宝贝'奶粉奶源品质如何？"等系列帖子在各大论坛迅速铺开。贝因美还与天涯论坛、哄孩子论坛、新浪等权威论坛或网站合作，进行用户最青睐的婴儿奶粉评比，贝因美在排名中名列前三，是唯一的国产品牌奶粉，同时借助评比事件进行论坛传播，有效地提升了产品的知名度和企业的权威性。

（二）论坛营销的特点

相对于其他的营销模式，论坛营销有着自己明显的优势。其优势有以下几点。

1. 营销成本低、见效快

论坛营销多数是属于论坛灌水，其操作成本比较低，在公共论坛网络上发表信息不需要任何费用，主要要求的是操作者对于话题的把握能力与创意能力，而不是资金的投入量。但是这是最简单的、粗糙的论坛营销，要真正做好论坛营销，有诸多的细节需要注意，随之对于成本的要求也会适当提升。

2. 隐蔽性强

商家或企业可以在论坛上组织自己的员工以游客以及各种不同的身份在论坛上发布信息，发表自己的观点，以增强其他网友的关注度及对自己企业或产品的说服力。

3. 传播广、可信度高

论坛营销一般是企业以自己的身份或者是伪身份发布的信息，所以对于消费者来说，其发布的信息要比单纯的网络广告更加可信。同时为了迎合网络的需求，不同类型的站点都架构了论坛系统，这样使得操作者发布论坛的广度有所扩大。

4. 操作性强

对于商家或企业来说，只需要安排一部分员工在上班时间对一些流量比较大的公共论坛进行访问，和论坛网友对自己企业产品和服务进行交流就可以。

5. 具有很强的针对性

论坛营销的针对性非常强，企业可以针对自己的产品在相应的论坛中发帖，也可以为了引起更大的反响，而无差别地在各大门户网站的论坛中广泛发帖。

6. 互动性强

在论坛上企业以及其员工就可以直接与客户进行交流，双方可以对商品和服务存在的问题及时地进行交流和沟通。

（三）论坛营销的推广

1. 客户分析

企业运作论坛营销首先要进行目标客户分析，要研究客户属性，了解目标客户经常去哪些论坛、对哪些主题比较感兴趣，也就是消费习惯和网络接触习惯。企业只有从客户的角度出发进行主题策划和论坛选择，才能有的放矢。同时，目标客户分析也是选择传播阵地的主要依据。

2. 寻找目标市场高度集中的行业论坛

在进行论坛营销时，首先要对企业所在的行业以及自己的目标客户进行一个透彻的分析，根据分析得出的结果寻找行业以及自己的目标客户所在的一些著名论坛和主题论坛。在主题集中的论坛上进行论坛营销，往往会起到事半功倍的效果。

3. 参与论坛讨论与建设，建立角色的权威性与信任度

在论坛营销的前期，为了打响企业知名度，需要企业的营销人员在论坛中建立自己角色的权威性。在网络论坛获得网友信任和建立角色的权威性可以通过以下方法实现。

（1）担任论坛版主

虽然是虚拟的世界，但是在网络论坛中信任度及角色的权威性和成员的身份还是有一定关系的。而相对来说论坛版主就比一般成员在网络论坛受信任和具有更高的权威性。在论坛中中小企业营销人员就可以通过努力改变自己的身份，先是成员慢慢做到版主来获得大多数成员的信任。

（2）热心论坛公共事务

在论坛上，往往注册时间长、发帖数量多并且对版块活动热衷的人员拥有相较于他人更高的权威性和信任度。即使成为版主，如果经常"潜水"的话那也无法获得网络成员的信任，一定要经常参与话题讨论，对其他的成员的疑问和问题能解答的尽量解答。

4. 选择适当的营销方式

目前，论坛营销中最主要的方式就是营销软文的推广。顾名思义，它是相对于硬性广告而言的，软文营销用唯美的语言将产品形象化，刺激阅读者的兴趣，进而产生消费的欲望。软文写作的目的就是要将企业的产品和形象通过美丽的文字来进行包装，以达到宣传的效果。

在软文的写作中首先要巧妙设计帖子的标题，选好冲击力强的标题。网民浏览论坛时首先接触的就是帖子的标题，因此，帖子是否被点击浏览，与标题是否诱人有直接关系。其次要把握好文章中产品或服务的切入点，即如何把需要宣传的产品、服务或品牌等信息完美地嵌入文章内容，使得网友在阅读文章时并不会感觉是在阅读产品的宣传文章，使得文章言之无物，实则有物。最后，要设计文章结构，把握整体方向，控制文章走势。还要完善整体文字，按框架丰富内容，润色具体内容。最后，要对文章进行反复推敲和完善。

对于论坛营销来说，话题营销也是一个比较常用的方法，寻找一个大家比较热衷的话题，在论坛里进行互动回复跟帖，这样的话题营销不仅仅可以增加论坛的曝光度，同时，也是一种很好的论坛营销的方式。很多论坛采用这样的方式，而且取得了很好的效果。

5. 策划主题

对于论坛主题策划和选择要注意以下 3 个方面。

① 营销人员要从客户的角度出发，想象客户喜欢什么样的主题，对什么样的主题感兴趣，这样才能策划出具有吸引力的方案。

② 要对有效传播点进行提炼。有效传播点并不等于卖点，论坛不一定可以很好地传递产品的优势和卖点。比如某款笔记本在现实中其卖点就是外形比较时尚，但是在网络中如果网络论坛软文策划仅仅以"外形时尚"作为论坛的传播点，这样网友对此不会有多少关注，因为在网络中"时尚"已经不是新鲜的词汇。提炼的关键在于"吸引眼球"，这就是有效传播点，而帖子的标题就很关键，这直接影响点击率。在论坛帖子中"揭秘""原创（YC）""草根""实录""惊爆""最牛""震惊""现场"等词出现在标题中的帖子就会很吸引网友的眼球。比如联想策划的"红女郎事件"，题为《七天七夜不吃不喝偷拍红本女郎》的帖子，通过把美丽漂亮的 OL 和外形时尚的联想笔记本结合在一起，利用网民的猎奇心理，该贴在各大论坛点击率迅速上升，在一周内就在各大论坛头条迅速登录，同时网民也深深地记住了联想笔记本。要创造话题，植入事件，就要以吸引眼球为原则，可以以生活为题材，比如婆媳关系、夫妻关系、奇事逸事，也可以以明星、关键人物为题材，切入点可小可大。小可以以专业圈内人物、论坛名人为题材，大可以以当红明显、政治新秀、知名品牌为题材。例如

名为《七匹狼休闲裤相中 K.O. 裤钩》的帖子,就将没有什么名气的 K.O. 裤钩与知名品牌七匹狼联合创造了话题,引起网民关注。

③ 可以借助社会热点与新闻等题材,比如企业过冬、房价问题等都可以作为主题的切入点。

6. 回复和跟踪

在策划好吸引人眼球的主题,选择好合适的论坛阵地后,要想方案得以完美执行,就必须一手抓回复,一手抓跟踪。具体来说,一方面要积极引导网友回复,允许不同的声音。论坛发帖会引来很多跟帖,需要容忍更多的不同看法,此过程需要由专业技术人员引导。对于攻击性的回帖,主要的处理方式不是删帖,而是找到发言人,问清缘由。如果是来自消费者,其不满需及时反馈给企业;如果是来自竞争对手的恶意攻击,就需在网络上揭露。另一方面,要跟踪调查。每次发帖后都应总结、借鉴;也要注意不同领域的用户群体、习惯不同,方式方法并不通用。很多人认为论坛营销应该立竿见影,实际上,网络营销有滞后效应,因为网民转帖和发表自己的感受也需要时间,而转化为实际的购买可能还要滞后。

7. 根据论坛讨论的热点话题来逐渐进行话题切换

在网络论坛营销过程中绝对不是"老王卖瓜自卖自夸",更重要的是"老王卖瓜不夸瓜",这可以说是一个高水平的网络论坛营销人员区别于普通营销人员的根本所在。营销人员不仅需要对产品特性有充足的了解,同时还要能够把握社会热点信息,尤其是对产品所处行业内的热点信息有自己独到的观察力和分析力度,能够迅速把握信息并通过点点滴滴的渗透性语言将事件信息与产品或企业直接或间接地挂上钩,并且这种挂钩应该是积极、主动、正面的,而且发言必须有相当的说服力和引导性,使阅读者能够产生认同感。

(四)论坛营销推广的技巧

1. 利用留言签名

在每一个用户的基本资料设置里面都会有"签名"一栏,用户可以利用留言签名进行文字链接,可以直接将自己的名片做成个性图片粘贴在签名栏里,也可以输入企业或者个人的联系方式。这样一来,你发言越多,在论坛曝光你联系信息的频率也就越多。

2. 采取换"马甲"的方式

发帖人可以有许多不同的网名,也就是在论坛中用"马甲"来发言。中小企业论坛营销人员在必要的时候就可以用不同的"马甲"扮演不同的角色。也就是说,可以通过不同的"马甲"来发言,先说产品好,然后换个"马甲"解释为什么好;也可以先说产品不好,然后换个"马甲"疑问有什么问题,逐步引向为什么好。

网络是一个虚拟的社会,很多故事都是虚假的,但对于论坛浏览者来说,故事的真实性没有人去考证,关键是通过阅读这个故事能够获得什么?营销人员应该主动去创造各种各样能够"吸引眼球"的主题。创造话题以后再不停地换"马甲"、切换话题,最终引导到购买消费阶段。

任务二 博 客 营 销

一、博客概述

博客最早起源于美国,美国著名的软件设计师、个人电脑软件的开山鼻祖之一大卫·温

网络营销与推广

纳被认为是博客的创始人，有"博客之父"之称。博客的最初名称是 Weblog，由 Web 和 Log 两个单词组成，按字面意思就是网络日记，后来喜欢新名词的人把这个词的发音故意改了一下，读成 Weblog，由此，Blog 这个词被创造出来，中文意思即"网志"或"网络日志"。在中国大陆有人往往也将 Blog 本身和 Blogger（即博客作者）均音译为"博客"。"博客"有较深的含义："博"为"广博"；"客"不单是"Blogger"更有"好客"之意。看 Blog 的人都是"客"。在中国台湾，Blog 和 Blogger 则分别音译成"部落格"（或"部落阁"）及"部落客"，认为 Blog 本身有社群群组的含义在内，借由 Blog 可以将网络上的网友集结成一个大博客，成为另一个具有影响力的自由媒体。

通常一个博客就是一个网页，任何人都可以在网站平台上进行博客注册，完成个人网页的创建，发布一些简短且经常更新的文章，这些文章按年份和日期排列出来供大家浏览和发表评论。博客本身综合了多种原有的网络表现方式，它并非纯粹的技术创新，而是一种逐渐演变的网络应用形式。它充分利用网络互动、更新即时的特点，使人最快获取最有价值的信息与资源，博主们也可以发挥无限的表达力，及时记录和发布个人的生活故事、闪现的灵感等；更可以以文会友，结识和汇聚朋友，进行深度交流沟通。博客是一种个人思想在互联网上的共享，也是点对点（P2P）传播时代最能体现草根精神的传播方式。2002 年 8 月，孙坚华在《博客论》中界定比较完整的博客概念，一般包括三个方面：一是其内容主要为个人化表达；二是以日记体方式而且频繁更新；三是充分利用链接，拓展文章内容、知识范围以及与其他博客的联系。一般都把博客（Blog）看作是继 E-mail、BBS、ICQ 之后出现的第四种网络交流方式。

 提醒您

博客与论坛的区别

如果把论坛（BBS）比喻为开放的广场，那么博客（Blog）就是开放的私人房间。二者主要区别如下。

1. 文章组织形式不同

BBS 根据发帖的时间顺序来组织帖子，并采用主题方式对帖子进行分类，这种分类也只有版主以上级别才有更改权限。而 Blog 则以日历、归档、主题分类的方式来组织文章，博主可以自行对文章分类，或者将属于私人的信息隐藏起来。

2. 聊天方式不同

BBS 是由很多人聚在一起聊天，是一个自由交流的公众场所（很像英语沙龙）；而群组型 Blog 则是一批为了共同目标或远景的人聚在一起聊天，是研究和探讨问题的场所（很像研讨会），个人 Blog 则是个人的网络日记本，随着知识与思想的积淀，Blog 变成了自己快捷易用的知识管理系统。

3. 交流方式不同

BBS 一般必须注册才允许用户回复，用户在讨论结果过一段时间后，就很难再找回曾经发过的帖子；而 Blog 不用注册就可以回复，同时自己曾经发布过的内容，通过 Track Back 技术可以把发言保留在自己的 Blog 中，而且可以通过原始文章找到网络所有有关该主题的讨论。

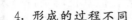

> 4. 形成的过程不同
>
> BBS 的形成是由一大批网友针对不同的主题在不同的时间发表各自的看法，显得杂乱；而 Blog 通常是一个人的学习过程和思维经历，是按发展顺序记录的日记，具有连续性。

二、博客营销的实施

（一）博客营销概述

博客营销，顾名思义就是利用博客这种网络应用形式开展的网络营销，它是一种基于个人知识资源的网络信息传递形式，关注如何将个人知识、思想与企业营销目标和策略相结合，通过有效的传播来实现营销目标，推动企业利润增长的一种营销方式。值得注意的是，博客营销的核心是发布与诱导而不是直接地促进销售量的增加。开展博客营销的基础问题是对某个领域知识的掌握、学习和有效利用，并通过对知识的传播达到营销信息传递的目的。博客营销主要表现为 3 种基本形式。

① 利用第三方博客平台的发布功能开展的网络营销活动；

② 企业自建博客，鼓励公司内部有写作能力的人员发布博客文章以吸引更多的用户；

③ 有能力运营维护独立博客网站的个人，通过个人博客网站及其推广达到博客营销的目的。

博客营销包括个人博客营销和企业博客营销两种方式。个人博客一般侧重于个人的情感和兴趣的表达，与个人博客营销相比，企业博客营销的主体是企业，是企业为了实现其商业目的而进行博客营销。这里的博主可以是公司的老板、公司的员工，也可以是公司的忠实客户。

（二）博客营销的特点

1. 博客营销是以博主个人行为和观点为基础

利用博客来发布企业信息的基础条件之一是具有良好写作能力的人员，即博主（Blogger）。博客信息的主体是个人，博主在介绍本人的职务、工作经历等这些热点话题的同时对企业也发挥了一定的宣传作用，尤其是在某领域有一定影响力的人物所发布的文章更容易引起关注。通过博客发布的一些文章为读者了解企业信息提供了机会，如公司最新产品的特点及其对该行业的影响等。因此，企业博客营销的基础是拥有较强的文字写作功底的营销人员。

2. 企业的博客营销思想有必要与企业网站内容策略相结合

一般来说，企业网站的内容是相对严肃的企业简介和产品信息等，而博客文章内容题材和形式多样，因而更容易受到用户的欢迎。通过在公司网站上增加博客内容，以个人的角度从不同层面介绍与公司业务相关的问题，不仅丰富了公司网站内容，也为用户提供了更多的信息资源，在增加顾客关系和顾客忠诚度方面具有一定价值，特别是对于具有众多用户消费群体的企业网站更加有效，如化妆品、服装、运动健身、金融保险等网站。

3. 合适的博客环境是博客营销良性发展的必要条件

一个企业的一两个博客偶尔发表几篇企业新闻或者博客文章，很难发挥长久的价值。因此利用多种渠道发布尽可能多的企业信息，并且坚持长期利用，才能发挥其应有的作用。通过对一些博客网站的浏览可以发现,虽然注册的博客用户数量很多,但真正能坚持每天(或者有一定周期)发表文章的人并不多。甚至有一些博客在注册之后可能很久都没有发表新文章,甚至浅尝辄止,这样就很难发挥传递企业信息的目的。因此,如何激发企业的博主们持续的创造力和写作热情,也是博客营销策略必须考虑的问题。

(三) 博客营销的优势和劣势

1. 博客营销的优势

(1) 具有较强的互动性,可以迅速获得客户响应

博客的传播方式从集中式到扩散式,从单向式到交互式,使企业与消费者可以直接进行讨论交流。由此可见,企业博客具有特别强大的互动性,能够实现企业与消费者之间实时性的沟通与交流。而在产品市场方面,已经从卖方市场转向买方市场,被动的接受企业的服务和产品已经不是消费者的最大意愿,而消费者的最大意愿是将其消费感受和建议及意愿持续地反映给企业,再加上获取企业产品和服务信息渠道的多元化,这样由引导式到倾听式就成为双方之间的沟通形式。因此,企业使用企业博客与消费者进行沟通,可以让消费者意识到自己与企业是平等的,进而可以实现企业与消费者亲近密切的交流,实现线上线下的互动,提高网络宣传与实体销售的紧密度,最终实现销售业绩的提升。

(2) 能够提供个性化服务,提高企业竞争力

不同特点的企业具有不同的营销模式,所以应依据企业特点选择合适的博客营销,以便企业与竞争对手有所区别,根据企业自身的个性化服务形成稳定的消费群,提高企业的竞争力。由于行业特征和企业定位不同,企业需要为消费者提供更个性化、更精密的服务,建立独一无二的企业博客,吸引一部分消费者的视线,成为其固定的博客网站,这就给了消费者独有的归属感,在其想要购买相关产品时,第一个想到的就是点击其企业博客,从而提高企业竞争力。

(3) 树立和维护企业品牌,有利于企业品牌推广

企业应及时更新博客营销信息,利用各大搜索引擎来增加企业博客被搜索的数量,这样可以增强搜索博客信息的可见度,提高产品和服务的知名度,提高品牌推广。博客营销的宣传推广是一个感情与信息累积的过程,企业和消费者能进行良好的沟通,消费者更容易接受,所以企业博客要加强与消费者进行更深的沟通,在潜移默化中更能提高消费者对品牌的忠诚度,在更大程度上树立和维护企业品牌,而且在企业出现负面新闻时,企业博客的沟通效果更加明显,能减少企业的负面影响,维护企业品牌和形象。因此,企业要对其博客进行合理的管理。

(4) 有利于开发潜在客户,开发新产品

优秀的企业博客会吸引大量消费者,企业可以搜集消费者的观点和意见并对其进行分析,从而获取消费者的潜在行为和意识信息,同时,有价值的博客文章又会吸引大量潜在消费者浏览,这样不仅有利于开发潜在客户,又达到向潜在客户传递营销信息的目的。所以企业可以在企业博客中设立新颖有趣的在线调查表,吸引更多的消费者自愿参与市场调查,增加企业市场调查的范围。根据调查,企业可以就有关新产品的性能和效果等方面与消费者进行深度探讨,征求消费者的意见,这样在开发潜在客户的基础上,不但有利于新产品的开发和推出,还降低了新产品的开发成本。

(5) 营销成本低,有利于企业长期发展

博客营销的低成本体现在以下 3 个方面。

① 建立企业博客的成本较低。当今企业博客的建立通常有两种方式：在企业自身网站上设置企业博客板块和在第三方的企业博客网站上建立企业博客。在企业自身网站设置博客的成本基本为零，目前第三方博客网站大多也是免费的，所以企业只需要在企业博客的相关方面投入很少的资金，同时只有较小的风险。

② 低成本调研消费者行为。企业可以在企业博客中设置产品与服务信息链接、调查问卷等，也可通过博客直接进行调查，实现与消费者双向交流，进而可以轻易地获得消费者的意向。

③ 降低产品与服务的广告成本。当消费者浏览企业博客时，可以看到产品与服务的信息，不管消费者对于这些营销信息是否感兴趣，这些产品与服务信息都得到了免费的广告宣传，因此企业博客具有良好的广告作用，降低了企业广告成本。

通过这些方式，企业能以低成本获得较为准确的消费者的消费需求，以此创造或满足消费者需求，使企业得到长期发展。

2. 博客营销的劣势

（1）网络信息监管不完善

企业的博客信息言论是公开的，以至于任何言论都会对社会造成一定的影响，如果企业在博客中散布一些欺诈、虚假信息，就会对公众造成不利影响和不良后果，所以相关部门需要规范博客信息的监管问题。

（2）企业博客管理的规范性不强

企业的观点并不一定能被撰写企业博客的员工完整地表达，一旦发生因为员工的博客文章为公司带来损失，造成不良后果，企业就应该在处理相关问题时做到有章可循，按照一系列的管理依据来处理问题。一般来说，管理规范会有方方面面的限制，但是，在管理企业博客时如果有过多的限制，博客将失去其自主、灵活和自由的意义。所以，在制定企业博客管理规范时，还有很多细节问题需要考虑。

（3）负面信息的传播

在博客这个开放的网络平台上，消费者和浏览者的负面评价会随着快速链接和转载迅速传播，这样会给企业的声誉带来一定的影响，而且有时也会误导一些对本企业和产品不太了解的消费者。

（4）个人和企业之间的角色冲突

博客写作者和企业员工是营销人员在从事博客营销时所扮演的双重身份。如果博客文章完全代表企业官方的意思，这时的博客就失去了自己的个性，也很难吸引读者。但如果只有员工个人的观点，又很难获得读者的信任。

（5）不完善的绩效考核体系

博客营销的绩效考核体系至关重要，它影响到企业能否通过博客营销达到预定的目标，还会影响企业对每个营销人员做出公平、公正的评价。此外，如何进行企业与博客网站之间的利润分配将成为新的问题。

（四）博客营销的步骤

1. 选择博客托管网站、开设博客账号

企业选择访问人数比较多、知名度比较高、影响力比较大的博客托管网站，可以提高博客内容的可信度。

2. 制定一个中长期博客营销计划

企业实施博客营销是企业和大量个体用户以及用户群组的沟通。虽然企业的博客营销依赖于拥有较强的文字写作能力的营销人员,但是与企业制定的博客营销计划密切相关。企业制定博客营销计划的主要内容包括从事博客写作的人员计划、每个人的写作领域、博客文章的发布周期等。由于博客写作内容有较大的灵活性和随意性,因此博客营销计划实际上并不是一个严格的企业营销文章发布时刻表,而只是一个较长时期组织博客营销工作的一个参考。

3. 营造良好的博客环境,坚持博客写作

因为合适的博客环境和激励机制是博客营销良性发展的必要条件,能激发作者的写作热情,使个人兴趣与工作相结合,能鼓励作者在正常工作之外的个人活动中坚持发布有益于公司的博客文章,以使博客内容不断更换,始终保持精彩。

4. 将博客资源与其他营销资源有效整合

博客营销并非独立的,它只是企业营销活动的一个组成部分。为了使它的作用最大化,对博客资源的合理利用成为博客营销不可缺少的工作内容。可以将博客文章链接到企业网站、论坛等平台,同时应该将博客营销与论坛营销、微信营销、微博营销等其他多种营销方式相结合,综合利用各种平台、各种资源才能达到营销目的的最大化。

5. 对博客营销的效果进行评估

与其他营销策略一样,对博客营销的效果也要进行评估,并根据发现的问题不断完善博客营销计划,让博客营销在企业营销战略体系中发挥应有的作用。但是,对博客营销效果的评价方法目前没有完整的评价模式,博客用户数量究竟有多少、影响力有多大,统计版本较多,业界尚未形成统一的认识,不过可以参考网络营销其他方法的评价方式来进行。

三、企业实施博客营销的策略

(一)平台构建策略

1. 物理平台

利用博客营销的一个首要前提就是要有一个好的物理平台——博客站点。虽然博客营销对于不同领域、不同企业而言没有统一的模式,但是有关博客营销基本思想是相通的,因此可以作为研究制定博客营销基本操作模式时参考。博客营销的物理平台选择主要有以下 3 种。

(1) 利用第三方博客平台的博客文章发布功能开展的网络营销活动;

(2) 企业网站自建博客频道,鼓励公司内部有写作能力的人员发布博客文章以吸引更多的潜在用户;

(3) 有能力个人运营维护独立博客网站的个人可以通过个人博客网站及其推广,达到博客营销的目的。

2. 内容平台

选择好站点空间以后接下来就是对界面和内容的设计,在进行界面设计的时候应该遵循以下原则。

(1) 界面风格与企业文化保持一致性;

(2) 界面视觉友好性,除了一些专业的设计博客站点外应避免使用非网页安全色;

(3) 登录入口的快捷性;

(4) 发表评论的便利性;

(5) 博客导航条的明晰性。

企业可根据自身的情况选择界面的设计，在突出特色的同时保持平台的稳定性。在博客上所发表文章的内容是至关重要的，虽然博客带有强烈的个人色彩，但对企业而言博客内容最终是要为营销传播服务，所以对博客内容应该重点关注。

3. 人员平台

在人员平台的构建中，应当采用"全员＋专员"的策略。一方面企业可以动用全体员工利用博客进行沟通交流，及时传递市场信息；另一方面企业的博客必须由专业人员来集中精力驾驭瞬息万变的网络，专门负责这一块的运作。跟企业网站一样，企业可以就博客营销的整个过程指定和设置专业的人员和部门来负责，对博客内容及形式进行维护、更新以及信息分析，挖掘市场潜力。

（二）站点维护策略

1. 建立及时反应机制

博客营销强调个性、创新和知识性的特点，决定了对于博客营销中目标顾客的反馈信息必须进行人工回复，而且要相当的小心，因为一旦回复出现问题很有可能带来连锁的不良反应。为此企业可以建立一个专门的问题小组负责处理顾客的反馈信息，做到及时、准确、有效。

2. 建立网上监测系统

网上的信息瞬息万变，随时对这些信息做出反应是企业在网上开展营销时要注意的。在博客营销过程中可以建立一种网上监测系统，随时对博客中讨论最多的话题、人物和企业进行监测，以发现市场机会和潜在的公关危机，并及时采取应对措施。

3. 线下公关

当营销活动取得一定的成果并拥有一定数量的稳定消费群后，保持这些客户的持续关注就相当重要。除了在线上继续更新博客文章以保持持久吸引力外，企业还应当结合后面提到的推广策略在双方离线后开展线下公关活动来增强影响力。只有通过线下公关才能保持博客营销传播效果的持续性。

（三）推广策略

1. 利用网络广告

网络广告是许多企业进行网络营销常用的手法，特别是在门户网站如雅虎、新浪、搜狐等投放插件广告或者是旗帜广告，一般会取得比较好的效果。

2. 专业文章与站点链接

能吸引博客读者注意并产生信赖感的大多是那些具有专家层次或者知识面广博的博客所发表的专业文章。因此企业一方面可以发表大量专业文章，就产品的某一个知识点与博客读者交流，逐渐形成自己的权威；另一方面，可以借用博客文章可信度高的特点，在文章中嵌入自己的博客站点的链接地址。只要读者接受了文章内容自然会去查看相关内容的原文，就成为企业的潜在消费者。

3. 增强与搜索引擎和知名站点的链接

目前的搜索引擎都具有强大的博客内容搜索功能，在企业的营销活动中，可以通过在博客网站上增加内容而增加被搜索引擎搜索到的机会，从而给博客网站带来更多的访问数量。增加与知名站点的链接，可以使自己在搜索引擎中的排名靠前，引起更大的关注度，从而也带来更多的市场机会。

4. 利用 RSS

RSS 是一种描述网站并与网站内容保持同步的格式。它是一种信息迅速传播的技术平台，在博客中占有相当重要的位置。每个人都可以利用它发布自己的信息文件并且直接被其他网站调用。由于它是基于 XML（文档格式）标准，能被终端和服务器使用，企业可以利用这种优势把自己博客站点的内容提供给其他的网站，在增加了主动性的同时达到了推广站点的目的。

5. 借势造势传播

企业博客也需要增加点击率，提高其阅读量，形成较为稳定的受众圈。通过对于受众圈意见领袖的影响，达到口碑传播的效果。要想增加其影响力，可以通过运用名人的效应，还可以通过企业策划热点话题引起讨论等方法来进行借势造势的传播。

（四）企业博客的写作策略

1. 明确博客写作的目的

（1）以营销自己为目的

这类博客博主的目标是通过博客的写作给自己带来人气名气，最终能为自己带来名利。当然，这类博主刚开始写博客的时候并没有目的性，只是随着时间的推移，发现了博客有这种营销自己的功能，也就有心为之了。

（2）以营销公司文化和品牌为目的

这类博主通常是公司的老板或者高层管理人员，他们看好博客这种营销手段，建立沟通平台，更好地为公司管理销售服务。这类博客营销要做好，最关键的不是博客文章，而是整体的管理策划和引导。

（3）以营销产品为目的

此类博客目的很简单，通过博客文章的写作，达到销售产品和拿到订单的目的。这类博主一般都是小型企业的老板或者销售主管，就是想通过博客营销为自己公司的电子商务服务。由于这类博主的目的简单明了，博客文章的写作对他们才是最实用的。因此，需要掌握博客营销文章的写作技巧，打动客户，感化客户，从而最终提高产品的销量。

目标明确之后，接下来就是把客户和潜在客户所有想知道的问题、想了解的情况以及想让客户知道的事情都写成文章，让客户在读博客文章时，能对产品有很深的了解，让他们在阅读文章的过程中能潜移默化地被影响。当然要做到这些肯定需要一定的技巧和方法。

2. 企业博客内容写作技巧

（1）产品功能故事化

博客营销文章要学会写故事，更要学会把自己的产品功能写到故事中去。通过一些生动的故事情节，自然地将产品功能展现到读者面前。有一篇题为《妈妈用去年的粽叶包粽子》的博文就是通过故事来展现电子防潮柜的功能。文章发表之后，吸引了很多客户咨询产品。

（2）产品形象情节化

当企业宣传自己的产品时，总会习惯性地写一些口号，这样做虽然也能达到一定的效果，但并不能让自己的产品深入人心，打动客户，感动客户。因此，最好的方法就是把对产品的赞美情节化，让人们通过感人的情节来感知、认知产品。客户记住了瞬间的情节，也就记住了产品。

（3）行业问题热点化

在博客文章写作过程中，一定要抓行业的热点，不断地提出热点才能引起客户的关注，也才能通过行业的比较显示出自己产品的优势。要做到这些也就要求博文的作者要知己知彼，百战不殆。

（4）产品发展演义化

博客营销文章要赋予产品生命，从不同的角度、不同的层次来展示产品。可以用拟人的形式进行诉说，也可以是童话、无厘头、幽默等。越有创意的写法，越能让读者耳目一新、印象深刻。

（5）产品博文系列化

博客营销不是立竿见影的电子商务营销方法，需要长时间坚持不懈。因此，在产品的博文写作中，一定要坚持系列化，就像电视连续剧一样，不断有故事的发生、发展和高潮，这样博文的影响力才能扩大。

（6）博文字数精短化

博客不同于传统媒体的文章，既要论点明确、论据充分，又要短小耐读；既要情节丰富感人至深，又不能太费时间。所以，一篇博文最好不要超过 1000 字，坚持短小精悍是博客营销的重要法则。

3. 企业博客写作的关键

博客文章是为了表达自己的思想，分享某一领域的知识和信息，其主要目的之一是为了与用户交流，因此分享、切磋与交流是博客文章写作的基本出发点之一，这也是企业员工写作博客文章时必须要考虑的写作方法，如果不希望与他人分享，那么也就无法写出受人欢迎的博客文章。

（1）分享

博客文章写作首先需要一个开放的心态，愿意将自己获取的信息以及个人见解与他人分享，其中甚至包括不希望看到这些信息的人（比如竞争对手），因此在写作博客文章时，就无法过于考虑自己眼前的得失。

（2）切磋与交流

与博客写作需要分享的观点类似，与业内人士进行切磋与交流也是博客文章选题和写作的较好方法。不仅要自己写作和发布博客文章，也要经常关注同行和业内人士的观点，这样不仅扩大了自己的知识面，也获得了更多的博客写作素材。与读者切磋与交流也决定了企业博客文章在发布之后还需要了解用户的反馈，对于用户的咨询还有必要做出回复，因此一篇受用户欢迎的博客文章，可以在很长时间内发挥其影响力，这是一般的企业新闻所不具备的优点之一。

4. 链接是博客营销的桥梁

企业博客与个人博客文章虽然表达的都是个人的观点，但侧重点有所不同，表达方式也有一定差异，在企业博客写作方面也有一定的技巧可以遵循。博客文章主要通过互联网传播，而互联网的一个重要特性之一就是超级链接，因此超级链接就成为博客文章的一大特色。实际上，合理的超级链接也是博客文章与博客营销的桥梁。为了提供更丰富的信息，博客文章应适当链接涉及的相关内容的来源，例如书籍介绍、新闻、个人名称等。尤其是当文章中涉及某些重要概念（产品）时，应合理引用（链接）本公司的有关信息。

需要注意的是，不要链接低质量网站，因为这些内容很容易造成死链接。除了一些大型门户网站和有多年经营历史的有影响力的专业网站之外，不要链接那些可信度不高的网站（比如存在文章来源不明、版权信息不清等问题的网站），尤其不要链接已经被搜索引擎删除的网站（无论是链接网站首页还是文章内容）。

任务三　微博营销

一、微博概述

（一）微博的含义

微博是微型博客的简称，是允许用户及时更新简短文本并可以公开发布的博客形式。微博是一个基于用户关系信息分享、传播以及获取的平台通过关注机制来实现简短实时信息的广播分享，具有关注、发布、转发、评论、私信、实时搜索等功能。

微博是手机短信、博客、IM（Instant Messaging，即时通信）和SNS（Social Networking Services，社会性网络服务）四大产品结合的产物。与博客相比，微博更便捷；与手机短信、IM相比，微博更开放；与SNS相比，微博的社交圈更广泛。微博一般可按使用者分为个人微博和组织微博。组织微博中的企业微博又包括企业官方微博、分支机构微博、企业高管和员工的个人微博等。

（二）微博的传播特性

从信息传播角度来看，微博具备传统传播过程的"5W"要素：Who（谁）、say What（说了什么）、in Which channel（通过什么渠道）、to Whom（向谁说）、with What effect（有什么效果）。同时，与传统传播方式相比，微博又有自己特色鲜明的传播特征。

1. 传播者的全民化

微博的低门槛写作方式使普通大众的每个个体都可能成为信息的制造者和传播者。每一个微博用户都可能形成一个自媒体，这标志着全民互联网传播时代的到来。

2. 传播内容的碎片化

由于最初对微博内容字数的限制（微博最初限制用户只能用140个字符更新信息，2015年1月28日对微博会员开放试用权限，即开放微博140字符的发布限制，只要单帖字数少于2000字符都可以，2016年年底正式对微博全部用户开放），微博的信息传播只能简单地说，或者分多次说，或者与别人一起说，呈现碎片化特征。碎片化的特性更加容易诱发人们的兴趣，微博的关注度也更高。

3. 发布方式的多样化

随着微博用户数量的飞快增长，微博的发布途径也越来越多，除了较为常用的网页、WAP页面、APP客户端、手机短信等，用户还可以通过专业版微博、媒体版微博、微博达人、贴心小秘书、微博通等微博工具发送信息。

4. 受众亦是传播者

在微博传播中，传播主体和客体的区分不再重要，因为信息传播和接收几乎可以同步完成，传播者、接收者在瞬间就可以进行角色转换。每个人都是信息的生产者、传播者和接收者。每个微博用户既是信息的创造者，同时也在接收所关注人的信息时成为接收者，然后又把接收到的信息通过转发传播给了自己的粉丝，微博用户同时拥有传播者和接收者的双重身份。

5. 传播效果的裂变化

微博的传播方式既不是传统媒体的线性传播，也不是网络媒体的网状传播，而是一种裂变式传播。微博的"一键转发＋评论"功能使它的关注者看到信息后也可以同时成为发布者。微博还设置了"@＋"功能,可以通过"@＋对方网名"的方式,将信息传达到对方微博上,实现"一对一""一对多"的信息交流传递方式。此外,通过微博的"群组"功能,用户可以选择自己喜欢、感兴趣的群组加入后,与不同区域的人进行交流。

二、微博营销的实施

(一)微博营销概述

随着微博的流行,众多企业也嗅到了其中的商机,微博用户都是潜在的消费者,抓住他们的注意力意味着把握市场的脉搏,因此越来越多的企业对微博承载的企业形象传播与用户关系培养给予关注与投入,微博运营商也对企业营销开放了强大的技术支持。

企业微博指的是基于微博平台,以企业或品牌身份注册等方式运营的官方微博。企业运用微博的及时性、互动性强、开放性等特点,在微博上发布与企业间接或直接的信息,实现低成本的产品推介、客户关系管理、品牌传播、危机公关以及销售促进等营销价值,通过不同功能实现对微博用户的影响。2011年6月,新浪推出了微博企业版内测,通过个性化页面展示、数据分析及沟通管理后台等工具,为企业和机构用户量身打造了营销平台。

微博营销是借助微博平台进行的包括品牌推广、活动策划、形象包装、产品宣传等一系列的营销活动,是通过微博平台为商家、个人等创造价值而执行的一种营销方式,也是指商家或个人通过微博平台发现并满足用户的各类需求的商业行为方式。微博营销以微博作为营销平台,每一个网友(粉丝)都是潜在的营销对象,企业利用更新自己的微博向网友传播企业信息、产品信息,树立良好的企业形象和产品形象。在微博中,每天可以更新大家感兴趣的话题,与大家进行交流,这样就可以达到营销的目的。微博营销涉及的范围包括认证、有效粉丝、话题、名博、开放平台、整体运营等。微博营销注重价值的传递、内容的互动、系统的布局、准确的定位,微博的火热发展也使得其营销效果尤为显著。

 提醒您

微博营销和博客营销的区别

微博营销与博客营销的本质区别可以从下列3个方面进行简单的比较。

1. 信息源表现形式的差异

博客营销以博客文章(信息源)的价值为基础,并且以个人观点表述为主要模式,每篇博客文章表现为一个独立的网页,因此对内容的数量和质量有一定要求,这也是博客营销的瓶颈之一。微博内容则短小精炼,重点在于表达发布微博时发生了什么有趣(有价值)的事情,而不是系统的、严谨的企业新闻或产品介绍。

2. 信息传播模式的差异

微博注重时效性,同时,微博的传播渠道除了相互关注的好友(粉丝)直接浏览之外,还可以通过好友的转发向更多的人群传播。博客营销除了用户直接进入网站或者RSS订阅浏览之外,往往还可以通过搜索引擎搜索获得持续的浏览,博客对时效性要求不高的特点决定了博客可以获得多个渠道用户的长期关注,因此建立多渠道的传播对博客营销是非常有价值的。

3. 用户获取信息的差异

用户可以利用电脑、手机等多种终端方便地获取微博信息，发挥了"碎片时间资源集合"的价值，也正因为是信息碎片化以及时间碎片化，使得用户通常不会立即做出某种购买决策或者其他转化行为，因此作为硬性推广手段只能适得其反。

（二）微博营销的特点

微博营销的特点可归纳为4个A，即Anyone、Anytime、Anywhere、Anything。

1. Anyone，即任何人

指微博具有门槛低的特点，任何人都可以参与微博活动。对于企业来说，门槛低既意味着受众广，又意味着操作成本低。

（1）受众广，是由于微博内容相对短小，只言片语都可以作为微博内容的主体，相较于博客等媒介所具有的较高的准入门槛，草根性较强，是适合各种背景、各种层次用户的媒介，因此拥有着极其广泛的用户群体，并具有巨大的成长性。

（2）操作成本低，是由于微博的操作极其简单，无需投入大量的时间、技术与资金，任何一个营销人员都能担任微博管理者的职责，可以将更多的时间和精力投入进微博内容而非其操作；同时，发布微博无需经过传统营销手段冗杂的行政审批程序，从而节约了大量时间和成本。

2. Anytime，即任何时间

指微博的便捷性与即时性特点。与任何网络媒体一样，微博是一个24小时开放的平台，这意味着信息在任何时候都可以发布，受众也能即时获取到实时更新的信息。由于支持移动客户端、WAP、网页、桌面等多种登录方式，企业可以随时接触到微博，不受时间的局限。对于活动直播、危机公关等时效性极强的活动，相较电视、杂志等传统营销平台，微博能够第一时间将发布内容以最快的速度传播出去。对于官方微博的日常更新、发布等不讲究时效的常规内容，营销人员还可以借助微博所提供的强大的应用平台，通过时光机等应用接口提前设置好发布的内容、时间，在工作时间外也能不费力地实现营销行为。

3. Anywhere，即任何地点

指微博具有开放性、裂变式传播的特点。由于微博支持WEB、WAP、手机客户端、平板客户端、微博桌面等多种端口，只需要有一台连接网络的电子设备，在任何地点都可以轻松地"织围脖"。微博的开放特征既意味着可以随时随地"围观"，也可以随时随地"被围观"。由于微博具有转发功能，每一条微博都可以被发布者的粉丝转发，而粉丝的粉丝在看到转发后可以继续转发，从而实现"一传十，十传百"。这种传播方式改变了传统"1→1"或"1→N"的线性传播，而是"1→N→N"的裂变式传播，使得微博营销也被形象地称为"病毒营销"。裂变式传播突破了传统媒介覆盖面狭窄的问题，使得信息能够在粉丝的推动下散布到世界的很多角落，大大增强了营销的效率与影响力。

4. Anything，即任何内容

指微博的多媒体与碎片化特点。微博的发布内容具有极大的兼容性，无论是文字、图片、表情、视频、音乐、投票，还是外网的链接，都可以作为微博的内容单独或共同发布。这使微博的内容具有极大的可编辑性，极大地提升了微博的信息量与可包装程度。而微博内

容一般都比较短小,即碎片化的内容也可以成为发布主体。内容的多样性使企业得以灵活选择、搭配发布微博的内容、形式,既可以在新闻发布、直播活动时贴上照片、视频、录音,给出完整内容的外部链接,也可以转发与企业、行业相关的微博并加以简短评论,还可以通过提问、感慨、问候等方式与网友进行互动,使微博真正成为传承企业文化、关怀用户关系的平台。

(三)微博营销的优势和劣势

1. 微博营销的优势

(1) 传播高效、即时沟通

微博自身的发布、转发和关注模式,能够让每个使用微博来进行营销的企业、单位,通过发布一个微博信息就可能实现被关注和被阅读,而对此信息感兴趣的人群看到信息之后,也可以通过转发或者是评论等功能,实现此信息的广泛传播,产生二次传播过程。一条具备一定影响力的微博在短期内就能够到达每一个微博使用者的视线中,由此可见微博传播的高效性。通过微博来进行营销的企业单位和个人通过发微博,来引起微博世界中的转发和传播,最终达到营销的目的。

(2) 成本低廉、效率更高

微博不同于传统营销手段,不像电视广告、广播广告等,需要花费一定的广告费用和宣传费用,便能够达到广而告之的营销效果。在微博中发布一条信息既不需要专人来负责,也无须像门户网站一样定期地进行维护,可以说微博营销真正实现了营销的零成本。同时,由于微博的此种特征,微博使用者的信息发送量也一直较高,微博每天的信息流量也一直较大。

(3) 互动交流、品牌推广

微博的转发、评论和关注功能能够令微博使用者对自己感兴趣的微博信息进行二次传播,扩大微博的影响面积和营销渠道。例如某企业发布了一条关于自己新产品的描述性微博,所有对此信息感兴趣的人在看到微博之后,首先可以进行转发,产生此信息的二次传播,其次一些潜在消费的人群,还可以通过评论等方式与微博信息的发送者进行直接交流,令潜在消费者能够更全面地了解关于此产品的信息。因此,可以说互动交流和品牌推广是微博营销的优势之一。

(4) 需求广泛、前景喜人

微博在近几年的时间内迅速地发展起来,也许有人会对微博营销今后的发展前景而担忧,就目前微博营销的发展趋势来看,未来几年内并不会有消失的势头,因此微博的需求量必然也会继续增长,微博的发展前景可谓一片广阔,而微博不论怎样发展,微博营销都会跟随微博一起发展,因此微博的前景也就能够代表着微博营销今后的发展前景。另外,随着人们生活水平的不断提高,人们对微博这种即时、迅速的交流沟通方式越来越喜爱,今后微博营销市场的需求量也必然会越来越大。

2. 微博营销的劣势

(1) 基础奠定比较困难

微博营销需要考虑自身企业是否得到更多人群的关注,产品促销中需要有足够的粉丝才能够达到预期的传播效果,因此想要获得更广的传播,人气是微博营销的基础。对于没有任何知名度和人气的企业来说,微博营销门槛相对较高,需要一步一步奠定基础,提高微博的关注度,即粉丝人数,获得更多的用户关注是前提。

(2) 商业性与可关注性的矛盾

微博营销不同于其他的一般意义的社会化媒体类广告宣传，微博营销目的达成必须要以微博的商业性作为前提，商业性是微博发展的必然道路，也是微博的营利所在，企业想要通过微博来达到营销的目的，就必须要通过各种各样的宣传方式来达到效果，同时也必须要有较强的可关注性和可传播性。但是，如果在微博中频繁插入大量的广告界面，必然会引起微博使用者的反感，如某企业的微博如果每天都是以新产品的宣传作为微博内容的话，那么关注该企业微博的粉丝必然会对此微博产生一定的抗拒心理，关注度也会随之降低。因此，微博的商业性发展与微博的可关注性和可传播性之间的矛盾是微博营销的劣势之一。

(3) 企业对微博不重视、推广不力

一些小型企业在面对微博这种新型的网络传媒方式时，并没有给予充分的重视和关注，认为微博仅仅是一种社交网络手段而已，没有看到微博的营销潜力和巨大的影响力，这不仅会对小型企业的形象带来一些消极影响，同时也会影响到小型企业的营销情况和营销效果。还有一些小型企业虽然参与了微博营销，但是并没有花费精力和时间对微博营销推广进行研究，发布的微博信息也多为一些不具备价值、不能够吸引眼球的信息。例如对新产品的单一的、枯燥的描述，对企业的笼统的、概括性的介绍等，这些微博信息虽然被发布，但是并不会产生第二次传播效果，因此也无法达成企业的营销目的。因此，微博营销在为企业带来前所未有的商机的同时，也存在很多问题。

作为一种新型的网络营销模式，企业要勇于尝试，在未来不断摸索的过程中，微博营销会推动网络营销迈上新的台阶，为企业营销带来无限的发展空间。

(四) 微博营销的步骤

微博营销的过程是企业使消费者或意见领袖通过微博渠道分享对品牌、产品或服务的评价或讨论，从而树立网络口碑的过程。为了更好地完成企业的微博营销活动，微博活动开展前需要进行详细的策划，同时实时控制实施流程，实施后还应该及时评价效果，因此微博营销的策划和实施需要以下几个步骤。

1. 选择合适的微博平台

目前，企业常用的微博平台主要是大型的门户网站如新浪、网易、搜狐、腾讯的微博平台，这些网站具有人气高、粉丝多的优势，因此选择合适的微博平台，有利于营销活动的开展，会有更多的人群参与到微博活动。同时，企业还可以在各大热门微博平台都进行注册开展活动，多平台的选择有利于更多人群的加入，便于更好地开展微博营销。

2. 做好微博营销的策划活动

建立微博前，首先要对微博名称进行策划，其次要确定微博中主要讨论和发表的内容，最后确定微博的维护人，这样建立起来的微博才能取得良好的效果。

微博名称、账号配置和选择要注意以下几个方面。

(1) 以企业名称注册官方微博，主要用于发布官方信息

发布的官方消息，有助于更专业、更详细地让顾客了解企业和产品，对企业形象进行积极的正面引导。

(2) 官方的客服可以及时解答客户的相关问题

官方的客服的官方回答使得客户的信任度更高，便于及时了解客户的问题，以及及时反馈问题，使得活动可以更好地开展。

(3) 注重提升官方微博的价值和可信度

企业领袖、企业专家定期在官方微博上发布行业动态和相关信息，凸显官方微博的价值，使得客户对于官方微博的信认度更高。

3. 做好后期的维护和策划工作

申请账号、建立微博很容易，但是企业想让自己的官方微博发挥良好的宣传和营销作用，其实并不容易。在微博中分享最新活动咨询、动态信息等，是企业对微博活动的策划与实施的基本过程。在微博的管理过程中，策划和实施微博营销活动，实施各种有效的措施，可以让微博营销和企业营销相接轨，给企业带来良好的网上推广效果，也能给微博的粉丝带来实惠，具体的实施内容如下。

(1) 善用大众热点话题

在更新微博前，先搜索一下最近一段时间的热点话题是什么，然后将热点话题策划进自己的营销内容，这样可以增加被用户搜索到的概率，从而达到营销的目的。

(2) 策划和实施微博常规营销

在微博活动中，要经常发布企业的常规信息、有趣的娱乐信息、顾客感兴趣的促销信息等博文，这样才能每天得到粉丝的关注，更好地达到微博营销的效果。还要定期对微博营销效果进行监控，不断迎合网民的意见和兴趣，真正达到营销和推广的效果。

在微博营销效果监控方面，应该做到以下几点。

① 重视微博营销的目标关注度。微博营销的目标关注度指的是微博营销在策划和实施之后，是否真正吸引了用户的注意，吸引了感兴趣的人的传播，吸引了目标客户的重视。

② 微博营销是否最大限度的给企业带来了营利。微博营销作为一种网络营销手段，企业的最终目的是为了通过微博营销最大限度地获利。因此在一定的投入下企业是否获利，就是微博营销评价的第二个因素，虽然有些微博活动不能马上给企业带来营利，但是企业要看的是通过活动不断开展，参与人不断增多，是不是会在未来一定时期给企业带来营利。

③ 微博营销是否最大限度地提升了企业的品牌知名度。很多企业开展微博营销，在长期内是看不到利润空间的，但是企业会发现通过长期的微博经营，企业拥有了一群忠实的客户，提升了品牌知名度。

通过企业微博账号的建立、微博营销的策划和实施，企业在网络上宣传了自己的品牌，提升了企业和品牌的知名度，给客户带来了方便和便利，提供了有效的活动信息。

(五) 微博营销对企业品牌传播的影响

企业已日益认识到微博对企业品牌的价值，微博成为继新闻门户、搜索门户、电子商务网站、社区网站之后，企业营销关注和挖掘的新领域。从2010年上半年起，微博上的企业ID从无到有，先是Dell这样的跨国公司领衔微博营销，然后是一些国内大企业如海尔、联想、东航等陆续建立官方ID，服装类知名企业包括柒牌、七匹狼、安踏、特步，企业经销商如优衣库、凡客等也都相继在新浪开通官方微博。探讨微博营销对企业品牌传播的影响，研究如何利用微博平台把握企业社会化营销机遇，塑造并维护企业及品牌的形象，成为企业应对快速变化的营销环境的重要课题。微博营销对于企业的品牌传播有如下作用。

1. 作为信息发布平台，进行产品的推广

据最新调研数据显示，用户对微博上传播信息（包括商业信息）信任度较高。37%的用户认为微博信息基本可信；81%的用户表示相信微博上商品或服务促销打折信息。

企业微博通过发布新的公司动态、新的促销活动、业内资讯、作品分享等，引起粉丝的关注，达到品牌曝光和品牌宣传的目的。企业微博也可以通过制造引人入胜的话题讨论、与粉丝举行有奖互动、发起对某一事件的投票等方式与粉丝进行双向互动交流，吸引粉丝的参与，建立粉丝对品牌的忠诚度。

2. 与消费者互动，了解最新动向

微博可以为企业提供用户追踪服务，在追踪模式中，可以开展对产品、品牌的信息传播，并与顾客进行对话，缩短了企业对客户需求的响应时间。微博营销是一个持续的交互过程，企业可以通过与消费者的互动了解消费者对于企业及产品的看法，更深层次地了解他们的需求，进而改进产品的性能和服务并提供新产品，以满足消费者需求；同时，微博的互动形式可以打破地域人数的限制，更重要的是来自不同地区的志趣相投者实时沟通，加深品牌的烙印。

3. 进行品牌维护，提升其影响力

微博融合了数字技术、互联网和移动通信技术，可以提供文字、图片、视频、链接等多种方式，以达到更好的传播效果，成为受众认知了解品牌的主要渠道。通过与客户的有效沟通，企业微博潜移默化地传输了自己的企业文化和品牌理念，也可以通过产品和促销信息刺激销量。同时，企业还能在第一时间了解客户的意见和想法，甚至可以在线开展"客户满意度"调查，为企业战略的制定提供最原始的参考数据。

4. 危机公关处理

微博不仅可以支持企业的常规营销，更可以帮助企业进行一些特殊的营销，比如危机公关的处理。据调查显示，有96%的用户表示会通过微博了解和发布对大事件、突发事件的观点和看法，微博已经成为一个大事件、突发事件的传播与舆论中心，对于事件营销具有较强的可操作性。

企业可以通过微博进行监控和跟踪，尤其是关注相关利益方、客户、媒体及意见领袖等的言论，及时发现危机苗头，并争取在第一时间内解决。当危机事件发生后，企业可以在企业微博中发布公司对危机的处理过程，针对存在的误解进行主动、公开、透明的回应，及时弥补过失，控制事态扩大。

任务四 微 信 营 销

一、微信概述

随着 4G 网络、WiFi、智能手机的普及，人类步入了移动互联网时代。由腾讯公司研发的微信在 2011 年上线后就迅速垄断以智能手机为主的智能移动终端屏幕。截至 2016 年 12 月，微信的月活跃用户数已达 8.89 亿，超越微博、博客、QQ、E-mail、易信成为现阶段最活跃的即时通信工具。微信支持跨通信运营商、跨操作系统平台，通过网络快速发送免费（需消耗少量网络流量）语音短信、视频、图片和文字，也可以使用通过共享媒体内容的资料和基于位置的社交插件"摇一摇""漂流瓶""朋友圈""公众平台""语音记事本"等服务插件。同时，用户可以通过"搜索号码""附近的人""扫二维码"几种方式添加好友和关注公众平台，微信还支持用户将读过的精彩内容分享给好友以及分享到微信朋友圈，供自己的好友阅读。

 **提醒您**

> **易信**
> 易信是由网易和中国电信联合开发的，支持 WiFi、2G、3G 和 4G 数据网络，目前支持 iPhone、Android、WP 手机系统版本以及 Windows PC 平台。易信是一款可以免费聊天的即时通信软件，不仅可以免费电话、高清聊天语音、免费海量贴图表情还可以免费短信及电话留言等。
> 易信支持跨通信运营商、跨手机操作系统平台，可以通过手机通讯录向联系人免费拨打电话以及发送免费短信，向手机或固定电话发送电话留言，同时，也可以向好友发送语音、视频、图片、表情和文字。此外，还可以通过朋友圈拍照记录生活，上传文字、图片与好友们分享自己的近况。

微信超强的实用性使其已深入人们生活的各个方面，微信凭借其多样化的功能和强有力的社交关系链也吸引了大批企业的青睐。相较于微博，微信有着更强的客户黏性和更精准的目标定位，这让微信成为企业继微博之后的又一大营销利器。在微信的众多功能中，公众平台的开放是其一大特色，用户可以在不同的公众号上订阅自己感兴趣的信息，信息提供者或者商家根据用户的订阅，提供用户所需要的信息或者商品信息。微信公众号的出现让微信营销形成体系，并逐渐成为整个移动互联网乃至物联网的入口。除了公众平台，从微信的服务功能上看，朋友圈、微信群等点对点的交流也都满足了微信营销的需求。自从微信登上了中国互联网舞台以后，就水到渠成地成为营销界的新宠，更成为诸多企业试图以此来开发更大营销平台的工具。微信营销的产生，使得各个企业目标消费者都聚集在微信上，微信的营销价值无法估量。

二、微信的特点

1. 用户基数大、活跃用户多

根据腾讯公司 2018 年第一季度财报公布的数据，微信用户数量首次突破 10 亿，达 10.4 亿。凭借庞大的用户数量，微信已经成为移动互联网的主要入口之一。面对庞大的用户群体以及每月递增的活跃用户数，相对于传统的网络营销来说，企业也可以通过查看关注企业微信的用户数量进行管控。同时，微信支持的用户注册方式有很多，包括邮箱、手机号、QQ 号，最为简便的是 QQ 号直接登录，免去了注册的麻烦。

2. 平台覆盖广、支持语言多

到目前为止，微信已经涵盖了诸多平台。在手机方面，现在市面上的手机机型几乎都可以下载微信进行安装，在 2G、3G、4G、WiFi 网络下都可以进行正常使用。针对 PC 用户方面，微信还推出了微信网页版、微信桌面版以及微信 Mac 版，以方便电脑用户的使用。多平台的推出使其易用性得到了非常大的提高。同时，微信本身支持的语言种类也非常多，包括了除中文外的常见语种，如英语、法语、西班牙语等，不仅丰富了使用的人群，还有利于微信自身的推广。

3. 发送信息精准、消耗流量小

微信支持发送语音短信、视频、表情、图片和文字，然而消耗的数据流量却很小，官方的不断优化使其可以以 30M 的流量发送千条语音信息,如果换为文字,则一定流量内可发送的文字数量更多。流量小的好处带来的是成本的降低,一条短信的价格便可以发送几十条微信信息。同时,微信的消息推送是点对点的方式,因此消息接收方的信息一定会收到推送的信息,保证了其营销对象的精准性。微信针对个人用户有群发和群聊功能,对于公众账号,在公众平台也有群发的功能,对于消息的群发,微信也做得简单便捷。

4. 添加用户方式简便、功能更新快

微信添加好友的方式有很多,如果 QQ 好友也开通了微信,那么则可以直接将 QQ 好友转化为微信好友;微信也可以从手机通讯录中读取已经用手机号注册微信的朋友,从而将以手机号注册的好友转化为微信好友;在查看附近使用微信的人的功能中,同样可以添加使用微信的陌生人;通过扫一扫,扫描微信二维码也可以互相加为微信好友;通过雷达功能感应周围使用微信雷达的人,从而加为微信好友。微信优良的团队保证了微信更新的速度和不断丰富的功能,从而给用户带来新的体验。

三、微信营销的实施

(一) 微信营销的主要模式及其特点分析

随着微信用户规模的不断扩大,微信营销逐渐发力,占据营销市场的一席之地。微信营销是网络经济时代企业对营销模式的创新,是伴随着微信的火热发展而产生的一种网络营销方式。微信不存在距离的限制,用户注册微信后,可与周围注册的朋友形成一种联系,用户可以订阅自己所需的信息,商家可以通过提供用户需要的信息推广自己的产品,进行点对点的营销。

微信营销的不同模式在客户黏性、与客户的互动性、信息的可靠性、营销效果生效的时长、营销手段的新奇性、有偿性等方面具有较大差异,这些差异不但决定了各个模式的运作特点,而且同时也决定了其在产品(或行业)上的适用范围。实施微信营销时,其主要模式有四种。

1. 模式一:漂流瓶——品牌活动式,提高品牌知名度

微信营销的品牌活动模式主要是利用微信中的漂流瓶功能进行营销。这种漂流瓶一是可以扔——用户可以发一段语音或文字投入大海中;二是可以捡——捞别人投放的漂流瓶,捞到后还可以和对方对话。微信官方可以对漂流瓶在某一时间段内的投放数量以及被捞到的频率进行控制,用户可以通过付费增加漂流瓶被捞到的频率,因此这种营销模式并不是完全免费的,具有一定的有偿性。

漂流瓶可以发送语音和文字信息并可以与客户进行对话交流,因此这种营销模式不仅具有较高的新奇性而且具有一定的互动性,但缺点是客户黏性和信息的可靠性较低,营销的产生效果的时间较长。这种营销模式比较适合于品牌和标准化程度较高的搜寻性产品(即消费者在购买之前就能够知道产品特征的商品)的促销,譬如对凡是捡到漂流瓶的客户给予一定的折扣优惠等。由于是品牌和标准化程度较高的搜寻性产品,客户对产品的质量和功能都已经了解,只是不知道何处购买或何时有优惠,因此会对这种漂流瓶具有较大兴趣,企业也有可能取得较好的营销效果。这种营销模式因为产生效果的时间较长,因此一般只适合于实力较强的大中型企业。

成功案例: 招商银行"爱心漂流瓶"活动。微信用户捡到招商银行的"爱心漂流瓶"后,通过漂流瓶与招商银行进行简单互动,招商银行就会通过"小积分,微慈善"平台为自闭症儿童提供爱心帮助。这项慈善活动在吸引大量用户参与的同时，也对招商银行进行了很好的宣传，大大提升了招商银行的企业形象。

2. 模式二：位置签名——草根式广告，吸引周边用户

微信营销的草根广告模式主要是利用微信中"附近的人"这一功能进行营销。用户点击该功能后，便可以查找到周围的微信用户，当显示被查找到的用户信息时，除了会显示用户名、距离等外，还会显示签名栏内容，这就为用户植入免费广告提供了机会，因为用户可以利用签名栏填写相应的广告信息，一旦被搜索到，便可以在搜索终端上通过签名栏显示出相应的广告内容，达到免费做广告的目的。这种模式具有以下4个特点。

（1）客户黏性较低

因为利用"附近的人"来进行搜寻的人，往往随意性较大，目的性不强，因此这类人群作为客户黏性较低。

（2）缺乏互动性和新奇性

因为广告内容是植入在签名栏内的，大都以文字说明为主，既缺乏互动性也难以形成生动性、新奇性。

（3）可靠性较高

凡在签名栏植入广告信息者，一般都会充分地利用这一栏目，尽可能简洁又准确地描述自己产品的信息以吸引消费者，若发布虚假信息很容易受到投诉和查处，因而信息的可信度较高。

（4）生效时间较长

这种营销模式要显现效果必须经历一个较长的时间积累，且一旦产生效果往往能够维持较长时间的影响。

综合上述特点可以发现，这种营销模式比较适合实力较强的企业的新产品、特色产品的推广和营销，因为只有实力较强的企业才能接受需要较长时间才出效果的营销模式，只有新产品、特色产品通过签名栏的简单而准确的介绍，对消费者才可能产生较大的商业效应。

成功案例：饿的神微信签名档。饿的神将自己想让客户知道的位置信息、商品信息、折扣信息等置于签名档，周围的客户只需点击"查看附近的人"，商家的信息便会强行进入客户的眼中，客户也可以与商家进行互动，了解自己想要知道的信息，以完成微信订餐等活动。

3. 模式三：二维码——O2O折扣式，打造忠实客户群体

微信营销的O2O折扣模式主要是利用微信的二维码功能进行营销。二维码起初是被用来扫描识别用户身份，方便添加网络好友，如今已被广泛用于商业用途。微信客户扫描企业二维码图案，关注其公众号，便可得到一定的折扣和优惠，通过这种途径，企业可以在短期内吸引大量客户的关注；之后，企业再通过微信平台向这些客户发送新产品信息、商品优惠促销信息等，实现线上线下营销的联动，往往可以取得很大的商业成功。这种微信营销模式的优点是客户黏性高、信息可靠性高，营销生效的时间较短且基本上免费，缺点是直接互动性和新奇性较低。

这种营销模式一般比较适合于同时开展线上线下营销的企业，且由于这种营销模式线上可以实行信息推送，线下可以实行一定程度的用户体验，因此其不仅适合于搜寻品的营销，而且也适合于经验品（即只有在使用之后才能够知道其特征的产品）的营销。由于这种营销模式讲究线上线下的配合，因此不太适合单纯进行网上营销的小型企业，而比较适合有线下实体店的大中型企业。

成功案例：大悦城"微生活会员卡"。在这次活动中，微信用户只需用微信扫描朝阳大悦城专属二维码，即可免费获得朝阳大悦城微生活会员卡，享受众多优惠特权。随着大悦城会员的增多，微信成为宣传大悦城的最主要的手段，其效果也远远超于短信营销等的效果。

4. 模式四：开放平台、朋友圈、微信公众平台——社交分享式，实现口碑营销

微信营销的社交分享模式主要是利用微信的开放平台和朋友圈进行营销。微信的开放平台允许用户通过微信开放接口接入第三方应用，同时还能将应用的 LOGO 放入附件栏中，这大大方便了微信用户通过朋友圈与好友分享自己喜欢的产品，提升了用户的分享能力。并且朋友圈中的人往往都是具有一定直接或间接社交关系的朋友，其对产品的推荐大都能赢得圈中人的信任，口碑影响力很大，一旦进行产品的分享就很容易获得朋友圈内其他人的认同。这种模式的优点是显而易见的，即信息的可信度和客户黏性度都较高，互动性也较好，生效时间也较短且基本上免费，缺点是新奇性较低，因此这种营销模式最适合于经验品的营销，因为经验品的特点是用户只有在使用之后才能够知道产品的特征和特性，而一旦推广者自己是该产品的使用者，且对产品的消费十分满意，便可以通过在朋友圈内分享自己的体验，并提供相应的图片、语音或视频信息进行佐证而进行营销，往往能够产生很好的示范效应，引起朋友圈内其他人的跟风消费，更有甚者是朋友圈内的消费者再将自己的消费体验又发到各自的朋友圈，这会导致消费者数量短期内呈几何级数增长，产生爆发式消费，取得极好的营销效果。

微信营销的互动式营销模式主要是利用微信公众平台来进行营销。微信公众平台可以向用户推送消息、回答用户问题，与微信用户形成互动等。通过微信公众平台，企业可以精准地投放广告，同时又能够有效地收集相关数据为其他营销模式提供支持。这种微信营销模式能够免费地使企业与用户间的信息传播更便捷，因而可靠性和互动性均较高，缺点是新奇性和客户黏性一般、生效时间较长。这种营销模式主要是适合于搜寻品的营销，因为搜寻品的特点是消费者无需经过体验，在购买之前就知道了产品的特征和功能，企业通过信息推送可以大大加强客户对产品特点的认知和了解、增强其购买的欲望和便捷性。这种营销模式因为产生效果的时间较长，因此一般只适合于实力较强的大中型企业。

成功案例：美丽说。微信允许商家在开放平台上接入自己的应用并推广，通过与开放平台的"对接"，用户无需离开聊天窗口即可获取美丽说的图片、价格、购买链接等信息。用户可将美丽说发布的内容分享到微信中，把美丽说上的商品逐个传播，扩大产品知名度。并通过开放平台、朋友圈、微信公众平台实现社会式分享，促成信息的病毒传播，达到有效口碑营销的效果。

（二）微信营销的实施方法

微信营销的巨大价值让很多企业和商家都跃跃欲试，但是如何才能让微信营销发挥最大的价值，还需要注意微信营销的方式方法。

1. 建设专业的团队是微信营销活动方案实施的首要要素

想要做好互联网营销和移动商务，需要的是专业的团队和合理的策划方案以及专业的运营和活动实施，因此团队的作用是非常重要的。公司微信公众账号应该由公司的 1~5 名员工专职负责，这些员工可以从品牌、策划、客服、销售、企业形象宣传等部门抽调，再加上网络营销或者移动营销专业的专业技术人员。这样微信团队中由懂技术、懂品牌建设、懂策划、懂客户沟通、懂销售推广的各种人才来运营公众账号，这样的团队才能更好地完成微信营销实施工作。同时还应设定 2 名负责人负责应急管理，可以是由有丰富的网络营销经验的项目负责人或者是总经理、企业负责人负责，这样有助于在微信营销中遇见问题迅速反应，及时处理问题，有助于快速提升企业的品牌知名度。

2. 分析企业需求，开通定位准确、适合企业的微信公众账号

企业应该先分析自己需要什么类型的公众账号，然后根据不同类型的账号发布不同的信息。官方类微信应该主要发布企业信息，包括品牌类信息、新产品信息、产品质量信息、产品特点信息等相关信息，这些信息可以让消费者更好地了解企业的产品，特别是现在的消费者更加重视企业产品的质量，多发布产品质量优势的信息可以提升消费者对企业品牌的忠诚度。销售类微信主要应该发布一些企业产品的促销信息，例如企业的主题营销活动信息、优惠券、促销信息等，使消费者可以第一时间接收到企业优惠信息。客服类微信主要利用公众账号完成客户服务，很多国际型大企业都非常重视客户服务，利用微信完成客户服务，客户会认为更方便快捷。客户可以随时有问题随时发微信咨询，客服可以快速解答客户问题，因此客户类服务也能弥补一些企业客户维护费用高的缺点。

3. 线上线下共同推广

很多企业微信都是通过扫描二维码的方式引入客户的，因此微信营销推广包括以下 3 步。

（1）建立二维码宣传海报、宣传单、名片等

利用户外广告、官网、微博、论坛、店铺门等地方来推广二维码，只有将消费者引入微信公众账号，顾客才能更好地接收企业传达的信息。

（2）做好活动推广策划

好的推广活动可以吸引消费者的注意力。微信营销中大家比较感兴趣的标题可以吸引目标客户打开微信推广页面，更多地传达顾客喜欢的信息，适当地传递产品优势，有助于推广产品和品牌，达到微信营销效果。

（3）做好活动效果监控

对官方微信的总用户数量、默认未分组用户、星标组用户和提问用户进行分组分析，通过管理用户的数目可以了解到不同组类的用户数量，这些用户的需求是什么，根据用户需求来完成产品和品牌的推广工作。

微信营销作为微时代企业营销的利器，其营销优势不言而喻。微信营销的意义在于实现自我分裂式的推广，事实上，这也是微信营销成功关键与否的核心，如何实现这种模式是微信营销所需关心的最大问题。以老客户来发展新客户，这样的发展模式是微信营销的精髓。为企业扩大规模、增加收益的同时，树立品牌形象，扩大知名度，不断发展新的客户，实现一举多得，这是微信营销最大的优势，也是为什么在现在这个营销渠道多样化的今天，企业有必要进行微信营销的原因。但要想使微信营销为企业带来巨大的利润空间，不仅要求企业多种模式共同使用，还要求企业合理、正确地利用微信营销，才能为企业带来丰厚的收获。

四、微信营销的特点

1. 营销成本低

相比传统营销，微信营销成本非常低廉。传统营销比如纸媒、电视媒体营销通常包括印

刷、人力、纸张、器材等一系列成本。而微信营销的成本基本可以忽略掉，为了开展品牌推广宣传，企业只需注册一个账号就可以了，或者通过交 300 元服务费，企业就可以认证一个公众平台。企业可以通过以下方式缩减宣传成本。

（1）通过订阅号或公众号，向客户群推送相关信息或服务；

（2）重点选择推选一些优秀内容，包括令人舒适的图片、优美的文字或者语音。

2. 定位精准、有效性高

通过一定的分类标准，企业可以将用户进行分类，很好地选出自己的目标客户。利用微信公众号这一平台，将企业信息点对点定位精准地推送到目标客户那里。另外，由于在订阅企业微信公众号的时候，用户都是自愿的，这就提高了企业所推送信息的有效关注度。同时，由于微信本身支持"查看附近的人"的功能，开展微信营销的企业在进行一些现场活动时，可以通过该功能来准确地搜寻营销活动周围的用户，将活动内容、促销信息等准确地发给附近的用户，进行精准的投放。通过一对一的推送方式，企业可以与用户进行人性化的互动。

3. 营销模式多元化

微信营销有着众多的营销模式，比如最常见的有朋友圈、漂流瓶、位置签名、二维码、开放平台、微信公众平台等，且它们各具特点，出于不同的营销目的，企业可以组成不同的模式组合。其次，因为微信支持不同类型的信息，企业不仅可以通过文字的发送、图片的传达，还可以通过语音信息的发送达到与客户的沟通交流。

4. 传播速度快、受众面宽

朋友圈作为微信的第一大功能，在信息的传播方面有自己独特的优势，当某一位朋友圈的用户接受并认可企业推送的某一条信息之后，他就会转发并进一步分享到自己的朋友圈，这样他的微信里的朋友们就可以看到这一信息，同样地，如果他的这些朋友也认可这一信息，就会也转发到自己的朋友圈，让更多的朋友圈用户看到。以此类推，通过一级一级的传播，这一信息就可以在短时间内大量地传播，受众面之宽之广，可见一斑。

5. 潜在客户众多

根据数据显示，微信用户的数量在 2018 年 3 月已经突破 10 亿，伴随着微时代的进一步发展，我们将面临一个巨大的营销市场，因为微信用户的数量将日渐增加。因此，吸引越来越多的企业加入微信营销行列的是这些越来越壮大的微信用户群体，因为他们正是企业微信营销的潜在客户。

6. 有利于企业和用户双赢

通过微信的营销活动，最终还是要为企业带来回报，这就需要将微信营销的线上用户做相应的转化。线下的商务机会与互联网结合的运作模式运行良好的话，将会带来双赢的局面。早在 5.0 版本的微信就已经引入了微信支付的功能，目前微信支付可以分为线下扫码支付、Web 扫码支付和公众号支付三种主要模式。通过微信支付，方便企业了解消费者购物渠道，有利于对消费者购买行为的收集。线上资源的增加不会给企业带来太多的成本，反而带来更多的利润。此外，通过线上交易，在一定程度上也降低了企业对于实体店铺地理位置的依赖。对消费者而言，线上的微信营销，可以更快更便捷地提供商品、服务甚至是折扣等信息，大规模地增加了消费者的黏度。高黏度的消费者不仅可以使企业掌握庞大的消费者数据资源，还为日后其他增值服务提供基础。

小 结

(1) 论坛主要有两种形式，本书主要探讨的是网络交流型论坛。论坛就其专业性而言可以分为两类，就其功能性而言可以分为四类。论坛营销具有营销成本低、见效快、隐蔽性强、传播广、可信度高、操作性强、互动性强的优势。

(2) 博客营销是以博主个人行为和观点为基础，企业的博客营销思想有必要与企业网站内容策略相结合，并且合适的博客环境是博客营销良性发展的必要条件。

(3) 微博即微型博客，微博营销具有任何人、任何时间、任何内容、任何地点的特点。微博营销首先要选择好合适的微博平台，其次要做好微博营销的策划活动，还要做好后期的维护和策划工作。

(4) 微信具有用户基数大、活跃用户多、平台覆盖广、支持语言多、发送信息精准、消耗流量小、添加用户方式简便、功能更新快的特点。微信营销有四种模式，具有营销成本低、定位精准、有效性高、营销模式多元化、传播速度快、受众面宽、潜在客户众多、有利于企业和用户双赢的特点。

 实践案例

案例分析　　　　《疯狂动物城》72 小时火爆朋友圈

电影《疯狂动物城》没有前期营销，也没有当红明星配音，似乎会少有人关注它。从首映日 UBER 公众号推送了一篇"别逗了！长颈鹿也能开 UBER？还送电影票？！"的文章开始发力。在微信公众号的推荐下，原本对该电影并不关注的人在朋友圈里发起了约看邀请。第二日迪士尼顺势推出《疯狂动物城》性格大测试的 H5，测试结果在朋友圈刷屏。而树懒式说话和动图也在微博走红。借助这一波营销活动，影片的排片、票房迅速上升，话题热度居高不下。

业务操作

1. 结合案例分析《疯狂动物城》是如何借助微信营销提升票房的。
2. 论述微信的主要功能和营销价值有哪些。

学习评价

一、选择题

1. 下列不属于实体参与型论坛的是（　　）。
   A. 博鳌亚洲论坛　　　　　　　　B. 精英外贸论坛
   C. 上海论坛　　　　　　　　　　D. 泛北部湾经济合作论坛
2. 下列不属于论坛营销的特点的是（　　）。
   A. 收益高　　　　　　　　　　　B. 操作性强
   C. 具有很强的针对性　　　　　　D. 成本低，见效快

3. 论坛营销与企业博客营销、搜索引擎营销、网络广告营销、电子邮件营销、个性化营销、网络会员制营销截然不同，论坛营销具有（　　）。
   A. 很强的说服力　　　　　　　　B. 明显的主动性
   C. 很强的目的性　　　　　　　　D. 很强的隐蔽性

4. 博客营销的核心是（　　）。
   A. 促进购买　　B. 引发欲望　　C. 发布与诱导　　D. 引导与消费

5. 企业博客营销的方式不包括（　　）。
   A. 利用第三方博客平台的发布功能开展的网络营销活动
   B. 员工自己建立博客，记录一些关于自己的思想情感等个人内容
   C. 企业自建博客，鼓励公司内部有写作能力的人员发布博客文章以吸引更多的用户
   D. 有能力运营维护独立博客网站的个人，通过个人博客网站及其推广达到博客营销的目的

6. 不属于微博营销的特征的是（　　）。
   A. 任何人　　B. 任何时间　　C. 任何情况　　D. 任何地点

7. 属于微博营销和博客营销区别的是（　　）。
   A. 文章组织形式不同　　　　　　B. 信息传播模式不同
   C. 聊天方式不同　　　　　　　　D. 交流方式不同

8. 微信哪个功能的出现让微信营销形成体系。（　　）
   A. 微信开放平台　　　　　　　　B. 漂流瓶
   C. 微信公众号　　　　　　　　　D. 扫描二维码

9. 微信营销的模式不包括（　　）。
   A. 漂流瓶　　B. 小程序的运用　　C. 扫描二维码　　D. 朋友圈

10. 社会化媒体营销的作用主要有（　　）。
    A. 增加企业销售额　　　　　　　B. 增加员工收入
    C. 增加消费者的消费能力　　　　D. 增加企业营销支出

二、判断题
1. 论坛营销就是网络论坛营销，是个人以论坛为媒介，通过策划话题或事件，引导网民参与有关企业产品和服务的讨论，从而建立企业的知名度和权威度，推广企业的产品和服务的营销过程。（　　）
2. 论坛营销中最主要的方式就是营销话题的推广。（　　）
3. 博客是一种纯粹的技术创新，是一种逐渐演变的网络应用形式。（　　）
4. 博客营销是以博主个人行为和观点为基础，因此利用博客来发布企业信息的基础条件之一是具有良好写作能力的人员。（　　）
5. 微博营销是指商家或个人通过微博平台发现并满足用户的各类需求的商业行为方式。（　　）
6. 微博营销的目标关注度指的是微博营销在策划和实施之后，是否真正吸引了用户的注意，吸引了感兴趣人的传播，吸引了目标客户的重视。（　　）
7. 微信存在距离的限制，用户注册微信后，可与周围附近同样注册的朋友形成一种联系。（　　）
8. 微信有着更强的客户黏性和更精准的目标定位，这让微信成为微博营销之后的又一

大营销利器。　　　　　　　　　　　　　　　　　　　　　　　　（　　）

三、简答题

1. 论坛营销的推广步骤有哪些？
2. 博客与论坛的区别有哪些？
3. 博客营销的特点有哪些？
4. 微博营销和博客营销有何区别？微博营销的实施步骤有哪些？
5. 微信营销的模式有哪些？

项目五　电子邮件营销

 知识目标

- ◆ 熟记电子邮件营销的概念和特点
- ◆ 掌握电子邮件营销的三大基础条件
- ◆ 掌握电子邮件营销的一般过程及注意要点
- ◆ 理解电子邮件营销的评价指标内容

 能力目标

- ◆ 能够初步根据企业的基础条件开展电子邮件营销
- ◆ 能够根据电子邮件营销的评价指标进行其有效性分析

 重点难点

- ◆ 掌握电子邮件营销的基础条件
- ◆ 掌握电子邮件营销的一般过程
- ◆ 对电子邮件营销评价指标的分析运用

 任务引入

　　也许你听说过，电子邮件营销已经不再流行使用，事实却恰恰相反。截至 2017 年年底，全球电子邮件账户总数大约为 40 亿。不管喜欢与否，我们生活在一个人们喜欢电子邮件的时代。电子邮件快捷、方便、最有效。作为一种商业工具，麦肯锡公司发现，电子邮件在获得新客户方面的成功率是 Facebook 和 Twitter 的 40 倍——这只是支持电子邮件营销成功的众多有趣数据之一。今后，将会有更多的企业采用电子邮件开展产品的网络推广和客户的维护服务，精准的

项目五　电子邮件营销

电子邮件营销是互联网时代的制胜利器。

任务一　电子邮件营销概述

电子邮件即 E-mail，是最早的一种营销工具，诞生于 20 世纪 70 年代早期，盛行于 20 世纪 80 年代。当时由于互联网技术的不发达，使用人数较少，电子邮件只能用于发送简短的信息，连图片也不可能发送；到了 20 世纪 80 年代中期，随着互联网技术的进步，尤其是个人电脑的兴起，使电子邮件大范围普及开来；到 20 世纪 90 年代中期，电子邮件已普及到了全球范围，各个国家和地区的网民都开始使用这种工具，电子邮件被广为运用。

电子邮件营销（E-mail Direct Marketing，EDM）是利用电子邮件与受众客户进行商业交流的一种营销方式，是在用户事先许可的前提下，通过电子邮件的方式向目标用户传递价值信息的一种网络营销手段。

我们可以从电子邮件营销的概念中得出电子邮件营销的三个基本因素：用户的许可、电子邮件传递信息、信息对用户有价值。三个因素缺少一个，都不能称为有效的电子邮件营销。

 小链接

电子邮件的发明

Ray Tomlinson 是电子邮件的发明人。他是马萨诸塞州剑桥的博尔特·贝拉尼克·纽曼研究公司（BBN）的重要工程师。这家企业受聘于美国军方，参与 Arpanet 网络（互联网的前身）的建设和维护工作。大约在 1971 年秋天，Tomlinson 在键盘上选择了@作为计算机之间发送信息的标志，发出了人类历史上第一封真正意义上的电子邮件。电子邮件最初只是一种可传输文件的计算机程序，或者说是一种原始的信息程序。这时的电子邮件有一个只能给接收方发送的极大局限性，并且接收方的计算机还必须与发送方一致。

后来，Tomlinson 对已有的传输文件程序以及信息程序进行研究，并研制出一套新程序。它可通过计算机网络发送和接收信息，再也没有了以前的种种限制。为了让人们都拥有易识别的电子邮箱地址，Tomlinson 决定采用@符号，符号前加用户名，后面加用户邮箱所在的地址。

 提醒您

什么是垃圾邮件

垃圾邮件（Spam）目前还没有非常严格的定义。一般来说，凡是未经用户许可就强行发送到用户的邮箱中的任何电子邮件都可视作垃圾邮件。中国互联网协会在《中国互联网协会反垃圾邮件规范》中定义垃圾邮件如下。

> "本规范所称垃圾邮件,包括下述属性的电子邮件:
> (一)收件人事先没有提出要求或者同意接收的广告、电子刊物、各种形式的宣传品等宣传性的电子邮件;
> (二)收件人无法拒收的电子邮件;
> (三)隐藏发件人身份、地址、标题等信息的电子邮件;
> (四)含有虚假的信息源、发件人、路由等信息的电子邮件。"
> 垃圾邮件的主要危害在于占用宝贵的网络资源、浪费收件人的时间及精力,严重危害网络安全。
> 垃圾邮件一般具有批量发送的特征,其内容包括赚钱信息、成人广告、商业或个人网站广告、电子杂志、散播谣言及其他方面的信息等,垃圾邮件可以分为良性垃圾邮件和恶性垃圾邮件,良性垃圾邮件是各种宣传广告等对收件人影响不大的信息邮件,恶性垃圾邮件是指具有破坏性的 E-mail,如带有病毒木马或者进行网络钓鱼诈骗的垃圾邮件。

随着电子邮件应用的飞速发展,有些企业开始萌发借助电子邮件开展营销信息传播的设想。随着电子邮件群发技术的产生,将这种信息传播方式推向了极致。企业只需要很低的成本,经过简单的技术处理,就可通过电子邮件群发方式向市场大量地发送产品、服务、营销或商务信息,并且效果也很好。

一、电子邮件营销的基础条件

开展电子邮件营销需要解决三个基本问题:如何发送这些邮件?向哪些用户发送电子邮件?发送什么内容的电子邮件?这三个问题构成了电子邮件营销的三大基础条件,即电子邮件营销的技术基础、用户的电子邮件地址资源、电子邮件营销的内容。当这些基础条件具备之后,才能开展真正意义上的电子邮件营销,电子邮件营销的效果才能逐步表现出来。

(一)电子邮件营销的技术基础

电子邮件营销的技术基础是指从技术上保证用户加入、退出邮件列表,并实现对用户资料的管理,以及邮件发送和效果跟踪等功能,也就是邮件列表发行平台的选择问题。

可以说,在管理邮件列表所面临的基本问题中,发送邮件列表的技术保证是技术基础中的基础,无论哪种形式的邮件列表,首先要解决的问题是如何用技术手段来实现用户加入、退出以及发送邮件、管理用户地址等基本功能,具有这些功能的系统称为邮件列表发行平台。发行平台是邮件列表营销的技术基础。管理自己的邮件列表,可以自己建立邮件列表发行系统,也可以根据需要选择专业服务商提供的邮件列表发行平台服务,实际中具体采用哪种形式,取决于企业的资源和管理者个人偏好等因素。

1. 建立邮件列表发行系统

不同类型的邮件列表,其管理方式也有一定差别,但基本原理是相近的,下面以建立一份电子刊物为例来介绍建立邮件列表的主要问题。建立邮件列表可以选择免费邮件列表发行平台,也可以通过邮件列表服务商自行建立邮件列表平台。管理一份电子刊物需要的最基本的功能应该包括用户订阅(包括确认程序)、退出、邮件发送等,一个完善的电子刊物订阅发行系统还包含更多功能,如邮件地址的管理、不同格式邮件的选择、地址列表备份、发送邮件内容前的预览、用户加入退出时的自动回复邮件、已发送邮件记录、退信管理等，这些都需要后台技术的支持。随着用户数量的增加和邮件列表应用的深入，还会出现更多的功能需求，这都需要后台技术不断完善。

2. 选择第三方的邮件列表发行平台

邮件列表专业服务商的发行平台无论在功能上，还是在技术保证上都会优于一般企业自行开发的邮件列表系统，并且可以很快投入应用，大大减少了自行开发所需要的时间，因此与专业邮件列表服务商合作，采用专业的邮件列表发行服务是常用的手段。当企业的互联网应用水平比较低，邮件列表规模不是很大，并不需要每天发送大量电子邮件时，企业可以采取选择专业邮件列表服务商提供一个完善的发行系统。另外，当用户数量比较大，企业自行发送邮件往往对系统有较高要求，并且大量发送的邮件可能被其他电子邮件服务商视为垃圾邮件而遭到屏蔽时，专业邮件列表服务的优势更为明显。国外一些发行量比较大的邮件列表，很多也都是通过与第三方专业发行平台合作进行的。但出于对用户资料保密性等因素的考虑，一些电子商务网站因为要发送大量的电子邮件，通常需要利用自己的邮件列表系统发行。

（二）用户的电子邮件地址资源

1. 免费邮件列表服务的网站

邮件列表对用户的影响是直达式的，蕴含着很大的商机，邮件列表的先驱们都想率先占据这块阵地，从而培育出一批大型的邮件列表服务商。随着互联网在中国的不断发展壮大，邮件列表服务也在迅速发展，产生了一批提供免费邮件列表服务的网站，它们的基本功能是大致相同的，但其规模、稳定性、便捷性以及其他相关功能方面却有不同之处。为了方便列表的创建和订户选择较好的服务商，如网易、搜狐等网站都提供邮件列表服务。

2. 许可电子邮件地址资源获取

在用户自愿加入邮件列表的前提下，获得足够多的用户电子邮件地址资源，是电子邮件营销发挥作用的必要条件。有些邮件列表建立之后，缺少持续的有效管理，加入邮件列表的用户数量会越来越少，电子邮件营销的优势难以发挥。可见，通过有效的方法和技巧获取电子邮件地址资源，加上长期有效的推广和管理，才能做好电子邮件营销。

网站的访问者是邮件列表用户的主要来源，因此网站的推广效果与邮件列表用户数量有密切关系。通常情况下，用户加入邮件列表的主要渠道是通过网站上的"订阅"框自愿加入，只有用户首先访问网站，才有可能成为邮件列表用户，如果一个网站的访问量比较小，每天只有几十人，受限于用户资源规模，邮件列表的效果就不理想。因此，企业需要采取一定的推广措施吸引用户的注意和加入，如充分利用网站进行推广，使用合理的地址收集软件，提供多种订阅渠道，充分挖掘现有网站用户，合理设置奖励措施等。

（三）电子邮件营销的内容

营销信息是通过电子邮件向用户发送的，有价值的邮件内容才能引起用户的关注，因此，有效的内容设计是电子邮件营销发挥作用的基本前提。电子邮件营销的内容设计包括以下几个方面。

1. 电子邮件发信人名称和标题

发信人名称需要使用企业或是产品（服务）的正式名称，并且前后保持一贯性，不能轻易改动。例如企业叫"乐拍网",发信人名称就使用"乐拍网"。订阅者注册"乐拍网"时就应该已经注意到这个名称,再加上收到确认件以及定期收到"乐拍网"的邮件,订阅者自然会记住这个名字,并且产生信任感。

电子邮件标题要准确描述本次邮件的主要内容,避免使用高调的广告用语,用词尽量平实。Mailchimp 是一家专业电子邮件营销服务商,通过对 4000 万封电子邮件的打开率进行跟踪调查得出结论:好的标题能使邮件的阅读率达到 60%~87%,而不好的标题使邮件的阅读率只有 1%~14%。

2. 电子邮件正文的内容

(1) 电子邮件抬头

电子邮件抬头应该首先清楚表明:这不是垃圾邮件。例如:"您订阅了某电子杂志,这是某电子杂志 2018 年 1 月号。如果您不想再继续收到我们的邮件,请点击这里退订。"这段内容必须放在邮件最上面,让订阅者第一眼就可以看到,知道收到的是自己订阅过的电子杂志,确保订阅者不会把邮件当作垃圾邮件,并告诉订阅者如果想退订也很简单。

(2) 简单的电子邮件内容目录

邮件如果是电子杂志,包含两到三篇文章的话,可以列出文章名称及一到两句话的简要说明,让订阅者可以一目了然地了解邮件内容,再决定要不要继续阅读。当然如果每封邮件只有一篇文章,这部分可以忽略。

(3) 电子邮件正文

电子杂志邮件的正文通常应该是两到三篇文章,在文章结尾处可以适度以扩展阅读的方式推销一下网站上的产品。另外,如果邮件中卖出广告位给第三方广告商,可以穿插在文章中间,但应该用清楚的文字标明中间是广告内容。

(4) 内容预告

主要文章内容结束后,应该有一小段下期内容预告,列出下一期文章内容标题及简介,吸引订阅者期待下一期邮件,尽量减少退订率。

(5) 页脚

这一部分必须包含用户注册信息,可采用这样的格式:"您收到这封邮件是因为您在某月某日,从 IP 地址某处订阅了某电子杂志。"

然后是隐私权及退订选择:"我们尊重所有用户和订阅者的隐私权。如果您不希望再收到某电子杂志,请点击这里退订。"

隐私权和点击这里退订两处文字链接到相应的隐私权政策页面和退订程序页面。

在页脚也可以鼓励订阅者把收到的邮件转发给他的朋友,但是应该强调只能转发给订阅者认识的朋友,不要发给不认识的人,以免变成垃圾邮件,影响电子邮件营销效果。

3. 电子邮件内容言简意赅

订阅者的时间是宝贵的,在看电子邮件的时候多是走马观花,所以电子邮件内容一定要言简意赅,充分吸引订阅者的兴趣,长篇累牍会使订阅者放弃阅读你的电子邮件。在发送前一定要仔细检查电子邮件内容,确保语句通顺,没有错别字等。

4. 附上联系方式

电子邮件结尾一定要有签名并附上电话号码,以免订阅者需要找人联系时,不知如何联络。

二、电子邮件营销的特点和作用

(一) 电子邮件营销的主要特点

1. 传播快、范围广

截至 2018 年 12 月，中国网民数量已经达到 8.29 亿。面对如此巨大的用户群，作为网络营销手段之一的电子邮件营销正日益受到人们的重视。只要拥有足够多的电子邮件地址，就可以在很短的时间内向数千万目标用户发布广告信息，营销范围可以是整个中国乃至全球。

2. 操作简单、效率高

使用专业的邮件群发软件，单机可实现每天数百万封的发信速度。操作不需要懂得高深的计算机知识，不需要烦琐的制作及发送过程，发送上亿封的广告邮件一般只需几个工作日便可完成。

3. 成本低

电子邮件营销是一种低成本的营销方式，所有的费用支出就是上网的费用，成本比传统营销手段要低很多。

4. 应用范围广

电子邮件营销的内容不受限制，适合各行各业。因为营销内容的载体就是电子邮件，文本、图片、动画、音频、视频、超级链接等都可以作为内容，所以具有信息量大、保存期长的特点。电子邮件有长期的宣传效果，而且收藏和传阅非常简单方便。

5. 针对性强、反馈率高

电子邮件本身具有定向性，可以针对某一特定的人群发送特定的营销邮件，也可以根据需要按行业或地域等进行分类，然后针对目标客户进行营销邮件群发，使宣传一步到位，这样做可以使营销目标明确，效果非常好。

(二) 电子邮件营销的主要作用

1. 提升品牌形象

规范专业的电子邮件营销对于品牌形象有明显的提升作用。

2. 产品推广或销售

产品推广或销售是电子邮件营销最主要的目的。

3. 维护客户关系

电子邮件首先是一种互动的交流工具，然后才是其营销价值，这种特殊作用能使得电子邮件营销在维护顾客关系方面比其他网络营销手段更有价值。

4. 顾客服务

在电子商务和其他信息化水平比较高的领域，电子邮件也是一种高效的顾客服务手段，通过内部会员通信等方式提供顾客服务，可在节约大量的顾客服务成本的同时提高顾客服务质量。

5. 网站推广

通过电子邮件可以主动向用户推广网站，并且推荐方式比较灵活，简单的产品（服务）广告、新闻报道、案例分析等均可出现在邮件内容中。

6. 资源合作

经过用户许可获得的电子邮件地址是企业的宝贵营销资源，可以长期重复利用，并且在一定范围内可以与合作伙伴进行资源合作，如相互推广、互换广告空间等。

7. 市场调研

利用电子邮件开展在线调查是网络市场调研中的常用方法之一，具有问卷投放和回收周期短、成本低廉等优点。

 小链接

什么是邮件列表

邮件列表（Mailing List）的起源可以追溯到1975年，是互联网上较早的社区形式之一，也是互联网上的一种重要工具，用于各种群体之间的信息交流和信息发布。

电子邮件列表是建立在普通电子邮箱服务基础上的。使用电子邮箱时，给一个客户发送信息，就在编写邮件时输入一个用户的地址；若同时向多个客户发送信息，就必须在收信人地址中输入多个电子邮箱地址。使用电子邮件列表服务，可以把收信人地址组织在一起，并设定一个公共地址，所有发向这个公共地址的电子邮件都会自动转发给加入这个邮件列表的收信人。

电子邮件列表有公开、封闭、管制三种。公开型邮件列表可供所有人自由讨论，即使不是这个邮件列表的订户也可以自由地发送邮件给这个邮件列表的所有订户，常见于公开的论坛。封闭型邮件列表是只有订阅用户才能互相发送邮件，常见于网络社团、俱乐部或公司内部讨论组等。管制型邮件列表是只有管理者许可的电子邮件才能发送给邮件列表的其他订户，常见于电子刊物。

电子邮件列表对于网络营销有多方面的作用，包括发布新产品信息，为客户提供技术支持，与客户沟通、收集反馈信息，发送或订阅电子杂志，发布企业主页更新通知，发送与索取产品目录等。

三、电子邮件营销的分类

1. 按照营销价值和地址资源的所有形式划分

电子邮件营销有三个基本因素：基于用户的许可、通过电子邮件传递信息、信息对用户是有价值的。因此，真正意义上的电子邮件营销也就是许可电子邮件营销。未经许可就直接发送的电子邮件称为未被要求的商业电子邮件，也称为垃圾邮件或非法兜售的网络小广告。基于用户许可的电子邮件营销与滥发邮件不同，许可营销比传统的推广方式或未经许可的电子邮件营销具有明显的优势，如可以减少广告对用户的滋扰、增加潜在顾客定位的准确度、增强与顾客的关系、提高品牌忠诚度等。

根据许可电子邮件营销所应用的用户电子邮件地址资源的所有形式，可以分为内部列表电子邮件营销和外部列表电子邮件营销，或简称内部列表和外部列表。

（1）内部列表电子邮件营销

内部列表电子邮件营销也就是通常所说的邮件列表，是利用网站的注册用户资料开展电子邮件营销的方式，常见的形式有新闻邮件、会员通信、电子刊物等。

（2）外部列表电子邮件营销

外部列表电子邮件营销则是利用专业服务商的用户电子邮件地址来开展电子邮件营销，也就是以电子邮件广告的形式向服务商的用户发送信息。

可以说，许可电子邮件营销是网络营销方法体系中相对独立的一种，既可以与其他网络营销方法相结合，也可以独立应用。

2. 按照受众类型划分

（1）个人邮箱电子邮件营销

电子邮箱的供应对象是个人用户，分为收费和免费两种，即个人免费电子邮箱和个人收费电子邮箱。

（2）企业邮箱电子邮件营销

电子邮箱的供应对象是企业用户。企业电子邮箱主要用于企业内外部信息的沟通，表现形式为企业域名为企业电子邮箱的后缀名。

3. 按照是否支付费用划分

（1）免费邮箱电子邮件营销

一般指不用支付任何费用就可以使用的电子邮箱产品。目前国内个人电子邮箱中的绝大部分都为免费电子邮箱。

（2）收费邮箱电子邮件营销

用户需要为使用电子邮箱服务付费，电子邮箱具体分为面向个人消费者的 VIP 邮箱和面向企业的企业邮箱。

4. 按照营销计划划分

根据企业的营销计划，可分为临时性的电子邮件营销和长期的电子邮件营销。

（1）临时性的电子邮件营销包括不定期的产品促销、市场调研、节假日问候、新产品通知等。

（2）长期的电子邮件营销通常以企业内部注册会员资料为基础，主要表现为新闻邮件、电子杂志、顾客服务等各种形式的邮件列表。

另外，按照电子邮件营销的作用来划分，可分为顾客关系电子邮件营销、顾客服务电子邮件营销、在线调查电子邮件营销、产品促销电子邮件营销等。按照是否将电子邮件营销资源用于为其他企业提供服务来划分，可分为经营性电子邮件营销和非经营性电子邮件营销。

任务二　电子邮件营销过程和要点

一、开展电子邮件营销的一般过程

（一）电子邮件营销的一般过程

开展电子邮件营销的过程，也就是将有关营销信息通过电子邮件的方式传递给用户的过程。为了将信息发送到目标用户电子邮箱，首先应该明确，向哪些用户发送这些信息，发送什么信息，以及如何发送信息。因此，开展电子邮件营销的主要步骤可以归纳如下。

（1）制定电子邮件营销计划，分析目前所拥有的电子邮件营销资源，如果公司本身拥有用户的电子邮件地址资源，首先应利用内部资源，决定是否利用外部列表投放电子邮件信息，并且要选择合适的外部列表服务商；

(2) 针对内部和外部邮件列表分别设计邮件内容；
(3) 根据计划向潜在用户发送电子邮件信息；
(4) 对电子邮件营销活动的效果进行分析总结。

为了更加清楚地说明电子邮件营销的过程，列举一个案例如下。

B 公司是一家家纺用品企业，主要有床上用品、毛巾等系列产品，为了在圣诞、新年等销售旺季期间进行产品促销，公司营销人员计划将网络营销作为一项主要的营销手段，其中将电子邮件营销作为重点行动之一。由于公司以前在网络营销方面并没有多少经验，因此这次活动计划将上海作为试点，并且在营销预算方面比较谨慎，并不打算大量投入广告，仅选择部分满足营销定位的用户发送电子邮件广告。公司暂时没有条件开展网上销售，主要是品牌宣传，并为线下传统渠道的销售提供支持。

B 公司的网络营销现状是公司在 2 年前已经建立了企业网站，网站功能比较简单，主要是公司介绍、产品介绍、家纺面料相关的常识等，网站上有一个会员注册区，有注册用户 2400 多人，但很少向注册会员发送信息，最后一次发送信息是在半年之前，在公司 5 周年庆典时向会员发送了一份在线优惠券。因此，公司内部的营销资源非常有限，还需要借助于专业服务商来发送电子邮件广告。在服务商的选择上，公司花费了比较多的时间，因为要对服务商的邮件列表定位程度、报价、提供的服务等方面进行分析比较，在多家可提供电子邮件营销服务的网站中，B 公司最终选择了一家都市生活类的网站，该网站有一份关于上海市女性生活的电子周刊，订户数量为 20000 人，这份电子刊物将作为本次电子邮件营销的主要信息传递载体。以上是电子邮件营销的步骤 1。

为了确保此次活动取得理想的效果，计划从 2017 年 9 月 1 日开始连续 4 个星期投放电子邮件营销信息，发送时间定为每个星期四，前 2 次以企业形象宣传为主，后 2 次针对目前最流行的家纺产品进行推广。接下来 B 公司市场人员的主要任务是设计电子邮件广告的内容，针对内部列表和外部列表分别制作，并且每个星期的内容都有所不同。以上是电子邮件营销的步骤 2 和步骤 3。

电子邮件营销活动结束后，网络营销人员分析每个月的公司网站流量时吃惊地发现，在进行电子邮件营销活动期间，公司网站的每日的平均访问量增加了 3 倍多，日均独立用户数量超过 1000 人，而平时的网站独立用户数量通常不到 300 人，尤其在发送邮件后的次日和第 3 日，网站访问量的增加尤为明显，独立用户数量的最高纪录日达到 1480 人。从这次活动中，公司的营销人员也发现了两个问题：一是内部列表发送后退回的邮件比例相当大；二是企业网站上的宣传没有同步进行，来到网站浏览的用户的平均停留时间只有 3 分钟，比活动开始前用户的平均停留时间少了 2 分钟。以上是电子邮件营销的步骤 4。

B 公司电子邮件营销过程是进行电子邮件营销一般要经过的过程，但并非每次活动都要经过这些步骤，并且不同的企业在不同的阶段电子邮件营销的内容和方法也都有所区别。

 提醒您

企业自建发送系统还是选择第三方 ESP

◆ 企业对数据要求极高，可选择自建。

◆ 企业需要第三方帮助做策划、执行和优化，可选择第三方 ESP（邮件服务商）。

(二) 开展电子邮件营销的技巧

1. 邮件地址的获取

(1) 从网站注册用户中获取

自从邮件普遍使用后，网站注册用户名就是 E-mail 地址。在用户成功注册后，都是进入自己的邮箱，然后点击相关的链接来激活所注册的用户名。换一个说法，就是每一个用户的用户名就是一个很好的邮件列表，使用很真实、优质。

(2) 从目标论坛上获取

目标论坛上的用户都是公司的潜在优质客户。其中一种方法就是通过发放样品、产品目录等形式获得许可的 E-mail 地址。

(3) 从目标 QQ 群获取

当加入目标 QQ 群后，群内所有 QQ 账户都会是潜在用户，QQ 号就是相应的 QQ 邮件地址，而且 QQ 群还有群发功能。如果不怕邮件发送时变垃圾邮件，可以直接将用户 QQ 号加个"@qq.com"当地址发送邮件。

(4) 从邮件营销商数据库获取

邮件营销服务商都会有一个很大型的数据库，收集了各种各样的用户邮件地址。邮件地址质量较高。还有一种较为偏激的方法就是大批购买，从第三方商家的数据库中购买。这种方法可以一次性买到大量的地址，但真实性有待考证，所以营销质量无法保证。还有一种方法，就是通过抓取工具来抓取邮件地址。具体细分成 3 种类型。

① 敲门抓取。这种方法有点像问路，不断地问到、不断地收录，比如利用编写的工具向邮件服务商不断地询问有没有这个邮件地址。例如：利用编写的工具向 sohu.com 问 abc@sohu.com 这个地址有没有，有就收录。没有就再问下一个。

② 搜索引擎抓取。这种方法就是利用搜索引擎固有的特性，抓取查询页面中的E-mail。其实就是收录了搜索引擎页面数据库的地址，这种方法也是很不错的选择。

③ 针对网站抓取。这是一种技术行为，邮件地址中一定有@字符，通过编写好的程序抓取"@"前后字符组成的一段字符就是邮件地址。比如，邮件要发送的对象为怀孕妈妈，那么就可以在某些孕妈妈网站抓取邮箱地址。但有一点要注意的是有很多网站要求用户填邮件地址时将"@"改成"♯"号。

2. 邮件标题的设计

营销邮件到达目标用户的邮箱只是成功的第一步。接着就是关键的一步，即让用户打开 E-mail。这时 E-mail 的标题就起到了很重要的作用。在垃圾邮件充斥网络的情况下，很多用户会直接删除 E-mail。所以，设定一个好标题并能让用户点击并阅读邮件内容十分重要。数据显示，影响邮件打开率的第二个重要因素是邮件主题（标题）。E-mail 标题的设定不能偏离 E-mail 内容。标题的类型有很多种，跟营销性的软文标题相类似，有团购式、承诺式、悬念式和数字式等。常用邮件标题有以下几种。

(1) 团购式标题

团购网站基本上每天早上都会给注册用户发送一封当天团购信息的邮件。这类 E-mail 的标题有较为统一的格式。标题中有团购平台的名称、项目名称、打折的信息等。如杏苑美食时尚餐厅双人套餐、朝天门双人美味套餐、谷屋代金券、糖果量贩式 KTV 酒水套餐等。

(2) 承诺式标题

这种邮件的标题往往会包含"加价""包邮""七天包退"等关键词。若使用这种标题就一定要有实现的保证，不能夸大效果。否则欺骗了用户，最后会对公司或产品造成不利影响。如：从12个方面增强你的体魄。

（3）悬念式标题

这种方式就是抓住网民好奇的心理特点，从而促使其点击打开邮件。悬念式标题对非传统的产品、服务效果更好。如：关于女人的那点事儿！

（4）数字式标题

数字代表精准，如果邮件的标题有数字，可以更加明确标题的意思，不会让邮件阅读者产生误解。其中大部分数字用于商品的价格、产品的使用时间、服务时间的说明。如：3344只杯子来就送！

3. 邮件内容的创新

据 Yesmail 近期发布的一份白皮书显示，营销者发送了越来越多的节假日邮件，但是邮件接收者的互动性却是在下降的。简而言之，如今企业要让自己的营销邮件从一大堆营销邮件中脱颖而出，还要更符合受众的胃口，这比以前更难实现了。

为了克服这一困难，可以考虑采取以下措施。

（1）添加表情符号

可以尝试在标题中添加表情符号，尤其是之前还没使用过的新符号。

（2）使用预编译头

预编译头文本通常用于概述、简短的摘要，或用于标记邮件类型。作为邮件主题的一个延伸，这是吸引更多用户打开并阅读邮件的另一个机会。这个办法在用手机查看邮件时的效果尤其显著。

（3）改变发送时间

尝试更改邮件的发送时间。如果平时是在工作日上午发送，可以把发送时间改到周末或者工作日夜晚，看看这样是否能吸引流失的客户。

4. 加强邮件订阅者数据的管理

只有当邮件订阅者的数据库足够强大时，电子邮件营销才能起到更好的效果。邮件数据库需要定期清理和整顿，防止数据库的混乱，这还能帮助企业找到潜在的营销机会。在节假日促销季时整理优化数据库是十分有用的。

（1）验证数据库里的邮件地址是否有效

把那些无法送达的邮件地址整理出来，添加到一封邮件中发送测试。这样可以挖掘一部分新的邮件用户，如果之前一些僵死账号重新活跃起来了，这部分账号就可以添加进自己的客户数据库中。

（2）列表分组

分析邮件开启率、最后一次点击及最后一次产品（服务）购买日期等信息，有助于对这些邮件订阅者进行分组，提高推送效率。

5. 抽样试销

邮件制作完成后，营销进入抽样试销阶段。营销部和客户关系部从订阅者中随机抽取一定数量的人进行试销。试销订阅者收到促销电子邮件后，可以通过邮件中的网址链接进入企业网站，或拨打免费电话购买。

抽样试销是正式促销开始前的最后一步准备工作，其目的是为建立促销预测模型提供基本数据，检验客户分类的准确性。抽样试销可以检验电子邮件中各个要素的设计，探查营销过程的各个业务环节的衔接和漏洞，帮助企业提前准备追踪订阅者回应的报告系统。

6. 定量群发

（1）建立预测模型

有了试销结果，营销部门和分析人员就可以分析究竟哪些因素影响客户对促销的购买反应，并对每个变量的重要性做出估计，这就是促销预测模型开发。

（2）投放模型

投放模型是把已建立的预测模型运用到实际中去检测，这部分客户数据最好是新近两年所搜集的，目的是检测模型与每个客户的匹配程度。匹配度越高，邮件脱颖而出的效果越好，获得客户回应的概率越大。

（3）确定发送频率及发送名单

客户对促销的回应概率是决定邮件群发量和具体发送名单的关键参数，但是最终决策还要考虑到公司的营利目标和营销成本。不同于其他形式的传统营销，电子邮件营销的直接成本几乎为零。但这并不意味企业可以滥发邮件。过于频繁地发送促销邮件，效果可能会适得其反。一旦客户产生反感，就会要求公司从数据库中删除其资料，或通知互联网运营商屏蔽公司的邮件，结果是公司从此失去这个客户；发送促销邮件频率太低也会致使客户出局，因为客户对公司没有印象，把公司的邮件混同垃圾邮件而拒收，使公司被互联网运营商屏蔽。

如果按不同客户分组计算最佳发送频率则效果更好。比如，有些客户一年中只有在特定时机，如情人节购买鲜花，对这类消费者就不宜多打扰；而另外一些消费者，习惯逢年过节就给亲戚或朋友送礼，对这类客户促销的密度可以高一些。

二、电子邮件营销注意要点

1. 信息的价值大小

信息的价值可以理解为信息的相关性。在邮件内容中相关性非常重要，如果给客户发送一些毫不相关的电子邮件就是浪费资源。那些成功的电子邮件营销都具有很强的针对性，对于客户来说具有很强的实用建议。例如，指导客户怎么去做，有促销活动时怎样才能购买到产品，提供真实的信息，告诉客户什么该做而什么不该做等。应该考虑如何把实用的信息传递给客户，不断获取客户的信任，赢得更多的交易机会。

2. 信息的分享渠道是否通畅

信息已成为一个重要的社会资产，客户之间的信息共享会传递更多的信息。这个概念可以应用到电子邮件营销中，如在邮件中让用户分享报价或者品牌产品信息，并给予一定的奖励，使用户能够开心地接受或者邀请朋友加入。

3. 传递的信息是否能够建立情感联系

电子邮件是一个关系渠道，它以自己的传递方式保持着企业与客户的良好关系。情感的因素也成为触发客户购买欲望的关键部分。触发的意思可以理解为让客户总是在特定的时间内想到某种产品、服务或某种想法等。

企业为客户发送的每一条信息，都期望带给客户最好的品牌形象，这些会让客户感觉企业所发的任何信息都与自己相关，企业时刻在为自己的利益考虑。这样，客户在无形中会被情感打动，不仅更愿意去分享信息，而且愿意进行更多交易。带有情感成分的电子邮件信息更容易被记住。为此，企业构建情感共享的电子邮件内容显得尤为重要。

网络营销与推广

4. 传递的信息能否强化品牌形象

一个好的故事可以代代相传。电子邮件营销也可以通过讲故事的方式来改善营销的活动效果。企业可以每隔一段时间,把一个真实的故事转变成一封电子邮件发送给客户。企业也可以让客户参与进行一定互动。因此,企业发送的每一封邮件,所包含的信息都必须有利于强化自己的品牌形象。

任务三 电子邮件营销效果评价

一、电子邮件营销的评价指标

任何营销活动都必须能测量到营销效果,计算投资回报率才能去伪存真,把精力和时间放在有效的营销手法上,剔除无效赔本的营销活动。电子邮件营销同样如此。如何评价电子邮件营销的效果,哪些方面可以恰当地反映电子邮件营销的效果呢?可以从以下指标来分析。

1. 邮件列表注册转化率

邮件列表注册转化率就是完成电子杂志注册人数与访问网站的独立 IP 人数之比。测量方式是参考网站流量统计中的独立 IP 人数,提交电子杂志注册表格后所显示的确认网页次数,以及电子杂志数据库中最终完成双重选择加入的总人数。

已确认页面显示次数除以独立 IP 数,就得出注册转化率,但还不是最终完成注册的转化率。以电子杂志数据库中的总人数除以独立 IP 数,才是最终电子杂志转化率。计算都是以某段时间为标准,如按日、周或月得出的转化率。

通常电子商务网站销售转化率在1%左右属于正常。邮件列表或电子杂志的转化率应该更高,达到5%~20%都属正常。

与转化率功能相似的另外一个评价指标是订户总数。一般网站不可能一下达到电子杂志订户的数量,每天增加10~30个都很正常,一年就可以达到几千个订户。几年下来就有上万个订阅者。订户人数增长率也应该给予重视。在网站流量保持平稳的情况下,如果增长率明显降低,站长就应该检查一下是否有技术问题,给予的订阅礼物是否已经过时,不再有吸引力,必要时在网站上做一个用户调查,看看什么原因造成订户增长率下降。

2. 退订率

订阅用户点击邮件中的退订链接后,其电子邮件地址将从数据库中删除,电子邮件营销系统后台应做相应记录。退订是无法避免的,但如果退订率高的不正常,如达到20%~30%,营销人员就要审查自己的邮件内容是否太高调、太商业化,是否发送邮件次数过多,邮件内容是否与当初标榜的电子杂志宗旨保持一致,文章是否对用户有助益。只要邮件内容保持高质量,真正对主题感兴趣的用户通常不会轻易退订。就算对某期电子杂志内容不感兴趣,也不能断定对以后内容都不感兴趣,除非连续几期接到的邮件都是通篇广告。如果营销人员确信邮件内容是高质量的,退订的那部分大概也不是目标用户,而是为了免费礼物而订阅,或者只是因好奇而订阅的用户。

3. 邮件送达率

以发送邮件总数(通常就是数据库中的订户总数)减去接收到的退还邮件数目,就是送达的邮件数。以送达邮件数除以发送总数,就得到送达率。送达率显示邮件已进入用户邮箱的比例。不过进入邮箱却不一定意味着用户能看到这封邮件。邮件有可能直接就进了垃圾文件夹，有可能用户只看了标题就删除了，这些邮件也都是被计算在已送达邮件之内的。所以实践中送达率是一个必须知道，但实际意义却比较小的数字。送达率用来衡量用户看到邮件的真实情况，误差比较大。在实践中，邮件打开率或者阅读率比送达率更有意义。

4. 邮件打开率

邮件打开率显示的是用户真正打开邮件的比例。测量方法是在邮件的 HTML 版本中，嵌入一个 1×1 像素的跟踪图片文件。每封邮件的跟踪图片文件的文件名都不同，如第一期杂志图片文件名为 tracking201801.jpg，第二期杂志的跟踪图片文件名为 tracking.2001802.jpg。当用户打开邮件时，邮件客户端就会调用位于网站服务器上的这个跟踪图片文件。从服务器日志中记录的这个图片文件被调用的次数就可以知道相应邮件的被阅读次数。

和网站访问一样，这个文件调用还可以分为独立 IP 调用次数以及总调用次数。每一个独立 IP 代表一个用户，独立 IP 调用次数除以发送邮件总数，就是比较准确的邮件阅读率。追踪图片文件总调阅次数往往会更高，因为同一个用户可能多次打开这个邮件，邮件打开率或阅读率才真正代表邮件信息展现在用户面前的比例。

当然，如果更仔细分析，这样得出的邮件打开率也还并不一定能代表用户真的认真阅读了邮件内容。很有可能用户打开邮件，只看了很短时间就去看另外一个邮件了。用户真正仔细阅读邮件内容的次数是无法计算的。另外一个不精确的地方是，如果用户选择订阅纯文本格式邮件，或者他的邮件客户端因为某种原因只能显示成纯文字版本，这样的阅读次数从技术上没有办法进行统计。目前所有的邮件客户端以及免费 Web 邮件都支持 HTML 邮件，除非用户特意设置成只阅读纯文字版本。

5. 链接点击率

在每一封邮件中营销人员都不可避免地会适当推广自己的产品或服务，形式就是提供一个指向自己相应网页的链接，吸引用户点击链接产生销售。不过营销邮件中的链接不能是普通的 URL（统一资源定位器）。如果在邮件中加入普通的 URL，营销人员将无法把来自电子邮件的点击与直接在地址栏输入 URL，或从浏览器书签访问网站区别开。在网站量统计中，这些访问都是没有来路的，都被算作直接流量。正确的方法是在每一期电子邮件中的营销链接都给予一个特定的跟踪代码。这样，服务器日志文件以及邮件营销系统都可以鉴别这些点击是来自电子邮件，也可以区别出是来自哪一期电子邮件。这些点击 URL 整合在电子邮件营销系统程序中，由程序自动计算被点击次数，生成相应的点击率。

如果电子邮件营销系统不具备点击统计功能，站长可以在服务器端人工设定 URL 转向，然后通过网站流量统计系统计算访问次数和点击率。电子邮件点击率是更为精准的测量电子邮件营销效果的指标，表明用户不但看了邮件，而且对所推广的产品产生了兴趣。

6. 直接销售率

最有效的电子邮件营销是要产生销售。要统计从电子邮件产生的具体销售数据，就需要综合运用链接点击统计和联署计划。简单说，每一期电子邮件的所有链接，都给予一个特定的联署计划 ID，这样，凡是电子邮件带来的销售数字都会被联署计划程序准确记录。这里要强调的是，通过这种方式统计实际销售数字是非常强有力的电子邮件营销效果监测手段。它能告知营销者电子邮件营销带来的实际销售金额和利润率。各种营销活动，无论是吸引眼球提高点击访问，还是宣传品牌，其宗旨都无非是产生销售。借助联署计划程序的灵活运用，电子邮件营销也可以精确统计投资回报率。

联署计划营销

联署计划营销是一种按效果付费的网站广告方式。某网站为自己的产品设置一个联署计划程序,其他站长可以参加这个联署计划,或者参加这个网站联盟。参加联盟的站长会得到一个联盟网站链接,站长把这个代码放在自己的网站上,或通过其他形式推广这个联署计划链接。访问者通过联署计划链接来到这个商业网站后,购买的任何东西所产生的销售额,站长都将得到一份佣金。

二、电子邮件营销的有效性分析

内部列表电子邮件营销的有效性主要表现在:稳定的后台技术保证,获得尽可能多的用户加入列表,保持电子邮件营销资源稳定增加,信息送达率高,尽可能减少退信,邮件内容获得认可,有较高的阅读率,邮件格式获得用户认可,获得用户信任并产生高的回应率,在企业品牌、顾客关系、顾客服务、产品推广、市场调研等方面发挥作用。

外部列表电子邮件营销的有效性主要表现在:邮件可以送到尽可能多的用户电子邮箱,反应率指标不低于行业平均水平,获得的直接收益大于投入的费用,达到期望目标。

单纯靠发邮件去赚钱的时代已经过去了,特别是大数据时代,很多数据很容易被收集、整理、分析。所以说,未来的电子邮件营销一定要和其他营销渠道相结合,电子邮件营销会成为数字营销中的一环,完成其他渠道不能完成的任务。

三、电子邮件营销效果的控制

影响电子邮件营销效果的因素有很多,不同的行业、不同的产品、不同的营销目的、不同的邮件内容和格式,以及不同的用户背景等都会对电子邮件营销效果产生影响。影响电子邮件营销有效性的主要因素有3个方面。

(1) 电子邮件营销的经营环境

涉及垃圾邮件泛滥、服务商屏蔽邮件、发送技术、服务商与经营者的关系、邮件接收服务器等方面。

(2) 电子邮件营销经营者

包括缺乏邮件地址资源、邮件内容不够个性化、不注重个人隐私保护和滥用许可权利等。

(3) 电子邮件信息接收者

包括用户使用电子邮件行为变化、对电子邮件营销不信任等。

在这些影响因素中,有些是经营者无法改变的,但有很多是可以自己控制的,或者在一定程度上可以控制的,例如,同样的用户资源、同样的邮件发送平台,但邮件的格式或者发送时间等差别就可能产生完全不同的最终效果。在具备了开展电子邮件营销的基础条件之后,操作技巧等细节问题往往成为影响电子邮件营销最终效果的主要因素。因此,无论开展哪种形式的电子邮件营销,除了了解其基本原理和操作方法之外,还需要进一步研究其规律。通过对电子邮件营销过程中影响效果的各种因素进行控制，是提高电子邮件营销整体效果的必由之路。

小　　结

（1）电子邮件营销（E-mail Direct Marketing，EDM）是利用电子邮件与受众客户进行商业交流的一种营销方式，是在用户事先许可的前提下，通过电子邮件的方式向目标用户传递价值信息的一种网络营销手段。

（2）电子邮件营销有三个基本因素：用户的许可、电子邮件传递信息、信息对用户有价值。

（3）电子邮件营销的三大基础条件：电子邮件营销的技术基础、用户的电子邮件地址资源、电子邮件营销的内容。

（4）电子邮件营销的主要特点：传播快、范围广、操作简单、效率高、成本低、应用范围广、针对性强、反馈率高。

（5）电子邮件营销的主要作用：提升品牌形象、产品推广或销售、维护客户关系、顾客服务、网站推广、资源合作、市场调研。

（6）开展电子邮件营销的几个主要步骤：制订电子邮件营销计划；针对内部和外部邮件列表分别设计邮件内容；根据计划向潜在用户发送电子邮件信息；对电子邮件营销活动的效果进行分析总结。

（7）电子邮件营销注意要点：信息的价值大小、信息的分享渠道是否通畅、传递的信息是否能够建立情感联系、传递的信息能否强化品牌形象。

（8）电子邮件营销的评价指标：邮件列表注册转化率、退订率、邮件送达率、邮件打开率、链接点击率、直接销售率。

 实践案例

案例分析　　　　　　　**杰克·琼斯电子邮件营销**

这是一个具有独特大胆创意的推广活动，一个为时尚男士服装品牌杰克·琼斯带来广泛反响的推广活动。截至活动结束的时候，目标消费人群（男性，年龄介于22～30岁之间，居住在北京）中有47%打开了杰克·琼斯的推广信息邮件。比点击率更有说服力的是，数百名消费者对邮件的回应是实地前往了指定的专卖店，并实现了购买。

杰克·琼斯是怎样通过使用基于许可的电子邮件这个媒体实现品牌推广以及带来回应的呢？这和邮件的标题有着莫大的关系。

一、测试邮件标题

在活动正式开始之前15天，发出的第一封HTML格式邮件的标题是"跟女人没有关系"。就是这封邮件，在活动期间、在目标消费群中带来了高达47%的点击率，高居点击率榜首。

二、邮件创意

一打开邮件，闯入大家眼帘的是一个叫Larry的人的光光的后脑勺。脑袋旁边的文

字注解是:"嗨,哥们儿!不用剃光头,你也可以像我那么酷!我回头告诉你!"结果有6000个人想知道答案。

点击后出现的下一个画面上,Larry转过头来,向消费者们讲解了有关活动的详情,告诉他们可以在指定的时间和专卖店找到他,并享受一个特别优惠的价格。此外,为了更好地达到跟踪的目的,杰克·琼斯在活动中还设立了一个密码,只要每个到现场的消费者说出"杰克·琼斯"就算通过。然后,杰克·琼斯还在邮件里面设立了一个传递邮件的功能,使用户可以将邮件和有共同兴趣的朋友分享。有超过600人传递给了朋友。

三、提醒邮件

为了可以尽善尽美地发挥电子邮件这个媒体的优势,杰克·琼斯希望可以再次接触表示出兴趣的用户。活动开始前3天,向曾经打开过第一封邮件的用户发出第二封邮件。这次的创意还是沿用了上封邮件的Larry的光头,但这次他只是从邮件页面走过,好像在催促大家见面时间快到了。千万不要错过这个机会啊!

四、线下活动内容

在活动当天,当Larry比预定提前1个小时到达现场的时候,就已经有慕名前来的用户守候在那里了。在接下来的3个小时里,Larry亲身见证了消费者是如何对一封设计合理,基于许可的HTML格式的邮件做出回应的,他一直都在应接不暇地接待着他们。在这3个小时里,杰克·琼斯平均每2分钟售出一件POLO衬衣。

毫无疑问,使得本次活动大获成功的一个最重要因素就是活动开始前的邮件发送测试。很多公司就是因为缺少耐心或远见,而忽略了这样一个简单的多元素测试。如果他们给没有打开第一封邮件的用户也发了第二封邮件,看看是否有助于提高点击率和最终销售额,应该挺有意思的。整体来讲,这是一个令人印象深刻,经过深思熟虑的推广策划,同时还有强大的创意及明确的策略支持。

业务操作

1. 分析杰克·琼斯电子邮件营销成功的要点有哪些?
2. 杰克·琼斯是怎样通过电子邮件营销实现品牌推广的?
3. 通过电子邮件营销,杰克·琼斯获得了哪些营销效果?

一、单项选择题

1. 电子邮件营销的缩写是( )。
   A. EDM　　　　B. EBM　　　　C. MEB　　　　D. MBE
2. ( )是利用电子邮件与受众客户进行商业交流的一种营销方式,是在用户事先许可的前提下,通过电子邮件的方式向目标用户传递价值信息的一种网络营销手段。
   A. 电子邮件　　B. 电子邮件营销　　C. 微博营销　　D. 联盟计划营销
3. 电子邮件营销的基本因素是( )。
   a 用户的许可　　b 电子邮件传递信息　　c 信息对用户有价值
   A. abc　　　　B. ab　　　　C. bc　　　　D. ac

4. 电子邮件营销的基础条件是（　　）。
   a 电子邮件营销的技术基础　b 用户的电子邮件地址资源　c 电子邮件营销的内容
   A. ac　　　　　　B. ab　　　　　　C. bc　　　　　　D. abc
5. （　　）是完成电子杂志注册人数与访问网站的独立 IP 人数之比。
   A. 邮件列表注册转化率　　　　　B. 邮件送达率
   C. 邮件打开率　　　　　　　　　D. 链接点击率

二、判断题

1. 电子邮件的制作内容可以涉及客户隐私，比如年龄，礼品价值等。（　　）
2. 最有效的电子邮件营销是要产生销售。（　　）
3. 抽样试销是正式促销开始前的最后一步准备工作，其目的是为建立促销预测模型提供基本数据，检验客户分类的准确性。（　　）
4. 通常电子商务网站销售转化率在 1% 左右属于正常。邮件列表或电子杂志的转化率应该更高，达到 5%～15% 都属正常。（　　）
5. 以发送邮件总数（通常就是数据库中的订户总数）减去接收到的退还邮件数目，就是送达的邮件数。（　　）

三、简答题

1. 开展电子邮件营销有哪些主要步骤？
2. 电子邮件营销的主要作用有哪些？
3. 电子邮件营销注意要点是什么？
4. 电子邮件营销的评价指标有哪些？
5. 电子邮件营销的特点有哪些？

项目六　网络广告营销

 知识目标

- ◆ 掌握网络广告的概念和特点
- ◆ 理解网络广告的类型
- ◆ 理解网络广告的投放和计费模式
- ◆ 掌握网络广告数据的检测方法

 能力目标

- ◆ 能够根据产品或企业的特点选择适合的网络广告策略
- ◆ 能够根据产品特点选择合适的网络广告发布方式
- ◆ 能够在投放广告后检测数据测评网络广告的效果

 重点难点

- ◆ 结合产品特点和企业现状选择合适的网络广告策略

 任务引入

汉堡王一直致力于和广大社交媒体上的用户互动,吸引他们的注意。西班牙汉堡王在 Instagram Stories 上传了9段小广告,每个故事都是一次"民意调查"。通过互动的方式让消费者选择他们喜欢的口味,比如想要几片肉,多少生菜,是否加西红柿,要哪种酱料等。调查完成之后,参与者可以得到一张优惠券,在有限的时间里到汉堡王门店里兑换经过票选出来的定制皇堡。这场营销活动由西班牙广告公司 LOLA MullenLowe 设计。在几小时之内,吸引了超过 4.5 万用户参与,产生 27 万次互动,超过 3 万张优惠券在 3 小时内就被一抢而空。通过这次活动不仅吸引了广大网民的注意,并且可以了解西班牙人偏爱的口味:加芝士的双层肉饼(90%得票率)、培根(84%得票率)、番茄酱(81%得票率)、蛋黄酱(76%得票率)、生菜(75%得票率)、洋葱(57%得票率)、西红柿(57%得票率),没有腌的泡菜(这是当地最不受欢迎的配料)。这款被票选出来的汉堡在限定时间里在西班牙各汉堡王门店里供应。

这种利用网络作为载体的并且形式新颖可以与受众互动的广告形式,就是本项目要学习的网络广告。

任务一 网络广告的特点和形式

一、网络广告的含义

广告是通过一定的传播媒介向受众传达特定信息的活动。与电视、报纸广告一样,网络广告只是广告的一种形式,它与其他广告形式的区别是传播媒介的不同。网络广告是指在互联网站点上发布的以数字代码为载体的经营性广告。

网络广告的传播内容是通过数字技术进行艺术加工和处理的信息,广告主通过互联网传播广告信息,使广告受众对其产品、服务或观念等认同和接受,并诱导受众的兴趣和行为,以达到推销产品、服务和观念的目的。

网络广告自20世纪90年代起步以来,就一直呈现高速增长的态势。网络已成为目前全球第二大的广告媒体,市场份额从2000年的7%上升到了2016年的33.8%。虽然以PC为传播载体的传统互联网广告依然是网络广告的主体,但在未来几年内,以智能手机为主要传播媒介的移动互联网广告将是网络广告增长的主要动力,广告主的投放预算在以更快的速度向移动端转移。

我国网络广告的发展速度更为迅猛,根据中国互联网中心(CNNIC)统计,2017年中国网络广告市场规模为2957亿元,在2016年基础上增长28.8%,网络广告市场结构趋于稳定。中国网络广告市场发展不断成熟,其规模自2010年开始迅速增长,虽然近几年增速有所放缓,但仍保持高位,如图6-1所示。根据艾瑞咨询2016年度中国网络广告核心数据显示,预计至2019年整体规模有望突破6000亿元。

图6-1 2010~2017年我国网络广告市场规模和增长率(单位:亿元)

2015年我国移动广告市场规模达到901.3亿元,同比增长率高达178.3%,发展势头十分强劲。移动广告的整体市场增速远远高于网络广告市场增速。根据艾瑞咨询的预计,到

2019年中国移动广告市场规模将接近5000亿元，在网络广告市场的渗透率近80%。

网络广告的起源

网络广告发源于美国。1994年10月27日是网络广告史上的里程碑，美国著名的Hotwired杂志推出了网络版的Hotwired，并首次在网站上推出了网络广告，这立即吸引了AT&T等14个客户在其主页上发布Banner广告（旗帜广告），这标志着网络广告的正式诞生。

中国第一个商业性的网络广告出现在1997年3月，Intel和IBM是国内最早在互联网上投放广告的广告主，传播网站是Chinabyte，广告表现形式为468×60像素的动画旗帜广告，IBM为AS400的网络广告宣传支付了3000美元。

二、网络广告的特点

（一）网络广告的要素

与传统广告相同，网络广告也具备了广告主、广告信息、广告媒介、广告受众和广告效果五大要素。

1. 广告主

广告主指发布网络广告的企业、单位或个人。任何人都可以自行上网或通过他人在网上发布各类广告。

2. 广告信息

广告信息指网络广告的具体内容，即广告主要传达的具体的商品或服务信息。它可能是很多文字，也可能只是一句话或一个旗帜广告、一个图标。网络广告的信息是通过互联网发布的，其形式包括文字、图形图像、动画以及声音。网络广告信息更新快，在声像的保真度及感染力等方面日趋成熟，信息容量大并且可附带易于检索的超链接功能。

3. 广告媒介

广告媒介即传递广告信息的载体，就网络广告而言，广告媒介就是网络。如因特网和万维网等。

4. 广告受众

广告受众即网络广告针对的广告对象，通常为广告信息的接收者。所有在网上活动的人，都可能是网络广告的广告对象。

5. 广告效果

广告效果即一个特定时期内的广告所取得的结果，以及其与预先目标的距离。广告的最终效果是评估广告成功与否的关键。

（二）网络广告的特点

与传统广告相比较，网络广告有以下几个特点。

1. 覆盖面广

从时间上来说，网络广告制作周期短，可以通过互联网把广告信息全天候、24小时不间断地传播。从空间上来说，网络广告突破了空间限制，自由度大。相比平面或者电视广告，网络广告可以轻易地传播到世界各地。网民在任何时间任何地点，只要登录相关页面，就能浏览广告信息，并与广告主进行有效沟通。从内容形式上来说，网络广告的表现形式包括动态影像、文字、声音、图像、表格、动画、三维空间、虚拟现实等，可以根据广告创意需要进行任意的组合创作，从而有助于最大限度地调动各种艺术表现手段，制作出形式多样、生动活泼且能够激发消费者购买欲望的广告。

2. 针对性强

传统的平面广告，例如广告牌、报纸广告、杂志广告、电视广告、广播广告都有一定的强迫性，要千方百计地吸引受众的视觉和听觉，把广告信息强行灌输到目标受众脑中。网络广告可以选择特定的网站发布，而不同的网站有不同的访问群体。广告主可以针对目标受众的特点和兴趣设计广告信息、广告形式和广告表现。网民也可以根据自己的需求自由查询，避免无效的信息。

3. 实时性和快速性强

互联网快速的信息传播功能使以互联网为媒体的网络广告具有较强的实时性和快速性。在传统媒体上发布广告后，短时间内是很难修改的，即使可改动也要付出一定的资金和时间。而在互联网上投放的广告可以根据需要及时变更广告内容，因此经营策略的调整可以及时实施。

4. 统计准确性高

利用互联网，网络广告商可以准确跟踪并衡量广告效果。利用传统媒体做广告，需要准确地知道有多少人接收到了广告信息。以户外广告为例，虽然可以大概知道投放地的人流量是多少，但是无法准确统计看到此广告的人数，只能做一些推测。但是网络广告商通过监视广告的点击率和浏览量，不仅能够精确地统计广告的传播情况，还可以知道哪些用户产生兴趣后进一步点击广告以及他们的时间和地域分布，使广告主有条件及时跟踪和了解广告受众的反应，分析用户和潜在用户的需求。

5. 交互性强

互联网广告信息传播是互动的，其载体基本上是多媒体、超文本格式文件，网民可以主动获取他们认为有用的信息。只要网民轻按鼠标，就可以进一步了解更多更为详细生动的信息。广告主也能随时得到用户的反馈信息，并与网民进行在线交流。

6. 投放形式灵活多样

多媒体是网络广告的一大特点，网络广告可以将文字、图像、声音、三维空间、虚拟视觉等有机地组合在一起，实现多形式灵活投放，以提高广告的传播效果。

（三）网络广告的缺点

互联网作为现代信息传播的主要媒介，尽管具有以上提到的针对性、实时性和交互性强等特点，但目前仍然难以取代传统媒体。因为以互联网为媒体的网络广告也存在以下明显的不足。

1. 网络广告相互干扰性强

在一个网页中同时显示多种形式的网络广告，广告信息之间的干扰性强，并且互联网上广告信息繁杂，只有通过网民积极主动地筛选接收，才能体现出它们的价值。

2. 广告的重复性差

与传统媒体那种通过不断重复广告信息，引起受众注意的广告发布方式相比，网络广告难以通过重复来提高传播效果。尽管弹出式广告能引起受众的注意，但也极易引起网民的反感。在浏览网页时，网民很少会单击弹出式广告，而是会习惯性地关闭弹出式广告。

3. 网络广告的可信度低

与报纸、电视、广播等传统媒体相比，网络的虚拟性大大降低了其作为媒体的可信度，也使网络广告成为可信度较低的广告形式。

4. 网络技术对网络广告的过滤

网民为了减小网络广告产生的干扰，可通过技术手段过滤网页中的广告。目前，一些主流的互联网浏览器都有这种功能，用户通过相关设置即可达到过滤弹出式广告和浮动广告等目的。

三、网络广告的形式

随着网络信息技术的发展，网络广告的形式也越来越多，常见的网络广告形式有以下几种。

1. 旗帜广告

旗帜广告是 Web 网页最常见的广告形式，主要以 GIF、JPG 等格式建立图像文件，大小一般不超过 12KB，最常用的是以横向的方式（全幅）出现在网页顶部或底部，所以也被形象地称为横幅广告，如图 6-2 所示。也有纵向出现在网页左右两侧的广告（直幅）。

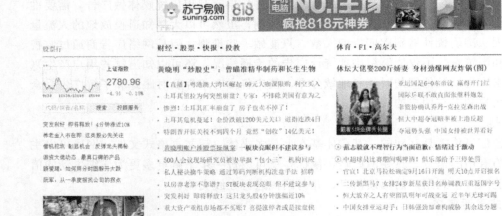

图 6-2 网页中的旗帜广告

随着网络技术的发展，旗帜广告在制作上经历了静态、动态以及丰富媒体旗帜广告的演变过程。这种广告通常都有超级链接，经过鼠标单击，浏览者可以进入公司的主页。可以把旗帜广告分成三类：静态、动态和交互式。

（1）静态

静态的旗帜广告就是在网页上显示一副固定的广告图片。它的优点是制作简单，缺点是不够生动，有些呆板和枯燥。事实也证明静态广告的点击率比动态和交互式广告的点击率低。

（2）动态

动态的旗帜广告拥有各种动态元素，或移动，或闪烁。它们通常采用 GIF 动态图片格式或 Flash 动画格式，通过丰富多彩的动态图像，可以传递给受众更多信息，加深浏览者的印象，它们的点击率比静态的高。动态广告在制作上并不比静态广告复杂多少，而且尺寸也比较小，所以是目前最主要的网络广告形式。

（3）交互式

不管是静态广告还是动态广告，都还停留在让用户被动接受的阶段。而互联网媒体相对于传统媒体最大的优势是互动，所以更能吸引浏览者的交互式广告便应运而生了。交互式广告的形式多样，如游戏、回答问题、填写表格等，这类广告不是让用户简单地看广告，还需要他们参与到广告中来。这种广告比其他广告包含更多的内容，可以让用户在参与的过程中对企业与产品产生更深刻的认识和了解。

2. 按钮广告

按钮广告是从旗帜广告演变而来的一种网络广告形式，通常是一个链接着公司主页或站点的公司标志（Logo），一般面积较小且有不同的大小与版面位置可以选择，如图 6-3 所示。按钮广告的缺点在于其被动性和有限性，它要求浏览者主动单击才能了解到有关企业或产品的更为详尽的信息。如果网民不选择单击，则信息不会被接收。

图 6-3　网页中的按钮广告

3. 文本链接广告

文本链接广告是一种对浏览者干扰较少、效果较好的网络广告模式。文本链接广告位置的安排非常灵活，可以出现在页面的任何位置，可以竖排也可以横排，每一行就是一个广告，单击每一行都可以进入相应的广告页面。文本链接广告的优点是对用户阅读网站造成的影响较小，可以吸引有兴趣有需求的用户。缺点是很难对用户造成强烈的直观吸引力。新浪网首页的文本链接广告如图 6-4 所示。

4. 电子邮件广告

电子邮件广告针对性强、费用低、内容不受限制。电子邮件广告一般采用文本格式或者 HTML 格式。文本格式广告通常是把一段文字广告信息放在新闻邮件或经许可的电子邮件中，或设置一个 URL，链接到公司主页或提供产品和服务的特定页面。HTML 格式的电子邮件广告可以插入图片，和网页上的旗帜广告基本相同。例如我们在网上购物后，会收到来自购物网站的推送邮件，网易邮箱中的电子邮件广告如图 6-5 所示。

图 6-4　新浪网首页的文本链接广告

图 6-5　网易邮箱中的电子邮件广告

5. 插播式广告和弹出式广告

插播式广告是在两个网页切换的中间间隙显示的广告，也称为过渡广告。插播式广告有各种尺寸，有全屏的也有小窗口的，有静态的也有动态的，互动的程度也不同。浏览者可以通过关闭窗口不显示广告。

弹出式广告是在已经显示内容的网页上出现的，具有独立广告内容的窗口，一般在网页内容下载完成后弹出广告窗口，直接影响访问者浏览网页内容，因而会引起受众的注意。弹出式广告的另一种形式是隐藏弹出广告，即广告信息是隐藏在网页内容下面的，网页打开时不会立即弹出，当关闭网页窗口或对窗口进行操作时，广告才会弹出。弹出式广告的优点是可以引起受众的注意，插播式广告和弹出式广告共同的缺点是可能引起浏览者的反感。为此，许多网站都限制了弹出窗口广告的规格，以免影响访问者的正常浏览。

6. 视频广告

视频广告是随着网络视频的发展而新兴的广告形式。其表现手法与传统电视广告类似，都是在正常的视频节目中插入广告片段。比如在节目开始或是节目结束后播放视频广告。视频广告包括视频分享、宽频影视、P2P流媒体等视频网站发布的广告。其形式主要有以下几种。

（1）视频分享网站广告与宽频影视广告

视频分享在运营方式上以网站形式为主，在视频长度上以短片片段居多，在视频内容上以用户自创制作为主。宽频影视在运营方式上以网站形式为主，在视频长度上长片短片内容都有，在视频内容上有影视剧、动漫和新闻资讯。两者的视频广告形式基本一致，仅是网站运营的内容不同，其表现形式如下。

① 视频贴片广告。视频贴片广告是一种视频区域内的广告形式，与视频内容是不同步的，播放广告时，视频内容就要停下，在播放视频内容时，广告就不会出现。视频贴片广告一般分为前、中、后三种贴片形式。前贴片是指在视频内容播放前的缓冲时间内播放的广告；中贴片是指在视频内容播放过程中，在缓冲等待中播放的广告；后贴片是指在视频内容播放完毕后播放的广告。视频网站上的视频贴片广告如图6-6所示。

图6-6　视频网站上的视频贴片广告

② 视频区外的图文广告。视频区外的图文广告是一种视频区域外的广告形式，与视频内容是同步、不冲突的。播放视频内容时，广告会在视频周围继续展示。

③ 视频植入式广告。视频植入式广告是一种视频区域内的广告形式，可能视频内容本身即是广告，也可能是视频内容中自然夹杂着广告元素。例如锐澳鸡尾酒为了针对年轻的目标受众，赞助了很多青春影视剧，所以观众在观看剧情时，就会被动接受在各种场景里出现的锐澳鸡尾酒。

④ 视频浮层广告。视频浮层广告是一种视频区域内的广告形式，广告与视频内容可以同步进行，通过技术手段，在播放视频内容的同时，加上一层视频浮层，来同步播放广告。

（2）P2P流媒体广告

P2P流媒体在运营方式上以软件形式为主，在视频长度上以完整长片居多，在视频内容上以影视剧、体育、综艺为主。

7. 搜索引擎广告

搜索引擎广告是指通过向搜索引擎服务提供商支付费用，在用户进行相关主题词搜索时，在结果页面的显著位置上显示广告内容的一种广告方式，具体形式包括搜索引擎排名、搜索引擎赞助、内容关联广告等。

8. 赞助式广告

赞助式广告不仅是一种网络广告形式，还是一种广告传播方式，它可以是旗帜广告形式中的任何一种。常见的赞助式广告包括以下几种。

（1）内容赞助式广告

通过广告与网页内容相结合，向网民传播广告信息；

（2）节目/栏目赞助式广告

结合特定专栏/节目发布相关广告信息，例如一些网站上常见的"旅游文化""软件天地""奥运专题"等；

（3）节日赞助广告

结合特定节日刊播的广告，例如"3.15"宣传等。

9. 联盟广告

联盟广告通常指网络广告联盟的广告。1996年亚马逊通过这种方式，为数以万计的网站提供了额外的收入来源，并成为中小网站主的主要生存方式。网站主通过广告联盟平台选择合适的广告主接到订单并通过播放广告提高收益。节约了大量的网络广告销售费用，轻松地把网站访问量变成收益。广告主按照网络广告的实际效果，如销售额向网站主支付合理的广告费用，节约营销开支，提高知名度，扩大企业产品的影响，提高营销质量。

广告联盟是提供了一个平台让广告主和广告网站相互配对。广告联盟用自身形象和实力去吸引广告主在其平台上投放广告，然后吸引网站主注册成为其会员，然后在会员站上投放广告代码。目前，信誉较好的广告联盟有百度广告联盟、阿里妈妈联盟等。根据网络广告联盟的平台性质可分为以下3类联盟。

（1）搜索竞价联盟

搜索竞价联盟是指以搜索引擎应用为核心的广告联盟，联盟的组织者为搜索引擎服务商，主要以CPC（平均点击消耗）支付给加盟网站一定比例的分成费用，即每次用户点击之后，网站将获得一定的收入。这类联盟往往是由搜索引擎公司发起成立的，例如百度、雅虎、搜狗等。

（2）电子商务网络广告联盟

以电子商务广告主为主的广告联盟，联盟的付费方式以CPS（每销售成本）为主，即以实际销售产品数量来计算广告费用，网络广告主按点击之后产生的实际销售笔数付给广告站点销售提成费用，如易购网等。

（3）综合网络广告联盟

综合网络广告联盟是通过聚集中小站点资源，以综合付费形式为依托联盟平台的广告联盟，有自身的广告资源也兼营网络广告分销业务，如阿里妈妈、智易营销、亿起发、黑马帮等。综合付费形式主要有CPM（每千人成本）、CPC（平均点击消耗）、CPA（每次行动成本），即分别按照平均每一千人接收到某广告一次的广告成本、平均每个用户点击的费用、广告投放实际效果来收费。

10. 在线互动游戏广告

随着电脑游戏及手机游戏的普及，在线互动游戏作为新型的娱乐休闲方式受到越来越多网民的欢迎。娱乐性强的在线游戏对于许多网民有很大的吸引力，在线互动的同时还可以提高网民对品牌的记忆点。

在线互动游戏广告是新型的网络广告形式,它被预先设计在网上的互动游戏中。在一段页面游戏开始、中间、结束的时候,广告可能随时出现,广告商还可以根据广告主的要求,定制与广告主产品相关的互动游戏广告。人们在一个接近真实的环境里看到真实的产品与品牌可以加深对其的印象。

因传统网络广告形式呆板,无法吸引网民的注意,因而新型网络广告形式便不断应运而生。我国网络广告形式除了以上所述外,还有不少创新的形式,如网上流媒体广告、网上声音广告、QQ上线弹出广告、QQ对话框旗帜广告等,在文字、图片、音频乃至视频上的表现形式各具特色,表现出充分的生动性和多样性。富媒体、流媒体、虚拟现实建模语言(Virtual Reality Modeling Language,VRML)等网络视频技术的发展,为网络广告技术的发展提供了技术上的保障。随着互联网技术的发展及宽带技术水平的提高,网络广告的表现形式也将越来越丰富。

任务二　网络广告的投放

一、确定广告目标

想做好一件事,首先要定一个明确的目标。广告投放也不例外,想高效投放广告,首先要确定广告目标。

(一)广告目标

广告目标是在一定期限内,针对特定目标对象而设定的一项具体的沟通任务。广告的目标可以根据告知、劝说和提醒等目的来分类。首先弄清楚广告的目的是什么,才能知道要确立怎样的广告目标。每种广告可能的广告目标如表6-1所示。

表6-1　可能的广告目标

告知性广告	
沟通顾客价值	揭示一种产品的新用途
建立品牌和企业形象	通知市场价格变动
告知市场有新产品出现	描述所能提供的服务
介绍产品功能	更正错误的印象
劝说性广告	
树立品牌偏好	劝说顾客立即购买
劝说顾客接受推销访问	说服顾客向他人介绍本公司品牌
比较性广告	
突出自身品牌形象	彰显产品或服务的优势
改变顾客对产品价值的感知	鼓励消费者改用本公司品牌
提醒性广告	
维持顾客关系	提醒顾客购买的地点
提醒顾客可能不久会用到此产品	在产品的淡季使顾客仍记得该品牌

1. 告知性广告的目标

告知性广告（Informative Advertising）主要用于新产品的导入时期，目标是建立基本需求。因此，手机的早期制造商首先告知消费者该新产品的通信功能和便携性。

2. 劝说性广告的目标

随着竞争的加剧，劝说性广告（Persuasive Advertising）变得越加重要，其目标是建立选择性需求。例如，当手机的优点被广泛认可之后，诺基亚公司开始试着劝说消费者，其品牌能在相同价位下提供最轻便附加功能更多的手机。

3. 比较性广告的目标

一些劝说性广告已经变成了比较性广告（Comparative Advertising），公司直接或间接地与一个或几个其他品牌作比较。特别是针对一些无差异的商品，因为产品自身的无差异性，所以想要吸引消费者，必须在消费者心中留下与其他类似产品不同的形象。比较性广告应用的范围很广，从软饮料、食品、洗涤用品到计算机、手机、汽车租赁和信用卡。例如，在经典的比较性广告运动中，在 iPhone5 发布之后，三星在最新的平面广告中用左右栏方式对比了三星 Galaxy S3 和 iPhone5 的功能参数，而 Galaxy S3 的功能参数列表俨然长过 iPhone5 许多。广告主题是"无需天才，即刻拥有"，广告下方依旧是三星此前用过的广告语"The Next Big Things Is Already Here!（下一个伟大的产品已经在这里了）"，意在突出三星 Galaxy S3 才是时代最前沿的产品。

几乎在所有的产品类别中都能看到比较性广告。例如，苹果公司以往的 Mac vs. PC 广告，对使用视窗界面的竞争对手进行挑战。而在 2005 年，苹果推出新款 Mac 操作系统，当时的发布会现场就悬挂着这样的横幅："微软，赶快启动你的复印机吧！" Get A Mac 系列比较广告始于 2006 年，是苹果在旗下电脑产品中采用 Intel 处理器之后发起的一系列与微软 Windows PC 的对比广告。这些广告用一名朝气蓬勃的青年代表 Mac，而用臃肿迟钝的中年男子代表搭载 Windows 操作系统的 PC 电脑，通过两人之间幽默的对话突出旗下 Mac 电脑产品在安全性、稳定性、办公套件优势等诸多方面相对于 Windows PC 的各种优势。微软发布 Vista 操作系统时，苹果公司广告抓住了 Vista 版本众多消费者选择困难的缺陷，代表 PC 的中年男子正在 Vista 的六个版本中举棋不定，抱怨贵的版本功能过剩而便宜版本功能不全，试图通过一个转盘来随机决定自己应该购买的版本。代表 Mac 的青年则趁机告诉他 Mac OS X 只有一个版本且能满足用户的一切需求。最后的结尾颇为幽默，PC 男转动了转盘，转盘却并没有停在任何一个版本上，而停在了"输掉一局"。使用比较性广告必须谨慎，此类广告往往会激起竞争对手的反击，结果导致广告战，或是引起消费者的反感。

4. 提醒性广告的目标

提醒性广告（Reminder Advertising）在产品成熟阶段很重要，它帮助维持顾客关系，并且使消费者一直记住该产品。耗资巨大的可口可乐电视广告并非要告知或劝说顾客立即购买，而是为了建立并维持可口可乐的品牌关系。

一些广告的目的是帮助消费者做出对企业有利的购买决策。广告设计旨在让消费者立即采取行动。例如，很多广告强调在近期产品降价，有很多的优惠，提供订购电话，旨在鼓励大众现在就去购买。然而，许多其他广告的重点是建立顾客的品牌偏好或是改变对产品价值的感知。比如，知名的运动员身着耐克的运动装备克服极端挑战的耐克电视广告，从来不直接要求购买。正相反，其广告的目的是在一定程度上改变顾客考虑和感受耐克品牌的方式。

项目六　网络广告营销

(二) 确定广告目标的原则

广告目标的作用是通过信息沟通使消费者产生对品牌的认识、情感、态度和行为的变化，从而实现企业的销售目标。首先在产品服务的不同生命周期阶段，企业的营销目标不同，广告目标也不同。例如在产品的成长期，企业的目标是把市场做大，广告目标是提高顾客对产品和服务的认识和了解，广告内容则以产品信息为主。而到了产品的成熟期，企业的目标更多是要建立消费者的忠诚度，维系顾客关系。

在不同的市场状况下，广告的目标也不相同。例如，在缺少同类产品的市场中，应当强调产品的性能，而在与其他品牌产品无差异的情况下则应突出品牌优势。确定广告目标要综合考虑很多因素，但就制订网络广告目标而言，除了上述的各种因素还应遵循以下2个原则。

1. 目标是可以达成的

企业在设定广告目标时必须结合自身情况和市场环境，否则将无法达成目标。比如一个新上线的网站，在没有任何资源和优势的情况下，仅投资五六千元的广告就想达到几十万IP访问量是肯定不可能的。

2. 目标是可以量化的

目标具体要达到什么量级，100万还是1000万？实现目标的时间是多久，3个月还是5个月？如果周期过长，还应制订详细的阶段目标。总之，目标分得越细越好，最好细到每一周每一天，意味着考虑得越周全，目标就更容易达成。

 提醒您

基于"受众购买"的网络广告将受到广告主的重视

艾瑞用户调研结果显示，2013年中国网民最希望未来网络广告改进的主要方面为"和用户相关度更高""体验式"与"互动式更强"。其中"和用户相关度更高"是最主要的方面，占比为33.6%，高于"体验式"与"互动式更强"占比的21%与17.3%。

艾瑞分析认为，网民在广告接受态度理性的情况下，希望能够看到与自身需求相关的广告。以受众为核心的网络广告能精准定位用户需求，提升用户体验和广告效果。随着精准投放和受众营销等概念的市场接受程度不断提升，实时竞价和受众购买的DSP企业逐渐被市场认可，基于受众购买的网络广告将日益受到广告主的重视。

二、确定广告预算

广告预算是实施广告活动，达到广告目标的资金保障。确定网络广告预算要根据目标市场情况及企业所要达到的广告目标来确定，既要有足够的力度，也要以够用为度。在决定广告预算时，我们首先要了解网络广告的计费方式，再结合单目标成本和目标市场选择最合适的方案。

(一) 网络广告的计费模式

1. 包月

这是传统的广告付费方式，在固定的广告位投放广告，按月计费（也有按周或按天）。

包月广告的费用固定，便于控制预算，但是效果却难有保证。

2. CPM（每千人成本）

CPM（Cost Per Mille，每千人成本）即指广告显示1000次所应付的费用。它所反映的定价原则是：按显示次数给广告定价。这种定价思路与传统广告中的定价思路源出一脉，传统媒介多采用这种计价方式。如果一个广告横幅的单价是1元/CPM，则意味着每1000人次看到这个广告就收1元，以此类推，10000人次观看就是10元。至于每CPM的收费究竟是多少，要根据以主页的热门程度（即浏览人数）划分价格等级，采取固定费率。通常新浪、网易等网站大部分网页广告均采用计次方式收费，这是典型的CPM广告形式。

3. CPC（平均点击消耗）

CPC（Cost Per Click，平均点击消耗）即按照广告的单击次数计算，如果没有人单击广告，则不需要付费。在这种模式下最常见的广告形式是关键字广告，为广告主带来最有价值的访问人群。

CPC广告对于广告主非常有利，但是不少网站主却觉得不公平。他们认为，虽然浏览者没有单击广告，但是他们已经看到了广告，对于这些看到广告却没有单击的流量来说，网站成了白忙活。所以有很多网站不愿意做这样的广告。

4. CPA（每行动成本）

CPA（Cost Per Action，每行动成本）即按照实际有效的注册量或销售量来计费，而不限广告投放量。通常是用来推广注册类的产品，如网络游戏、交友网站等，当有用户通过单击广告成功注册后，广告主才支付费用。如百度广告联盟业务风行网络电影推广，投放在中小网站上，网民通过访问中小网站进行会员注册，下载安装风行电影软件，按有效用户付费，广告主支付1.2元/有效用户。

CPA模式在充分考虑广告主利益的同时却忽略了网站主的利益，遭到了越来越多的网站主抵制。网站主们普遍不愿意拿优质广告位投冷门产品的CPA广告，因为广告被单击后是否会触发网友的消费行为或者其他后续行为（如注册账号），最大的决定性因素不在于网站媒体，而在于该产品本身的众多因素（如该产品的受关注程度和性价比优势、企业的信誉程度等），以及网友对网上消费的接受状况等因素。所以越来越多的网站媒体在经过实践后拒绝CPA模式，CPA收费广告很难找到合适的媒体。

5. CPS（每销售成本）

CPS（Cost Per Sales，每销售成本）即按照广告单击之后产生的实际销售笔数付给广告站点销售提成费用。由于这种方式能够最大化地规避风险、提升效果，所以受到了广告主的热捧。这种模式尤其适合于产品销售。例如，淘宝客可以从淘宝客推广专区获取商品代码，任何买家经过此推广进入淘宝卖家店铺完成购买后，就可得到由卖家支付的佣金。阿里妈妈联盟借助淘宝网在国内网购市场的超大份额，服务超过20万家淘宝店，同时吸引超过30万的站长加盟，可以说是一个典型的CPS联盟广告平台。

除了以上5种常见的网络广告计费方式外，还有一些不常见的计费方式，如CPL（注册成本）、PPL（引导付费）等，在这里就不一一介绍了。

（二）广告预算

一个品牌的广告预算常常取决于它处于产品生命周期的哪阶段。例如，新产品通常需要较高的广告预算以建立知名度并争取消费者试用，处于成熟期的产品通常需要相对较低的广告预算。市场份额也会影响广告预算的需要量，低市场份额品牌的广告费用占销售额的比例通常很高,因为要有足够的投资才能抢占有限的市场份额。另外,在竞争者众多并且广告市场比较混乱的情况下,品牌必须做大量的广告才能在纷乱中吸引足够的注意。对于那些无差异的品牌,即与同一商品类别中的其他品牌极为相似、可以相互替代的产品,可能需要高额的广告费用提高消费者的购买欲望,例如可口可乐与百事可乐的广告就要投入大量预算使其看起来与对方不同。如果产品与竞争对手的差别很大时,可以用广告向消费者指出这些差异,例如日本的汽车企业会强调油耗小,德国的汽车企业会强调安全性。

影响广告预算的因素有很多,很多大公司已经建立了自己紧密的统计模型去计算广告预算。简单来说,单目标成本决定广告预算。我们首先要确定我们对市场的目标,例如,需要每月开发100位客户,如果每开发一个合理用户的费用是100元,那每个月的广告预算就应该是10000元。开发一个合理用户的费用就是单目标成本,具体要如何决定单目标成本呢?主要有以下方法。

1. 根据经验制订

如果以往尝试过网络营销,则可以根据以往的项目经验去合理制订。

2. 根据相关数据制订

很多行业会有相关的行业报告,通常在这些报告中会说明行业内的单目标成本。这些行业报告数据非常具有参考价值。如果找不到这样的数据,也可以向同行打听其他公司通过实践得出来的数据,更具有指导性。

3. 测试后制订

测试是获取数据最直接的方法,也最为直观。比如在正式投放前,选择10家相关媒体,进行小额度试投,然后根据广告效果算出平均成本,以此作为正式投放的依据。

4. 根据传统渠道的比例制订

如果以上3种方法都无法确定广告预算,那只能动用最后一招了。众所周知,网络广告要比传统广告省钱,而传统广告非常成熟,数据方面也非常齐全,所以可以根据传统广告的相关数据来制订。比如传统广告获得一个有效目标的成本是100元,那可以在这个数据的基础上除以4或5。

虽然可以用这些方法去计算出一个结果,但是还有很多因素是不可控的,所以在制订广告预算时,除了依赖定量分析,更重要的还是要根据大量的销售经验和市场状况去决定。

三、选择媒体

广告预算确定后,正式开始寻找媒体投放。企业发布网络广告的途径有多种,广告主可根据自身的需求,本着广告效应最大化的原则从中选择一种或几种。

(一)网络广告的发布渠道

1. 企业主页

企业主页不但是树立企业良好形象的载体,也是进行产品宣传的绝佳窗口。网络广告的其他形式,比如旗帜广告、按钮广告、黄页、企业名录都提供了快速链接至企业主页的形式,所以,企业建自己的主页是非常有必要的。主页形式是企业在互联网上进行广告宣传的主要形式。企业的主页将会像企业的地址、名称、标志、电话、传真一样,成为企业独有的标识,并转化为企业的无形资产。

2. 自媒体平台

随着微博、微信等自媒体的兴起,网络广告拥有了新的发布方式。企业通过自建的微博和微信来推送广告，目标定位准确，针对性很强，受关注程度较高。例如肯德基就通过微信公众号定期发布关于本季新品的广告。

3. 黄页形式

在互联网上，有一些专门提供查询检索服务的网络服务商的站点，例如中国黄页、Yahoo!、Excite等。这些站点就像电话黄页一样，按类别划分信息，以方便网民检索和查询，在其页面上，都会留出一定的位置给企业做广告。与其他网络广告相比，黄页广告针对性强，针对特定网民提供相关的广告信息；广告醒目，容易受到正在查询相关问题的网民的关注。

4. 免费的网络服务

网络内容服务商（ICP），例如新浪、搜狐、网易等，为网民提供了大量感兴趣并需要的免费信息服务，包括新闻、评论、生活、财经等，因而受到网民的普遍关注和浏览，是网上最吸引人的站点。这些网络服务商的网站已成为网络广告发布的主要阵地，发布网络广告形式以旗帜广告为主。

5. 专类销售网

专类销售网是指汇聚某一类产品直接在互联网上进行销售的网站。以中关村在线网站为例，消费者只要在搜索栏输入自己想要的电子产品或者品牌名称，计算机屏幕上就会马上出现完全满足你所需要的电子产品的各种细节及报价，当然还有何处可以购买到此种电子产品的信息，中关村在线网站主页如图6-7所示。消费者在考虑购买电脑手机时，很有可能首先通过此类网络先进行查询，所以对于电子产品代理商和销售商来说，这是一种很有效的网络广告方式。销售商只需在网上注册，那么所销售的产品细节就进入了网络的数据库中，也就很有可能被消费者查询到。与中关村在线类似，其他类别产品的代理商和销售商也可以连入相应的销售网络，从而无须付出太大的代价就可以将公司的产品及时地呈现在世界各地的用户面前，例如汽车之家、安居客等。

图6-7 中关村在线网站主页

6. 企业名录

为获得大量的访问者，一些网络服务提供商（ISP）或中介机构将一些企业信息融入它们的主页中，广告主可以以文字链接的形式在这些网站上建立链接，起到广告宣传作用。例如香港商业发展委员会的主页给出的网址中就包括汽车代理商、汽车配件商的名录，访问者可以直接通过链接，进入相应行业的代理商或者配件商的主页。

7. 友情链接

利用友情链接，企业间可以相互传递广告。建立友情链接要本着平等的原则。这里所谓的平等有着广泛的含义，网站的访问量、在搜索引擎中的排名位置、相互之间信息的互补程度、链接的位置、链接的具体形式（图像还是文本方式、是否链接专业网页，或单独介绍自己的网站）等都是必须要考虑的因素。

8. 虚拟社区和公告栏

虚拟社区和公告栏是网上比较流行的交流沟通渠道，任何用户只要注册，都可以在虚拟社区上浏览发布信息或是与产品企业相关的评论，可以起到非常好的口碑宣传的效果。以豆瓣电影为例，作为一个拥有巨大用户群体的兴趣社区，很多消费者会在观影前去参考豆瓣评分和他人点评。

9. 新闻组

新闻组也是一种常见的网络服务，它与公告牌相似。人人都可以订阅它，并可成为新闻组的一员。成员可以在其上阅读大量的公告，也可以发表自己的公告，或者回复他人的公告。新闻组是一种很好的讨论与分享信息的方式。对于一个公司来说，选择在与本公司产品相关的新闻组上发表自己的公告是一种非常有效的、传播自己广告信息的渠道。

（二）如何选择合适的媒体

选择媒体的原则主要从以下几个方面来考虑。

1. 围绕目标用户选择媒体

在选择媒体前，首先要明确我们的目标用户是谁，要分析目标用户的特点和行为，比如他们的年龄、性别、文化程度、职业特征、消费习惯等。然后根据这些分析他们主要聚集在哪些网站，或是通过哪些网站找信息及相互交流的，如论坛社区、博客、微博、微信、搜索引擎等。网站用户与目标受众的重合度及达到率是选择网站的重要指标。若运用新的客户定向技术，更能提升目标受众的准确度，节约推广成本。

2. 选择与广告内容配合的媒体

网络媒体在整合营销中的特色之一便是与网站的内容合作。产品与栏目内容密切融合，大大提升网民对产品的认知，软性推广有效地避免了用户对广告的排斥，例如化妆品公司会选择与播放电视剧的网站合作。因此，网站内容可配合度关系到内容合作的可操作性。

3. 选择有技术保障的媒体

服务器是否稳定性，能否承受大浏览量，关系着广告是否能正常播放，广告能否单击跳转企业网站，以及数据库的数据处理功能等都由网站的技术背景决定。网络广告网站的新技术的研发力量，更决定了网络广告新形式的开发，以及新的营销模式的发掘。

4. 考虑媒体的经营情况

在媒体的经营方面，我们可以考虑以下几个方面。

① 可以通过其广告营业额判断，业绩越好，说明服务较好或广告效果好。

② 经营团队的实力直接影响了媒体的发展前景。

③ 媒体的造势能力，是否可以为广告主提供更多的"搭便车"的机会。

④ 媒体对个案的执行经验，个案经验丰富会执行得更顺利。

⑤ 媒体的未来发展前景，保证我们可以在一定期限内稳定地合作。

5. 分析不同媒体的流量

经过上面几个方面的考虑，我们已经有了多家目标媒体。但是通常我们的预算有限，在这么多媒体中我们要以什么标准来选择呢？第一个评判标准就是流量，流量是网站的核心数据，一般不会对外公布。我们不需要知道具体数字，只要知道同行业网站中哪个网站的流量高即可。

我们可以借助一个叫 Alexa 的工具来辅助完成，Alexa 网站如图 6-8 所示。Alexa 是一家专门发布世界网站排名的网站，是目前同类排名中最具权威、知名度最高的。平常我们所说的网站世界排名就是 Alexa 排名。Alexa 工具会对网站的流量进行评估，这个数字非常具有参考价值。

图 6-8 Alexa 网站

6. 集群作战，长尾效应

如果资金充足，可以考虑集群作战，在同类网站的显眼位置都投放广告。这时候可以不考虑具体网站的效果，只要衡量这些广告总的投资回报就好了。因为这么多网站一起发力时，用的就是长尾策略。比如用户在 A 网站看到广告时，没有单击；在 B 网站看到广告时，还是没有单击；在 C 网站看到时，忍不住单击了，这就是长尾效应。而且在同一类网站全部投放广告，目标用户的覆盖率最高，对品牌的提升也非常有帮助。

四、制作广告创意

网络广告中极具魅力、直接影响广告效果的部分就是创意。创意就是综合各种天赋能力和专业技术，在现有的资源中求得新概念、新方法、新样式的过程。广告创意是指在广告中创造性地表现有关品牌、产品或服务信息，迎合或是满足消费者心理需求，刺激消费者需求。

(一) 制作网络广告创意的原则

网络广告创意包括两个方面：一是内容、形式、视觉表现、广告诉求上的创意；二是技术上的创意。互联网因为不同的传播目的、传播对象，可以承载不同的广告创意，同时互联网是计算机科技和网络科技的结合，带来了更加多变的表现方法，为广告创意提供了更多的方向。在制作网络广告的过程中，应该符合以下几个要点。

1. 具有强有力的视觉冲击

广告要有足够的冲击力，能够引起用户的注意。网络信息浩如烟海，如果广告不具有强有力的视觉冲击力，必然不能引起目标受众关注。因此，广告创意者一定要创造出瞬间能吸引受众注意的广告作品，以便引起受众的兴趣。

2. 传递简单易懂的信息

广告语要画龙点睛，最好用一句话就能让用户知道我们想传达的信息。在网络上，简洁而又清晰的文案比复杂的影音效果更能吸引网络用户点击。由于频宽的限制，图像过大、过多的广告往往传输速度较慢，网络用户一般会直接放弃，甚至会产生反感。为了确保广告打开的速度能被用户接受，网络广告一般都较为简洁。特别对于单击付费的广告，如果广告语写得不明确，则会增加无效单击，造成资金的浪费。

3. 适度的曝光率

网络用户的一个基本的特点是喜新厌旧，即用户的关注度会随着广告上网时间的增加而降低。因此，如果是长期投放广告，则应该多准备几套不同的创意，不要一个广告一投到底，这样容易让用户产生审美疲劳，使广告效果大打折扣。

4. 发展互动性

随着网络技术的研究和发展，未来网络广告必定朝着互动性方向发展。如能在网络广告上增加游戏活动功能，则点击率会大大提高。索尼在线的娱乐网站发布的凯洛格仪器公司的网络游戏广告以 1 组面向儿童的游戏为特色，其中 1 个游戏参加后有机会赢得 1 盒爆米花。发布这则广告后，凯洛格主页的访问者增加了 3 倍。

5. 适当使用动画

为了使广告在网络上更加醒目，可以适当使用动态画面，采用 GIF 做动态呈现或以 Flash 制作图档，并以下拉式画面延伸广告版面等。动画表现是为了强化概念，不要因图档过大而降低传输速度。

（二）网络广告创意制作的要素和工具

1. 电脑图像

GIF 和 JPG 文件是在网络上运用较为广泛的文件格式。GIF 文件是 8 位 256 色，支持连续动画格式。JPG 文件是一种压缩图像格式，压缩比可任选，为提高图像在网上的上传和下载速度，在网页中此类格式被广泛采用。典型的图像制作工具有 Photoshop 软件与 Fireworks 软件。

2. 电脑数字影（声）像

随着电脑多媒体技术的普及应用，在电脑设计中，特别是网络广告的设计中，将越来越多地用到电脑数字影（声）像。目前由于网络传输速率的限制，这类数字影（声）像一般都需经过高倍压缩。使用 MPEG 格式，可将电脑数字影（声）像文件压缩数十倍；最新的 mp3（mp4）格式和 Real Player 的 RM 格式对影（声）像的压缩倍数最大，且还原效果还不错。压缩会使影（声）像精度上有一定损失，但目前只能采取这种方法以提高网上传输速率。

3. 电脑动画

电脑动画是一种表现力极强的电脑设计手段。在形式上分二维、三维两种。二维动画就是类似于平面卡通的动画，典型的制作软件有 Animator、CorelMovie 等，常用于网页设计的二维动画软件有 GIF Animator。在网络广告设计中恰当地应用三维空间图形能增加画面的视觉效果和层次感，比如三维的标题字用于三维绘图的软件有 Cool3D、Web3D 等。

4. 电脑文字和超文本

随着电脑的普及，电脑文字的使用已成了家常便饭。在网络广告设计中，标题和内文的设计、编排都要用到电脑文字。设计师需要用不同的字体风格去传播不同的形象，表达不同的视觉语义。网络广告设计的内文必须使用一般 Windows 系统自带的字体格式，许多文字处理软件都具有强大的编辑、编排和效果处理功能，且支持超文本格式的输出，比如我们常用的 Word 等。

网页设计中还要用到超文本（hypertext）。超文本是指包含与其他文件链接的文本。在互联网上，超文本通常指用 HTML 语言（超文本链接标记语言）创建的 www 网页。这些文件包括可选择的加亮的词条或短语（文本热字），单击这些词条和短语将调出并显示另一个文件。超文本文字也可做成网页表格形式，层层展开。专门的网页制作软件一般都直接生成 HTML 格式。

五、广告投放测试

在完成前面所说的四步以后，我们确定了投放媒体，制作好了广告创意，接下来就是正式投放前的测试工作了。广告效果测试的内容包含很多方面，从广告内容到广告效果，不同的广告目的注重的结果不同。

（一）测试的内容

1. 网络广告的传播效果

广告的最终目的是促进产品的销售，所以测试广告的传播效果最直接的数据就是广告的曝光次数、点击率、网页的阅读次数和转换率。这些数据代表着广告被多少人接收了信息，接收的效果如何，接收后是否转换成了最终消费，后面将会详细介绍这几种数据的监测。

2. 网络广告的经济效果

网络广告的经济效果是指广告给广告主带来的净收益，即广告收入和广告成本之间的差额。广告收入是指受众看了广告后直接给广告主带来的销售收入，因为具体数据难以衡量，一般用广告投放后销售收入的增加额代替。广告成本是广告主投放网络广告的费用，每个网站由于计费的方式不同，成本也不同。如前面介绍的，一般网站会使用 CPM、CPA、CPC、CPS 等方式来计费。

3. 网络广告的社会效果

网络广告的社会效果主要是指广告活动在社会文化、教育等方面所产生的影响和作用。无论是广告构思、广告语言，还是广告表现，都要受到社会伦理道德和法律的约束。网络广告的社会效果要在一定的社会意识形态下的政治观点、法律规范、伦理道德以及文化艺术标准的约束下进行。例如，A 企业在某网站及微信公众号投放了低俗广告，事后广告主及广告代理商均被责令停止发布违法广告，分别被处罚款 60 万元。除了经济上的处罚，品牌形象也受到了重创。网络广告不仅没有起到促进销售、提升企业形象的目的，反而适得其反。

网络广告的社会影响涉及整个社会的政治、法律、艺术、道德伦理等上层建筑和社会意识形态，因此，很难用评价指标进行测评。但是网络广告的社会效果有时候往往比经济效果更重要，引起了不好的社会反响遭到大众的厌恶，广告主后续可能要花几倍的时间和资金才能修复品牌形象。所以在投放之前测试受众对广告的评论是非常必要的。

（二）测试的方法

1. 测试不同媒体的效果

虽然投放媒体已经初步筛选完毕，但是毕竟还是理论上的，具体效果如何，并不知晓，所以我们要对选择的媒体进行一次有效的测试，从中找出最佳的选择。不同媒体的测试方法很简单，在所选择的媒体投放相同的广告创意，广告落地页也用相同的内容，然后测评每个网站。

2. 测试不同广告位的效果

在同一个网站中会有许多不同的频道，在同一频道中也会有不同的广告位，而这些频道和广告位的效果也不尽相同。这时，我们也需要进行一个有效的测试，找出最优的选择。同上面一样，我们在所选的广告位投放相同的广告创意，广告落地页也用相同的内容，检测每个广告位的差异。

六、广告投放策略

任何投放网络广告的企业都希望取得良好的广告效应，但是所有的网络广告效果只有被网络广告的用户所接受，才有可能转换成实际的购买行为。因此，在设计投放网络广告策略时，要充分考虑到用户的接受度。

1. 避免或尽量少投放干扰式网络广告

干扰式网络广告强制性地呈现给用户，干扰用户正在进行的事情。例如，弹出式广告、移动广告和某些巨幅广告等，强行推给用户，使用户不得不关注广告内容，有的网络广告甚至没有设置关闭按钮，实际上此类网络广告的高点击率中，有很多是用户无意中点击到或者尝试关闭此广告而点击的。另外，垃圾广告邮件也属于干扰式网络广告之一。用户对其也是深恶痛绝的。因此，企业在投放网络广告时，应该尽量避免使用这些干扰式网络广告。如果要坚持使用，也应对其显示位置、大小、数量和能否关闭等加以严格控制，否则会影响用户正常的信息浏览活动，引起用户的反感，反而降低广告的传播效果。《广播电视广告播放管理暂行办法》规定：广播电台、电视台每套节目每天播放广播电视广告的比例，不得超过该套节目每天播出总量的20%；除19：00至21：00以外，电视台播放一集影视剧（约为45分钟）中，可以插播一次广告，插播时间不得超过2.5分钟。

2. 适当使用植入式网络广告

植入式网络广告是指在影视节目、游戏、体育赛事中将产品或品牌的信息刻意插入，以达到潜移默化的宣传效果，其中网络游戏植入式广告的发展最为迅速。植入式广告和游戏内容融为一体，通过愉悦的游戏过程，使用户变被动为主动地接受网络广告。另外，在一些软件中，尤其是免费软件，嵌入部分企业广告也是植入式网络广告的一种常见形式。软件制作者把含有广告代码的插件或者广告链接捆绑在软件中，在用户安装软件时，在默认安装方式下会将插件同时安装到用户的电脑上，这样就能把企业广告显示在软件界面中。如QQ等即时通信工具、网际快车等下载工具、超级兔子等系统工具。这些软件有着稳定的用户群体，其受众面也非常广泛，因此，植入式网络广告有着很好的前景。但是，在使用植入式网络广告时，要注意植入的广告内容不能过多、过滥，若严重影响了用户的观看和使用，就会引起用户反感，产生抵触情绪，从而影响广告的效果。

网络营销与推广

3. 提倡精准式网络广告投放

精准式网络广告是依托各种途径所获得的用户信息,例如用户注册时提交的信息,来判定网民的消费偏好和消费能力,并提交针对某个人的广告。其主要形式有直邮广告、关键词广告、窄告等。其中,关键词广告是指只有在用户将鼠标移至网页文章的关键词上时,才会出现一个广告链接,也只有在用户对广告内容感兴趣,用鼠标点击该链接时,才会弹出一个新的广告页面,这样既做到有效点击,又可保证网页的正常浏览速度不受影响。窄告是精准投放的一种典型方式。所谓窄告是把按客户需求定制的广告自动投放到与其内容相匹配的栏目周围,还可以根据浏览者偏好、地理位置、访问历史等信息,有针对性地将广告投放到相关网页。它只针对特定人群投放、进行沟通,也有"网络定向广告"之称。企业通过对用户信息、关系和网上行为的数据挖掘,通过语义匹配系统对网页内容进行检索、分析,以及监控系统对用户行为的实时跟踪,筛选用户的注册属性和地域信息,进行精确的网络广告展现,真正实现了用户需求与广告供给的对接,最大限度地发挥所投放网络广告的效果。

4. 社会性网络广告投放

SNS 网站即"社交网站"或"社交网",社交网站的用户可以通过这一网络拥有自己的个人主页,其中包括自我介绍、个性化图片,以及他们喜欢的电视节目、食物、地方等诸如此类个人爱好的事物;用户还可以通过这一个性化空间与他们的朋友、潜在朋友保持联系,由此形成一个巨大的个性化网络社区。社交网站体现出的用户黏度和流量优势,正在吸引着越来越多的广告主在社交网站进行投放。社交网站的广告形式主要有植入式广告、主题互动式广告、精准营销广告、口碑传播、生活资讯、品牌及产品搜索、应用平台分成等。社会化网络营销是基于用户真实身份的精准营销。SNS 网站的精准完全基于网站用户信息的真实性,作为真实关系网络延伸的 SNS 网站会员的信息真实度较高。SNS 网站可以从注册信息里非常详尽地知道每一个用户的基本特征,也可以从用户的网络行为中分析得出用户的兴趣、经历、偏好、朋友圈、购物记录等,从而为高精度的营销活动做好了数据上的积累。然后对收集的用户信息借助软件进行分析,企业就可以在网络社区有针对性地进行网络广告的精准投放。

5. 对网络广告效果进行跟踪,及时调整网络广告投放策略

专业网络广告服务商的广告管理系统一般都具有广告用户实时查看广告效果统计的功能,可以查看的主要指标包括每个网络广告的显示次数、点击率、广告费用清单等基本信息,一些高级功能还可以向广告客户提供改进广告组合效果的建议。另外,对网络广告投放期间的网站流量统计进行分析,并与非投放期进行比较,也可以看出网络广告所带来的访问量增长情况。根据对各种掌握的资料的分析,不仅可以明确网络广告所产生的效果,而且可以及时发现存在的问题,对表现不理想的广告和网络媒体进行必要的调整,从而对网络广告效果进行控制,最终实现整体效果最大化的目标。

6. 注意网络广告的生命周期

网络广告自身有一定的生命周期,超过这个周期的过时广告会使效果减弱,甚至无谓地浪费广告空间。有些具有一定实效的促销广告,在过了促销期之后仍然继续出现在网站上,连广告所链接的页面都可能已经删除,这样的广告自然不会产生任何效果。有些广告虽然看起来没有过期,但由于广告所投放的网站浏览者多为重复用户,在同样位置长期出现同样内容的广告会让用户产生视而不见的浏览习惯。网络广告生命周期与传统广告形式的生命周期有所不同,有调查表明,半数以上网络广告的生命周期在 3 周以下。

 小链接

进入下列网络广告网站，学习并了解网络广告。
1. 广告买卖网：http：//www.admaima.com/Network/
2. 艾瑞网：http：//a.iresearch.cn/
3. 中国网络广告网：http：//www.cnad.com.cn/
4. 领克特：http：//www.linktech.cn/newsome/
5. 阿里妈妈：http：//www.alimama.com/index.htm

任务三　网络广告的数据监测

相比于传统广告很难准确地统计有多少人接收到广告信息，网络广告可以准确地统计出广告被浏览的总次数、每个广告被单击的次数，甚至可以详细到每个访问者的访问时间、地点。这些数据可以帮助广告主分析市场需求和消费者，有针对地投放广告并根据用户特点做定点投放和跟踪分析，对广告效果做出客观准确的评估。网络广告一般要监测以下数据。

一、基本数据

最基本的监测数据包括广告曝光次数、点击次数和点击率、网页阅读次数和停留时间。

1. 广告曝光次数

广告曝光次数（Advertising Impression）是指网络广告所在的网页被访问的次数，通常用计数器（Counter）来进行统计。在运用广告曝光次数评价网络广告效果时，应注意以下问题。

（1）广告曝光次数并不等于实际浏览的次数。在广告发布期间，同一个网民可能几次浏览刊登同一则网络广告的网站或页面，或网民为浏览其他信息而打开该网站或网页，这就导致广告曝光次数与实际阅读次数不符。

（2）在同一网站或网页上，广告发布位置的不同，每个广告曝光次数所产生的实际价值也不同。通常情况下，首页广告比内页广告曝光次数多，但首页每个曝光次数所产生的广告价值却可能低于内页广告。

（3）通常情况下，一个网页中可能分布多则广告，访问者可能为了解其他广告信息而浏览该网页。此时的广告曝光次数并不会产生实际的广告价值。总的来讲，得到一个广告曝光次数，并不等于得到一次广告受众的注意。

2. 点击次数和点击率

（1）网民单击网络广告的次数称为点击次数（Click），点击次数可以客观准确地反映广告效果。点击次数除以广告曝光次数，就可得到点击率（Click Through Rate，CTR），这是衡量广告吸引力的指标。

（2）点击率是网络广告最基本、最直接、最有说服力的评价指标。一般来讲，浏览者点

击某个网络广告,说明他已经对广告中的产品服务产生兴趣,并在进一步了解中。随着人们对网络广告的深入了解,点击率越来越低。因此,单纯的点击率已经不能充分反映网络广告的真实效果。

3. 网页阅读次数和停留时间

浏览者在对广告中的产品服务信息产生兴趣后,就会进入广告主的网站,详细了解产品服务信息,甚至产生购买的欲望。浏览者对广告页面或广告主网站的一次浏览阅读,称为一次网页阅读。在一定时间内,所有浏览者对广告页面或广告主网页的总的阅读次数就称为网页阅读次数。如果浏览者在广告页面停留的时间越长,则意味着对广告感兴趣,更有可能成为最终用户。

 小链接

AIDA

广告的最终目的是促进产品的销售,但在广告的实施中,因情况不同,具体的目标又有所不同。AIDA是潜在消费者从接触广告开始,一直到完成某种消费行为的几个动作。广告主依据不同的广告目标,用AIDA来检验网络广告的效果。AIDA的每个阶段都可以作为网络广告传播效果测评的内容。

Attention 注意,即广告在媒体网站上的曝光次数;
Interest 兴趣,即广告在媒体网站上的单击次数与点击率;
Desire 欲望,即广告主网站的网页被阅读次数;
Action 行动,即最终在广告主网站上采取行动的转化次数与转化率。

二、网站数据和销售数据

如果广告宣传的产品是网站,还要监测广告带来的IP数(或独立访客),以及这些IP所产生的PV(页面浏览)量,网站注册量等。注意观察IP数与PV量之间的比例,如果比例很大,则证明用户对网站的内容感兴趣,意味着广告所带来的用户精准。

如果是通过广告进行销售,那还要监测广告带来的用户咨询量、用户成交量、总的销售额和毛利润。

对网络广告投放期间的网站流量统计进行分析,并与非投放期进行比较,可以看出网络广告带来的访问量的增长情况。根据对掌握的各种资料的分析,可以明确网络广告所产生的效果,也可以及时发现存在的问题,对表现不理想的广告和网络媒体进行必要的调整,最终实现整体效果最大化。

三、转换率

(一) 转换次数与转换率

转换是指受网络广告影响而形成的购买、注册或者信息需求。转换次数(Conversion)是网民受网络广告影响所产生的购买、注册或者信息需求行为的次数。转换次数除以广告曝光次数,即为转换率(Conversion Rate)。网络广告的最终目的是促进产品的销售,而点击

次数与点击率指标并不能真正反映网络广告对产品销售情况的影响。转换次数与转换率指标能更有效地衡量网络广告的实际效果。网络广告的转换次数包括两部分。

（1）浏览并且单击网络广告所产生的转化行为的次数；

（2）仅浏览而没有点击网络广告所产生的转化行为的次数。

相对而言，转换次数与转换率可以较为准确地反映那些仅浏览而没有单击广告所产生的效果。在广告实际测评中，估算转换次数与转换率存在一定的难度，通常将受网络广告的影响所产生的购买行为的次数作为转换次数。

（二）能够体现转换率的数据

1. 点击率

点击率等于广告曝光数除以广告单击数。点击率越高，证明广告效果越好。但是如果点击率过高，很可能存在对方作弊的风险。

2. 咨询率

咨询率等于咨询量除以 IP 数。咨询率越高不一定就越好，关键还要看成交率。

3. 成交率

成交率等于成交数除以咨询数。要注意成交率与咨询率的关系。如果咨询量与咨询率很高，但是成交率低，也可能存在作弊。

4. 注册率

注册率等于注册用户数除以 IP 数。注册率特别高也可能是作弊的结果，因此我们可以采取增加注册门槛的手段防止作弊。比如注册时，一个邮箱只能注册一次，且需要通过邮箱验证，或者通过手机验证。

5. 用户成本

用户成本等于广告投放费用除以带来的用户数，如果用户成本过高，就要考虑改变广告策略，或是选择其他营销手段。

6. 广告利润

收入减去广告投放费用即为广告利润。

7. ROI

ROI（Return on Investment）即投资回报率。投资回报率等于销售额除以广告费用，这是网络广告投放最终的追求目标。

四、数据的收集和测评

（一）数据的收集

1. ISP 或 ICP 通过使用访问统计软件获得测评数据

使用一些专门的软件可随时获得网民对网络广告的反映情况，并通过进一步分析生成相应报表。目前，权威的网络广告测评公司 Double Click 和 Netgraphy 就使用统计软件来获得广告曝光、单击次数以及网民的个人信息等资料。特别是 Cookie 技术，可以区别不同地址甚至同一地址不同网民的信息资料，为广告主提供更为详细而准确的数据信息。

2. 委托第三方收集资料并进行测评

为保证广告效果测评的公正性，广告主可以委托第三方收集广告相关信息资料，并独立进行测评。由独立于ISP或ICP之外的第三方测评具有专业性，不仅可以增强统计数据和测评结果的可靠程度，还能减少作弊的风险。

(二) 网络广告效果测评的方法

1. 单一指标测评法

单一指标测评法是指在广告主明确广告目标后，选择单个指标来对网络广告效果进行测评的方法。当网络广告目标是提升和强化品牌形象时，可选择广告曝光次数、广告单击次数点击率、网页阅读次数等指标来衡量广告效果；当广告目标是促进销售时，可选择销售数据、转换率、广告收入、广告净收入等相关指标进行测评。

2. 综合指标测评法

综合指标测评法是指在对广告效果进行测评时，选择多个指标从不同的角度对网络广告效果进行综合评价的方法。常用的综合指标测评方法有两种，即传播效能测评法和耦合转换贡献率测评法。

(1) 传播效能测评法

随着网络广告的刊登，其广告宣传对象的信息也在不断传播，从而产生了对品牌形象和产品销售潜力的影响，这种影响侧重于长期的综合的效果。而传播效能评估法就是对网络广告刊登后的一段时间内，对网络广告所产生的效果的不同层面赋予权重，以判别不同广告所产生效果之间的差异。这种方法实际上是对不同广告形式、不同投放媒体，或者不同投放周期等情况下的广告效果比较，而不仅仅反映某次广告刊登所产生的效果。

(2) 耦合转换贡献率测评法

广告主在以往网络广告的经验基础之上，会估算一个购买次数与点击次数之间的经验比例数值，根据这个比例即可得出广告在网站刊登时，一定的点击次数可产生的购买转换次数，而该网站上的广告的最终转换次数可能与这个估计值并不完全相同，由此产生了实际转换次数相对于预期转换次数的变化率，称为该网络广告与该网站的耦合转化贡献率。

小　　结

(1) 网络广告的传播内容是通过数字技术进行艺术加工和处理的信息，广告主通过互联网传播广告信息，使广告受众对其产品、服务或观念等认同和接受，并诱导受众的兴趣和行为，以达到推销产品、服务和观念的目的。

(2) 网络广告的特点是覆盖面广、针对性强、实时性和快速性强、统计准确性高、交互性强、投放形式灵活多样。

(3) 网络广告的形式多种多样，常见的有旗帜广告、按钮广告、文本链接广告、电子邮件广告、插播式广告和弹出式广告、视频广告、搜索引擎广告、赞助式广告、联盟广告、在线互动游戏广告。

(4) 网络广告的投放步骤是从确定广告目标开始，设定合理的预算，找到合适的媒体，制作广告创意，然后通过投放前的测试找到最合适的传播渠道。

(5) 在投放广告完成后，要通过数据监测去测量广告的效果。网络广告一般要监测基本数据、网站数据、销售数据和转换率。

 实践案例

案例分析

某化妆品制造商在 A、B 两家网站上刊登了香水广告，刊登周期为 1 个月。此产品针对 25～30 岁的女性。该香水是此公司之前的一款热门产品的夏日限定款，并与某知名漫画家合作设计出有特色的香水瓶，定价为 450 元。该公司希望此次广告期间，可以开发 3000 名新用户，开发每一名新用户的合理费用为 55 元。广告刊登结束后，A、B 两家网站向该制造商提供了网络广告点击次数，分别为 5236 次和 3095 次。通过跟踪调查，得到受网络广告影响而产生的购买次数分别为 105 次和 136 次。根据过去的网络广告经验，每 100 次点击可形成 2 次实际购买。

业务操作

1. 请你找出适合这款香水的网络广告形式。
2. 请你找出符合市场定位、目标受众的媒体，并举例。
3. 请你想一句广告词，传达出这个产品的特点。
4. 根据产品的特点，请你设计出该化妆品公司的网络广告投放流程。
5. 请结合网站提供的数据，计算出网络广告在两个网站上的转换率是多少，并且评估一下它们各自的传播效能。评价一下本次广告效果是否满足了公司的预期。

 学习评价

一、单项选择题

1. 网络广告起源于（　　）。
   A. 美国　　　B. 法国　　　C. 日本　　　D. 英国
2. 中国第一个商业性网络广告出现在 1997 年 3 月，传播网站是 Chinabyte，广告表现形式为（　　）。
   A. 旗帜广告　　B. 按钮广告　　C. 文字链接广告　　D. 邮件广告
3. （　　）是广告信息的传播者。
   A. 广告主　　B. 广告媒介　　C. 广告　　D. 广告受众
4. （　　）是指广告商向搜索引擎服务提供商支付费用，在用户进行相关主题词搜索时，在结果页面的显著位置上显示广告内容的一种广告方式。
   A. 插播式广告　　B. 赞助式广告　　C. 分类信息广告　　D. 搜索引擎广告
5. 以下（　　）不是网络广告的优点。
   A. 互动性　　B. 传播范围广　　C. 统计准确性　　D. 不可检索性
6. 下列各项中，不作为网络广告投放步骤的是（　　）。
   A. 确定广告目标　　　　B. 确定广告预算
   C. 监测广告数据　　　　D. 选择媒体
7. 以下（　　）不属于潜在消费者从接触广告开始，一直到完成某种消费行为的几个

动作。

A. 注意　　　B. 欲望　　　C. 兴趣　　　D. 偏好

8. Conversion Rate 指的是（　　）。

A. 点击率　　B. 转换率　　C. 咨询率　　D. 成交率

9. 集群作战，长尾效应适合（　　）的广告主。

A. 资金充足　　　　　　　　B. 时间充足
C. 有好的广告创意　　　　　D. 针对特定市场

10. 下列关于 CPA 的说法错误的是（　　）。

A. 按照广告投放实际效果计费
B. 若广告投放成功，其收益比 CPM 计价方式大得多
C. 限制广告投放量
D. CPA 按回应的有效问卷或订单来计费

二、判断题

1. 竞价排名的最大特点是按单击付费，如果没有被用户单击，则不收取广告费。（　　）
2. CPM 对广告主有利，CPA 对广告主不利。（　　）
3. 在同一网站或网页上，即使广告发布位置不同，每个广告曝光次数所产生的实际价值相同。（　　）
4. 广告曝光次数并不等于实际浏览的次数。（　　）
5. 广告预算是实施广告活动，达到广告目标的资金保障。（　　）
6. 目前常用的网络广告效果测定指标有网络广告曝光次数、点击次数与点击率、转化率和网络广告成本。（　　）
7. 网络广告的要素主要有广告信息、广告受众、广告媒体和广告主。（　　）
8. 广告要有足够的冲击力，能够引起用户的注意。（　　）
9. 传播效能评估法就是对网络广告刊登后的一段时间内，对网络广告所产生的效果的不同层面赋予权重，以判别不同广告所产生效果之间的差异。（　　）
10. 告知性广告更适用于产品的成长期，告知消费者一种产品的新用途。（　　）

三、简答题

1. 什么是网络广告？网络广告由哪些要素具体构成？
2. 网络广告的特点是什么？
3. 什么是网络广告策划的一般流程？
4. 常见的网络广告投放媒体有哪些？应该如何选择合适的广告投放媒体？
5. 网络广告的数据监测涉及哪些数据？常见的数据收集方法是什么？
6. 收集到数据后，应该如何测评网络广告的传播效能？

项目七 软文营销

知识目标

- ◆ 熟记软文的类型
- ◆ 掌握每种软文的撰写
- ◆ 了解软文营销的几种攻略

能力目标

- ◆ 能够说出网络上的各种软文营销所用的攻略
- ◆ 能够对网络上的软文类型进行正确的归类
- ◆ 能够根据不同的营销目的撰写合适的软文

重点难点

- ◆ 对各个软文营销攻略的区别进行正确的理解
- ◆ 对软文营销中各种攻略所适合的软文类型进行正确的匹配

任务引入

软文通过文字潜移默化地影响人们的思想,它是企业软性渗透的商业策略在广告形式上的实现。普遍意义上的软文营销,基本上是从用户或者行业角度出发,通过细腻真实的细节描述,能够快速引起读者(用户)的共鸣和情感认同实现品牌的软性植入,所以一篇好的软文是双向的,既让客户得到他需要的内容,同时也了解宣传的内容。对于企业来说,如何开展软文营销呢?通过本项目的学习,你将得到解答。

任务一 软文营销概述

一、软文和软文营销的含义

软文是相对于硬广告而言,由企业的市场策划人员或广告公司的文案人员来负责撰写的文字广告。软文是基于特定产品的概念诉求与问题分析,对消费者进行针对性心理引导的一种文字模式,从本质上来说,它是企业软性渗透的商业策略在广告形式上的实现,通常借助文字表述与舆论传播使消费者认同某种概念、观点和分析思路,从而达到企业品牌宣传、产品销售的目的。

狭义的软文是指企业在报纸、杂志或网络等宣传载体上刊登的纯文字性的广告。广义的软文是指企业通过策划在报纸、杂志、网络、手机等宣传载体上刊登的可以提升企业品牌形象和知名度,或可以促进企业销售的一些宣传性、阐释性文章,包括特定的新闻报道、深度文章、付费短文广告、案例分析等。有的电视节目也会以访谈、座谈方式进行宣传,这也可以归为软文。网络软文特指以互联网作为传播平台,主要以文字为载体的软文,目前已经成为企业进行网络宣传的一种惯用方式。简而言之,所谓软文就是带有某种动机的文体,而软文营销则是个人和群体通过撰写软文,实现动机,达成交换或交易目的的营销方式。

小链接

硬广告和软广告

硬广告指直接介绍商品、服务内容的传统形式的广告,通过报刊刊登、设置广告牌、电台和电视台播出等进行宣传,对于消费者来说类似于强制的输入。在报纸、杂志、电视广播、网络等媒体上看到和听到的那些宣传产品的纯广告就是硬广告。在打开网页时自动弹出的广告是网络上的硬广告。

媒体刊登或广播的那些看起来像新闻而又不是新闻的广告则称为软广告,通常情况下硬广告比软广告费用要高,费用的差距则视媒体的类型不同而不同。

软文营销就是指通过特定的概念诉求,以摆事实讲道理的方式使消费者走进企业设定的思维圈,以强有力的针对性心理攻击迅速实现产品销售的文字模式和口头传播。比如:新闻、第三方评论、访谈、采访、口碑等。软营销理论是相对于工业化大规模生产时代的强势营销而言的。强势营销往往用不断的广告轰炸和销售人员的死磨硬缠向顾客强行灌输信息。软营销强调的是消费者个性化需求的回归,企业在进行市场营销活动的同时,必须更注重消费者的感受和体验。以"拉"的方式,让消费者舒服地主动接受企业所传播的信息,强调的是相互尊重和沟通。借助网络这个双向平台,软文营销广泛运用于各大综合新闻类网站,并取得了理想的营销效果,是目前企业广泛应用的一种软营销策略。

 **提醒您**

软文、广告、文案、新闻稿的区别

广告是一个大的框架，涉及很多方面。其中，涉及文字方面的描述可统称为文案。例如：广告图片旁边要有广告说明文字，这是文案；电视广告要先写出文字脚本，这是文案；一个网站要有一个广告语，这是文案。

在文案的范围里，一篇完整的宣传性文章就是软文。和广告语、广告图所配的文字、广告脚本等零散形式不同，软文是一篇完整的文章（即围绕一个主题详细展开，能让读者获得相关主题的详细信息）。当然这篇文章必定要包含了需要宣传的内容。

另外，在文案的范围里，一篇完整的新闻性文章就是我们常说的新闻稿。和软文无拘束的主题不同，新闻稿必须要有新闻时效性。当然，和软文一样，企业新闻稿一般会包含一些需要宣传的内容。这也是我们总习惯性地认为软文等于新闻稿的原因。

所以，区分软文和企业新闻稿，就看文章里是否有新闻事件。比如文章内容涉及公司获奖信息、公司最新活动、公司人事的重大变动、公司业绩报告等则为新闻稿；文章内容涉及公司产品评测、公司发展计划、公司人物采访、公司模式分析等则为软文。

在传统媒体行业，软文之所以备受推崇，第一大原因就是各种媒体抢占眼球，竞争激烈，人们对电视、报纸的硬广告关注度下降，硬广告的实际效果不再明显；第二大原因就是媒体对软文的收费比硬广告要低得多，特别是在有些企业资金不是很雄厚的情况下，软文营销的投入产出比较科学合理。所以企业从各个角度出发更愿意以软文试水，以便使市场快速启动。

二、软文的形式

软文的形式虽然千变万化，但是万变不离其宗，主要有以下几种形式。

1. 悬念式

悬念式，也可以叫设问式。核心是提出一个问题，然后围绕这个问题自问自答。例如"人类可以长生不老？""什么使她重获新生？""牛皮癣，真的可以治愈吗？"等，通过设问引起话题和关注是这种方式的优势。使用这种形式的软文必须要特别注意，提出的问题要有吸引力，答案要符合常识，不能作茧自缚、漏洞百出。

2. 故事式

通过讲一个完整的故事带出产品，使产品的"光环效应"和"神秘性"给消费者心理造成强暗示，使销售成为必然。例如"1.2亿买不走的秘方""神奇的植物胰岛素""印第安人的秘密"等。当然讲故事不是目的，故事背后的产品线索才是文章的关键。听故事是人类最古老的知识接受方式，所以故事的知识性、趣味性、合理性就成了软文成功的关键。

3. 情感式

情感一直是广告的一个重要媒介，软文的情感表达由于信息传达量大、针对性强，当然更可以叫人心灵相通。"老公，烟戒不了，洗洗肺吧""女人，你的名字是天使""写给那些战'痘'的青春"等。情感式软文最大的特色就是容易打动人，容易走进消费者的内心，所以情感营销一直是营销百试不爽的灵丹妙药。

4. 恐吓式

恐吓式软文属于反情感式诉求,情感诉说美好,恐吓则直击软肋。例如:"高血脂,瘫痪的前兆!""天啊,骨质增生害死人!""洗血洗出一桶油"等。实际上恐吓形成的效果要比赞美和爱更具备记忆力,但是也往往会遭人诟病,所以一定要把握度,否则过犹不及。

5. 促销式

促销式软文常常跟进在上述几种软文取得一定成效后,例如:"北京人抢购×××""×××,在香港卖疯了""一天断货三次,西单某厂家告急"等。这样的软文或者是直接配合促销使用,或者就是使用"买托"造成产品的供不应求,通过"攀比心理""影响力效应"等多种因素来促使消费者产生购买欲。

6. 娱乐式

对于大部分网民来说,上网最大的目的就是娱乐。即使那些天天对着电脑的上班族,也会在工作之余情不自禁地去看一些娱乐内容。所以如果能把软文写得娱乐味十足,将会非常有市场。

比如有一个流传于网络中的经典笑话短文,标题叫"一只狮子引发的血案"(或"一只狮子引发的离婚案"),正文大意为:有一个男人出差在外,提前回家,想给老婆一个惊喜,结果在家门口听到屋内有男人打呼噜的声音。男的默默走开,发了个短信给老婆:"离婚吧!!!"然后扔掉手机卡,远走他乡……3年后他们在一个城市再次相遇。妻子问:"当初为何不辞而别?"男人说了当时的情况。结果这次妻子转身离去,淡淡地留下一句话:"那是瑞星的小狮子!"

这篇小短文虽然篇幅不长,内容也只是编撰的一个小笑话,但却幽默十足且贴近生活,让大家在开心之余深深地记住了瑞星这个名字,而且还有相当一部分人,通过QQ群、论坛、博客等将它传播了出去。

7. 新闻式

所谓新闻式文体,就是为宣传寻找一个由头,以新闻事件的手法去写,让读者认为就仿佛是昨天刚刚发生的事件。这样的文体有对企业本身技术力量的体现,但是,文案要结合企业的自身条件,不要天马行空地写,否则会造成负面影响,得不偿失。

8. 诱惑式

实用性、能受益、占便宜这三种属于诱惑式,这三种软文的写作手法是为了能够吸引读者。让访问者觉得对自己有好处,所以主动点击这篇软文或者直接寻找相关的内容。因为它能给访问者解答一些问题,或者告诉访问者一些对他有帮助的东西。这里面当然也包括一些打折的信息等,这就是抓住了消费者爱占便宜的一个心理。

上述8种形式的软文在使用中要结合具体情况进行写作,可以互相结合互相借鉴,而绝对不是孤立使用的。软文是企业根据营销战略整体推进过程中的重要战役,至于如何使用就是企业营销布局的问题了。

三、软文营销的特点

软文营销是目前企业营销中最重要的营销方式,软文营销实质就是企业为了宣传产品而研发的媒体广告,旨在吸引消费者,从而达成实现企业产品销售的目标。软文营销的特点有很多,大致有以下几种。

1. 隐蔽性

受众往往对纯粹的广告会产生排斥心理,软文有别于纯粹的广告,没有明显的广告目的,而是将要宣传的信息嵌入文字,有意弱化商家的广告意图,从侧面进行描述,属于渗透性传播,使消费者更容易接受。软文营销的本质是商业广告,但以新闻资讯、评论、管理思想、企业文化等文字形式出现,让受众在潜移默化中受到感染。

2. 内容丰富,形式多样,受众面广

软文由于文字资料的丰富性,传递的信息极其完整,不拘泥于文体。软文营销可以借助企业文化、新闻资讯、管理思想、技术技巧文档、论坛帖子、评论、博客日志、微博故事等包含文字元素的一切文字资源进行营销宣传。同时,软文营销的表现形式多样,从论坛发帖到博客文章、网络新闻;从娱乐专栏到人物专访;从电影到游戏等。大部分民众都是其潜在消费者。

3. 吸引力强,可接受度高

软文的宗旨是制造信任,软文往往通过一些具有情节性的故事或者自我体验来表现产品或者服务。软文营销更侧重于情感性的引导,它弱化或者规避了广告行为本来的强制性和灌输性,一般由专业的软文写作人员在分析目标消费群的消费心理、生活情趣的基础上,投其所好,用极具吸引力的标题来吸引网络用户,然后用具有亲和力或者诙谐、幽默的文字以讲故事等方式打动消费者,而且文章内容以用户感受为中心,处处为消费者着想,使读者易于接受,将广告埋伏在故事情节和自我体验当中,通过引导性的文字来引导受众的心理,软化读者对广告的排斥心理。尤其是新闻类软文,从第三者的角度报道,消费者从关注新闻的角度去阅读,信任度高。

4. 低成本,高效益

传统的硬广告受到版面限制,传播信息有限,投入风险大,成本较高。相比之下,软文营销具有高性价比的优势,信息量大,而且不受时间限制,可以在网站上永久存在。国外一份权威调查显示:企业在获得同等收益的情况下,对软文营销的投入是传统营销工具投入的1/10,而信息到达速度却是传统营销工具的5~8倍。一篇策划周详的网络软文往往会通过网络传播途径被其他网络媒体不断复制转载,大大提升了传播的效果。

5. 以消费者为中心

软文营销着重加强与消费者的沟通和交流,根据特定产品的概念诉求和需求分析,先将重点放在研究消费者的需求和欲望上,以消费者为中心,对用户或潜在用户进行针对性心理引导与沟通,通过与消费者的双向沟通,研究消费者为满足其需求愿意支付的成本,来协定一个消费者与企业都可以接受的商品定价。本质上说,软文营销是企业软性渗透策略在营销形式上的实现,通常借助文字表达和舆论传播使消费者认同某些概念、观点和逻辑思路,从而达到企业宣传和产品销售的目的。

任务二 软文营销的实施

一、软文营销策略

1. 新闻攻略

新闻攻略是指以新闻事件的手法写作软文,以媒体记者身份发出的新闻作为软文营销策略,新闻可以直接介绍企业实力、品牌形象和产品特性等,具有官方性和权威性。新闻以官方口吻作为报道的方式,配合以官方媒体的传播,能大大增强新闻消息的权威性和不可辩驳性,从而有力地宣传了产品的特性和企业的正面形象,同时也增强了软文新闻的真实性和可信性,如"曝光'洗之朗'热销背后"。

2. 概念攻略

概念攻略是指人们在看到某些软文字眼或者软文标题时,在头脑里所形成的关于这些词语对象的本质属性的反应,利用人们对这些词语反应的原概念来引起关注、博人眼球,从而达到增加点击量、提升阅读量的宣传作用的软文攻略。如:"农村小伙在后山挖出三个'香蕉',伸手带回家,几个月过后愣住了!""痛风'天敌'终于被发现了,高尿酸不攻自破,家有痛风的快收藏"。

3. 经验攻略

经验攻略是利用互惠原理去影响和引导用户,以一般用户或者第三方的切身体验来宣传产品的优点、企业的正面形象、企业的实力和企业的服务质量等。这种方法能悄无声息地对消费者和潜在客户产生良好的影响。像一些美容保健类产品等,会经常使用此种软文营销攻略,如"我是如何从××斤减到××斤""我是如何在×个月内减掉××斤肉"这样标题的文章,广大爱美女性和肥胖人士是绝对无法抗拒的。

4. 技术攻略

随着互联网的深入人心,大家越来越喜欢在网上获取信息、学习技术。技术攻略就是将科学技术植入软文当中,软文以传播企业和相关产品的技术为主,在传播技术的同时,将特定的广告信息融入进去,这不仅能够增加消费者的信服力,还能提高营销软文的真实性和可靠性。互联网领域中,软件行业最喜欢利用此类软文进行推广,如"巧用网络加速工具,加速网页浏览"的文章,表面上是在介绍如何增加网页浏览速度,实际上是在推广某款网络加速工具,但是普通用户根本看不出这种软文的真实意图,甚至还在为又学会一个应用技巧而兴奋。

5. 话题攻略

话题攻略是现在的软文攻略中运用的比较多的一种软文攻略类型,是围绕实时话题、热点问题而展开的评论。在进行软文创作时,可以利用热点话题进行巧妙的加工,不露蛛丝马迹地加入相关企业或者产品的广告信息,然后进行二次传播。目前,热点话题报道层出不穷,只要拥有敏锐的洞悉能力,找到热点话题和自身业务的关联性就能把其中一些话题拿为己用。热点话题是制造事件营销最好的载体。

6. 权威攻略

权威攻略是尽量把自己和行业内极具公众影响力的行业专家和领先企业相挂钩,借助该领域内的这些行业巨头和领先企业在人们心目中形成的使人自觉信从的力量和威望,来达到为自己的企业或者产品宣传造势的目的。这类软文攻略经常出现在股票、中医等领域,如"血糖居高不下怎么办,老中医教你一招,千万要记住""老股王喝醉酒,一不小心暴露股市几十年只赚不赔的规律!"

 提醒您

如何借助热点事件来进行软文营销

借助热点事件来进行软文营销写成的软文也叫热门软文。官方是这样定义热门软

文的：围绕热点事件、热点新闻或热点话题以评论、追踪观察、揭秘、观点整理、相关资料等方式结合自己要推广的品牌写成的软文。之所以写热门软文是因为它能给企业的业绩带来出乎意料的效果。以下四招教你如何借助热点事件来进行软文营销。

一、热点事件的软文标题要新颖独特、画龙点睛

软文的标题是否吸引人、是否有让用户读下去的动力，一篇好的软文能不能让大家疯狂转载，关系到软文的效果好不好，所以写好软文的标题至关重要。这里并不是让大家写什么标题党，而是要能将热门事件和软文的标题很好地结合到一起，并且结合得刚刚好。一般来说，一个很有诱惑力的标题既能让自己的品牌获得关注，同时又会让读者因为自己的好奇心读下去。

二、发现和总结热点事件背后的问题

在写热点软文的时候，对于热点事件一定要发现和总结，要发表自己特有的观点，可能这个观点会引起众多读者的关注，他们或许不同意你的观点，也或许同意你的观点，从而造成两方面的争论。如果能够达到这样的效果，自然就是相当不错的软文。在写出自己的观点的时候一定要能够代表自己独特的视角，不要跟风、千篇一律，不然就像大海捞针达不到营销的效果。当然，在分析完热点事件的结论之后一定要根据这个结论衍生你需要推广的方面，这样才能够起到推广的作用。

三、热门软文营销不要忘了做搜索引擎优化

很多人想到用热点事件做软文营销，但是只是为了推广自己的产品，却忽略了网站的搜索引擎优化。许多人都觉得热点事件和自己推广的关键词没有任何关系，可是只要通过合理的逻辑推理，让这些热点事件能够有效地和自己网站的关键词沾上边，不管是在文章的开始，还是在结尾，只要带上合理的网站关键词，再加上合理的关键词锚文本，其搜索引擎优化的效果就会有很大的提升，而且也不会影响软文营销推广的效果。

四、热门软文的发布平台要多样化，而且要有频率

软文发布的时候一定要从多个不同的媒体进行，不要天天只是在某一家网站发布，这不仅不利于网站的优化，也不利于软文阅读人群的推广，更不利于软文的覆盖面。通常一篇软文能够发布在5～6个不同的平台比较好，另外软文每周最起码要发布1篇，如果为了做搜索引擎优化，那么软文最好是每天都发布。

二、软文营销的实施步骤

软文营销是网络时代最重要的营销方式之一，也是企业必选的营销方式之一。软文营销要求实施者具备综合素质，新人难以发挥软文营销的内在魅力，不止一家企业在软文营销的路上遇到困惑。那么，软文营销应该如何实施呢？

1. 市场背景分析

软文营销是营销行为，做市场分析是十分必要的，了解企业面对的用户的特点，才能准确地策划软文话题，选择正确的媒体策略。以电商企业为例，有各自擅长的领域，如母婴类商城面对的是育龄女性，体育用品商城面对的是爱好健身的人群。所以，不同企业在营销的需求方面差异很大。

2. 软文话题策划

软文话题的策划要准确把握用户群的特点，同时要根据营销的导向性来策划话题。如果是企业运营起始，应该注重用户信任的建立；如果是成熟的企业，应该侧重活动和特色产品的推广，用以直接带动产品的销售；如果是品牌推广，应该侧重企业的公关传播，突出企业的社会责任感。总之，软文话题可以包罗万象，多写多想便能策划出好的软文。

3. 软文媒体策划

软文媒体策划就是软文传播的媒体策划，也就是媒体选择。但是企业往往是重发布轻策划，最后还错误地认为软文营销的效果不明显，责怪软文发布商不给力，这个不是问题的根源。正是因为这点，很多专业服务商应运而生，通过分析企业发稿需求，它们为企业量身定制新闻营销发布方案，为企业提供新闻源套餐、外链套餐、新闻门户套餐、行业套餐等多样化发稿服务，让企业有的放矢，精准命中目标客户。

4. 软文写作

软文写作按照软文策划方案编撰软文文案即可。软文写作需要有行业知识背景的文案专员，现在流行的叫法叫作写手。软文写作对于稍微有点经验的人来讲并不难，只是耗费脑力和时间，需要细心去琢磨。具体的软文写作方法前面已经论述过，此处不再赘述。

5. 软文发布

软文发布是将编撰好的文稿发布到策划好的目标媒体上，很多第三方企业专门从事软文发布业务。

6. 软文效果评估

软文营销的效果其实是企业最关心的问题。如何评价软文营销的效果呢？应该综合品牌和销售情况、网站流量、电话咨询等要素来考虑。一般来说，仅以发布之后一段时间内网站的销售和流量提升来进行考核是不太合理的，软文自身的优势在于网络口碑与推广的持续效果。

通常情况下，企业把握好上述 6 个步骤，便可以顺利实施软文营销。但是，企业各有背景，实际操作过程需要有经验的顾问做项目经理，整体管控软文营销的实施，这样效果才能得到保证。

 小链接

茅台酒的网络软文营销

自 2003 年以来，茅台酒厂名誉董事长季克良连续亲自撰写并发表了《茅台酒与健康》《告诉你一个真实的陈年茅台酒》《世界上顶级的蒸馏酒》《国酒茅台，民族之魂》等一系列文章，就是为了广而告之，依靠大众软文营销的手段，凭借大众媒体软文引导口碑传播。这些文章一经发表就被各大网络媒体争相转载，通过简单的几篇软文为何能释放巨大的引爆力？因为茅台酒选对了营销方式。

三、新媒体条件下网络软文的营销方法

好的软文营销可以促进产品的销售、树立品牌形象、拉近客户距离、提高企业影响。随

着科技信息化的不断进步，以新媒体为媒介的电子商务网络软文迅速发展起来，所以有必要对新媒体条件下的网络软文的营销方法进行探析。

优质的网络软文营销能够大大提高企业的影响力和声誉，还能刺激消费者进行消费，从而实现企业产品销售的目的。因此，制定良好且有价值的电子商务网络软文的营销策略是非常重要的。首先要有一篇高质量的软文，其次是选择有效的传播途径，高质量的软文加上影响力极高的平台，这种宣传效果是长期的。因此，在软文的撰写和发布上应该做以下几方面工作。

1. 做好市场调研和目标消费者市场的定位

新媒体条件下，网络软文的设计一定要结合大多数受众群体的兴趣和爱好，做好市场调研，制作出适应广大消费者群体的网络软文，使得网络软文的营销能够直接引导消费者进行消费，从而实现企业实施电子商务网络软文营销的效果，进而实现企业产品销售的目标，增强企业产品的市场占有率和影响效应，提高企业产品的销售数量。

目标消费者市场的定位要从目标消费者的消费需求开始，通过需求与产品、服务的优势资源对接来最终确定精确的目标消费者市场。因此，企业必须精确识别目标群体，如目标消费者经常浏览的网站、社区甚至访问时段，同时应把握市场热点，抓住目标受众对产品最关注的是什么，易于接受的传播方式是什么等问题，这为软文的撰写和推广打下了基础。尽管软文的最终目标仍然是宣传某个产品、服务或者企业理念，但是只有建立在消费者真实需求基础上的软文才能使消费者产生共鸣，取得更好的效果。

2. 规划好软文的宣传策略

软文与传统的硬性广告不同，软文重点在于广告语要"软"，是通过文字描述来潜移默化地影响消费者的思想，而不是强行让消费者接受和欣赏这样那样的广告，应该从消费者的角度出发，探索大众消费者的需求，制定出符合消费者心理的网络软文，在耳濡目染和潜移默化当中使得消费者接收到了网络软文所宣传的广告信息。只有通过长期的营销宣传才能提升品牌和美誉度，进而才能在营销上产生质的变化。因此，企业在进行软文营销前应具有明确的产品诉求，在进行软文的撰写和发布过程中将企业的诉求与消费者的需求相结合。这种诉求又是随着消费者的需求变化而不断变化的。

软文营销应该是一个持续的过程，根据市场的变化在软文内容和投放等方面做出相应调整。例如，某企业某一阶段的诉求的内容是销售产品，则软文应着重传递给消费者能给他们带来什么样的利益上，在软文撰写中要强调产品的功效和与众不同的特色；如果该企业的诉求是传播品牌文化，则软文的内容要侧重品牌理念、品牌精神、品牌故事的宣扬。由此可见，软文营销也应该遵循计划、组织、实施、修正等操作规律。只有这样的软文营销方式才能够更容易受到消费者的喜爱，使消费者接受企业产品的宣传方式，从而达到刺激消费者消费、实现企业销售额的目标。

3. 选择受众群体较多的平台发布网络软文

优质的网络软文发布平台能够大大提高网络软文的效应和价值。受众群体比较多的网络平台能够有大批的消费者去阅读网络软文，增加网络软文的阅读量，吸引消费者的注意，刺激消费者的购买欲，提高企业产品销量。一个成功的软文营销还必须有好的发布和推广策略与之配套，才能取得目标效果。网络软文的推广主要的借力是网络自行传播，从而取得传播品牌、产品或服务的效果，并引发广泛关注、提升知名度，进而达到取得直接效益的目的。

网络营销与推广

网络软文的推广渠道有很多种，门户网站、论坛、博客、微博、微信等都是重要的推广和放大平台。同时，一篇好的网络软文不能脱离大众的视线，与互联网隔空的网络软文再怎么成功都有可能不被大众发现，因此，一些网络软文高手一般会尽量利用当前最新的热点事件，将网络软文发布与当前热点新闻事件发布关联在一起，能够对网络软文营销起到扩大推广的作用。此外，良好的推广平台对于网络软文营销是十分重要的。对于大多数中小型电子商务企业而言，由于资金有限，在网络软文发布上不可能重金投资，在这种情况下，可以选择一些大型论坛、社区、微博、微信等进行网络软文的发布和推广，往往也能起到很好的推广效果。对于有实力的大型电子商务企业来说，网络软文发布最重要的是选择对口的发布网站，最好是选择与自身企业相对应的网站发布和推广。例如，在汶川地震赈灾期间，各大论坛不断炒作这样一篇名为《封杀王老吉》的文章，让南方凉茶王老吉几乎一夜间红遍大江南北。王老吉成功营销的关键就是重视网络论坛这一平台，同时借助了当时的特殊事件，顺势而为，在"天时、地利、人和"的情况下达到了营销的效果。

四、软文营销的目的

1. 争取 UV，创造 PV

UV（Unique Visitor）是指访问某个站点或点击某条新闻的不同 IP 地址的人数，PV（Page View）即页面浏览量，就是同一个访问者打开网站的页面数量，通常是衡量一个网络新闻频道或网站甚至一条网络新闻的主要指标。企业可以通过软文告知浏览者企业的电子商务网站有其需要的或者感兴趣的内容。好的软文本身可以很好地引起消费者的关注，同时可以连带企业的电子商务网站备受关注，UV 自然就上来了。但是如果只有 UV 而无法形成 PV，营销效果将是很差的，因为某篇软文可能会因为标题引人入胜，浏览者点击进来看了一下，发现根本不是自己需要的信息，所以也不会再打开软文链接的网站的其他网页，企业也就没有达到宣传产品、传播企业形象的目的，也就是没有达到企业的营销效果。有些网络营销人员通过软文"诱骗"网民给网站带来 IP，但却不太可能给网站带来真正的商业价值。这就是为什么有些人通常会为自己的某某文章点击量高而沾沾自喜一段时间后，慢慢地发现点击量这么高却没带来几个真正的客户的原因了。

2. 创口碑，树品牌

在互联网时代，口碑的作用越来越明显。当人们已经对铺天盖地的网络广告熟视无睹，产生审美疲劳时，通过口碑传播，在一定程度上降低了消费者对硬广告强制输入时产生的接受信息的不适感。好的软文不仅吸引消费者来浏览和阅读，甚至可以让消费者在不知不觉中口耳相传，从而形成巨大的口碑效应。而随着数字技术和网络传播的演进，网络中的电子邮件、聊天室、论坛、网站、博客、微博、微信等，一方面加快了产品口碑散播的速度，另一方面也促使消费者有目的地主动搜索，能随时随地获得和扩散信息，避免了不可预期的时效障碍，使口碑传播有了质的飞跃。通过软文推广带来的销量提升是最明显的软文营销的效果。而且，通过软文推广带来的客户比一般的推广方式更有黏性，如果你的产品质量过关，通过客户的口碑传播还会带来更多的销量和更多的忠实粉丝。

任务三 软文撰写的方法

软文有三种基本类型：新闻类软文、行业类软文和用户类软文。其中，新闻类软文主要包括新闻通讯稿、新闻报道、媒体访谈；行业类软文主要包括权威论证、观点交流、人物访谈、实录；用户类软文主要有综合型、促销型、争议型、经验型、知识型、故事型、恐吓型、悬念型、娱乐型、总结归纳型、爆料型、情感型等。在信息时代，一篇优秀的软文可以使商家获得良好的收益，那么，如何撰写一篇高质量的网络软文呢？

一、新闻类软文的撰写

1. 引人入目的标题

发布软文广告是企业的需求，无非是要达到品牌宣传目标或产品销售目标，但写作软文广告时首先要考虑读者的需求，让读者看到文章标题后能点击进入并查看。就整篇软文广告而言，标题就像"脸面"一样，决定着能否吸引读者的目光。当然，仅仅吸引读者目光是不够的，标题还应该让读者动心，并产生"让我瞧瞧"的欲望。衡量一个好标题的依据是要突出关键词、要包含和读者利益相关的字眼、要具有很强的吸引力、短小简练易记、要具体不要太抽象。一个极具诱惑力的标题是可以为软文加分增值的。所以，在拟定标题时要做到有个性、有创意，同时标题还要有思想、传神、生动。例如：《人类何以长生不老？》《男人流行画眉毛？》《保肝价太高，市民怎么办？》《有能使人"漂"起来的酒吗？》……这些标题曾经风靡一时，甚至令人记忆犹新，原因是它们不但像新闻标题，甚至比当时的新闻标题更吸引人。

当然，也不能只为了赚取别人的眼球刻意的做"标题党"，在给软文取标题的时候还是要注意结合软文内容的相关性，这样一来不仅为企业做了宣传，也能让受众有所收益。

早在2003年的《华商报》上，就曾经涌现出一个令人回味的软文广告标题：《一个被99%的人忽视的卫生习惯》，这是非典时期的"洗之朗"（电器产品）的软文标题，发表时机为当时各媒体大篇幅教育人们要"勤洗手""科学洗手"之际。因为洗之朗是"智能化便后清洗器"，这篇1131字的软文，完成了原计划用10篇约8000字才能实现的市场教育和观念引导宣传，这也体现了软文操作过程中对计划修正的及时性和策略性。

这是非典后期全国上下声讨卫生陋习时，继《华商报》"审视生活陋习，倡导文明生活"热点专题新闻《如厕陋习得改改》《家庭生活陋习应该改改》之后，良治电器洗之朗的一个巧借东风之作。至此，洗之朗在软文操作方面的快速反应、精明策划开始显山露水，广告界、策划界和部分企业开始密切关注并纷纷仿效，最终形成了2003年西安的"洗之朗软文模式"。

2. 围绕主题展开

在动手撰写软文之前，要确定软文的主题是什么，发软文的目的是什么。软文营销的本质仍然是广告，尽管摒弃了以往的广告形式，其最终目的仍然是宣传某个产品、服务或者是企业理念，希望能够得到消费者的认同和接受。因此，企业在软文写作和发布中并不能过度弱化广告信息，而是要将广告信息巧妙地融合到软文中，否则无法实现产品价值的传递，更无法实现企业的营销目标。所以，在软文写作中要紧密地围绕这个宣传的广告主题展开写作，可以先设定几个关键词，然后适当地把这些关键词放进文章里，让受众觉得不生硬。

3. 结构框架井井有条

对于一篇软文来说，是否能让读者愿意花费时间来阅读就显得非常关键。所以，拟定了一个引人入胜的标题后，还要求撰写者精心构思软文的框架结构，做到段落清晰、条理清楚。一般撰写网络软文时习惯用"总-分-总"的结构，让读者在点击进入文章以后就能知道文章的主要内容,给受众一个一目了然的页面,使软文做到有条不紊。

4. 写作语言通俗化

在软文的写作过程中,要善于运用一些新闻惯用的词汇,来增强软文的"新闻性",可以在软文中多使用一些表示时间、地点的词汇,能使文章显得具体。比如:"当前""昨天""正当××的时候""×月×日"和"在我市""××商场""家住××街的××"等,这些时间以及地点的概念可以引导读者产生与该时间、该地点的相关联想,加深印象,淡化广告信息。还要恰当运用新闻源由词汇,比如,"据调查""据了解""笔者还了解到""在采访中了解到""据××说""笔者亲眼看到"等,这些词汇让读者更能感到信息的真实与有据可查。当然,信息本身首先必须是真实的,同时还需要注意软文的阅读者是普通的消费者,所以在软文的写作中不需要华丽辞藻的修饰,也不需要连篇累牍的描述,只需要注意词汇表达能将软文的思想和主题通俗化、商业化、锐利化即可。一篇高质量的软文一定是能被人轻松阅读并理解的,软文语言没有通俗易懂,只能曲高和寡,没有回应,自然谈不上带动产品销售。

5. 文章格式清晰明了

读者看网站与读书的方式完全不同,在网站上大多是以极快速度的浏览,这就要求软文的格式一定要符合读者的习惯。

(1) 段落不能太长,大段的文字会让读者产生视觉疲劳,最好两三句话就分段;

(2) 尽量使用小标题,网页文章写作条理要清晰,逻辑结构要强,每一小段文字最好有一个小标题,小标题用黑体或者是比正文稍大一码的字体显示,有利于读者快速地捕捉到文章的重点内容,如果读者感兴趣的话自然会去阅读下面的具体内容;

(3) 尽量使用表格形式或者是要点分列,有助于读者快速抓住文章结构及要点。

6. 文章排版整齐醒目

软文广告的编排设计主要涉及以下几个方面。

(1) 字体

标题(包括引题和副题、小标题)的字体、正文的字体均应和发布媒体惯用的新闻字体一致。对字体的装饰(如底纹、阴影、立体等)也要和新闻稿的设计风格保持一致。

(2) 字号

除了字体的设计与新闻保持一致之外,字号也要和新闻稿件惯用的字号一样,这样才会从整体上让读者感到"像新闻"。

(3) 分栏

对较长的软文稿件(一般800字以上),在设计时就要进行分栏处理。分栏时,要参考发布媒体的分栏方式,严格把握每栏的栏宽长度。一般大报每版以五栏划分,每栏约6厘米宽,小报每版以四栏划分,每栏约5.5厘米宽。

(4) 边框

每种报纸的新闻稿件边框线都有其固定的风格,如《华商报》的新闻边框线为3毫米的灰色(彩版为绿色或蓝色),而《西安晚报》则为粗线条边框。北京、上海、广州等各地报纸媒体也都不尽相同,甚至没有边框,这些都是软文广告编排设计时要参考的细节。

(5) 行距、字距

一般来说,新闻正文的行距一般以1毫米为佳,1厘米的距离内只能排3行字。字距一般小于1毫米,1厘米内可以排3.5个字。软文编排设计时要严格把握行距和字距的疏密,再配合字体字号的一致,尽量做到与新闻稿一致。

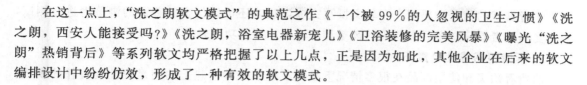

在这一点上,"洗之朗软文模式"的典范之作《一个被99%的人忽视的卫生习惯》《洗之朗,西安人能接受吗?》《洗之朗,浴室电器新宠儿》《卫浴装修的完美风暴》《曝光"洗之朗"热销背后》等系列软文均严格把握了以上几点,正是因为如此,其他企业在后来的软文编排设计中纷纷仿效,形成了一种有效的软文模式。

二、行业类软文的撰写

行业类软文是指面向行业内人群的软文,此类文章的目的通常是为了扩大行业影响力,奠定行业品牌的地位。一家企业的行业地位将直接影响到其核心竞争力,甚至会影响到最终用户的选择。在写作行业类软文时,从以下几点切入,更容易建立知名度与影响力。

1. 经验分享

此类文章以传播知识与经验为主,实际上是利用心理学中的互惠原理,去感染人、影响人,继而建立品牌地位。经验分享型软文在分享经验的同时,其实就是在免费给予读者知识,帮读者少走弯路,解决问题。读者在免费接受了有用的知识和帮助以后,也会向自己的家人、朋友和同事推荐或者赞美该软文。在这个过程中,软文中推荐的相关企业或者产品的知名度和影响力也就自然而然地建立起来了。

2. 观点交流

经验分享类的软文是以知识服众,观点交流型的文章是以思想取胜。相对于经验分享类文章,观点交流型软文的写作更偏重于思考和总结。此类文章通常都是以独特的见解、缜密的分析、犀利的评论为主,让读者从心理上产生共鸣,继而建立企业和品牌的地位和影响力。

3. 观点新颖符合事实

软文撰写需要有自己的观点,但这些观点应该是通过实验、实践获得的,而不是凭空臆造的。尤其是在行业类软文的撰写中,所提供的信息应该是准确的,而不是模棱两可的,更不能是没有事实依据的,甚至是错误的,不然不仅降低了软文的可读性和实用性,更容易误导受众。因此,撰写者一定不能做没有事实根据的推论或者定论。

4. 权威资料

无论哪个行业,几乎都有一个共同的需求,就是迫切需要各种行业的调查数据、分析报告、趋势研究等资料,行业类软文对这一点的要求尤其高。所以权威资料型软文的写作需要进行实地的调查,然后对调查得来的数据进行统计、归类、分析和研究。这类文章不需要太多的文采,但是需要作者具备一定的数据统计和分析能力。

三、用户类软文的撰写

用户类软文是指面向最终消费者或产品用户的文章,大家经常提到的产品软文即属于此类。这类软文的主要作用是增加在用户中的知名度与影响力,赢得用户好感与信任,甚至引导用户产生消费行为。用户类软文的撰写需要注意以下几个方面。

1. 信任自己的产品

在用户类软文的写作中首先要做到的就是要信任自己的产品。软文的核心功能就是要说服别人,要想说服别人,首先得说服自己。软文撰写者首先要对自己的产品或服务充满热情及信任,相信自己的产品是最好的,是最适合用户的。所以在很多软文中,常常会出现作者以产品试用者的身份来述说产品的优势以及产品使用后的感受,这样在软文的撰写中更容易融入作者真诚的信任和热情。在软文撰写完成以后，还可以先交给普通的浏览者进行测试，如果受测试者看完文案后有购买的欲望和冲动，才是成功的软文。

2. 诉诸情感或社会责任

消费者购买和使用商品在很多情况下是为了追求一种情感上的满足或社会责任的展现。当某种商品能够满足消费者的这种心理需要时，它在消费者心目中的价值可能远远超出商品本身。就算是最精明、最理智、最冷静的消费者，也免不了被情感所左右。无论线上还是线下，大多数购买者都是冲动型购买。因为"我想买"而购买的次数远远高于"我需要"而购买的次数，尤其是女性，大多数都是因为喜欢、想要而购买的。

在用户类软文写作的时候也可以利用这个心理，直接诉诸情感或社会责任。很多时候讲道理、摆事实，还不如一句触动情感的话更有效。比如：某品牌的抗皱化妆品在文案中写到"妈妈，我要让你更年轻""抹平岁月痕迹"。在软文的写作中，词汇和语言上完全可以很个性化、很随意，就像是两个熟悉的人面对面交谈的语气，给人一种亲切感，让人感到在网站背后是一个或一群有血有肉的、充满热情的人。企业还可以将自己承担的社会责任、参与或组织的公益活动等借助新闻报道和相关文章来提升企业形象，提高其品牌知名度，增加客户忠诚度。

3. 用数据说话

人们历来对数据有着特殊的钟爱，比如，要说明一个事情，或表达一个观点，如果其中都是笼统的说法，没有具体确凿的数据，往往给人一种夸海口的感觉。相反，如果你能用具体的数据，就会给人一种自信和真实的感觉。所以，在用户类软文的写作中尽可能地使用具体的数据来说明产品的效能和优势。比如某些广告经常会提道："经过试验，24小时之内有效率将达到99%"等。有了具体的数据，表明企业肯花时间和精力做相关试验和测量，也从侧面反映了企业认真负责的态度。

四、软文写作技巧

软文写作是软文营销过程中最重要的技能之一，一篇引人入胜的软文不仅能获得高的UV和PV，还可以获得更多的经济效益。新闻类、行业类、用户类软文在写作中需要注意的事项前面已经进行了介绍，那么软文在写作中还有哪些写作技巧呢？

1. 亲身尝试

写出好文章首先要求自己有过亲身体验，因为只有自己经历过的事情、体验过的产品，在写作过程中才能有感而发，言之有物，这样的文章写出来才算得上是"干货"。有内容、有情感，才能比较容易引发他人的共鸣。所以，软文写作者应该尽量写自己知道的、经历过的、平时工作过程中的一些发现、心得和经验。同时也要从消费者的角度出发，去思考、发现，然后结合自己的体验和经历，针对消费者想知道的内容、所需要的知识进行写作，只有这样才能创作出优秀的软文，真正地吸引住消费者。

2. 借鉴他人文章

自己的经历总有被写完的一天，这时不妨换个角度，多看他人的文章，分析他人文章中提出的一些观点或者使用的方法，以及文章中提出的一些思路。软文写作者不能只顾自己写，同时还应当多看，在吸收经验之余也为自己的写作寻找灵感的源泉。同时，多看他人的文章也可以借鉴他人的文笔、写作思路等，取长补短。

3. 关注行业新闻

现代社会是一个资讯发达的社会，互联网又是社会发展的热点，每天都有日新月异的变化或者各种让人瞩目的事件，这一切都是写作软文、表达心得的好来源，通过关注行业内的焦点新闻、事件，写出自己的感受和评论，也是软文写作的技巧之一。

4. 写作简洁而有吸引力

软文写作要简洁，让网友只看一眼就能看到自己关心的、想要的内容。在这个信息爆炸的社会，简洁明了才能吸引到网友。同时，软文要写的有吸引力，能把你的受众深深地打动或者是感动，让他们知道这篇软文是在帮助他们，而不是在做营销，只有这样才算是一篇好软文。

五、软文的传播途径

1. 由纸媒到互联网媒体

虽然今天被称为自媒体时代，但是信息传播往往是从小众到大众，人人都是自媒体，人人都是信息源，这也意味着人人都难以产生有影响力和深度的信息资源。所以，今天即使我们身处互联网的浪潮，但是大多数有影响力、传播范围较广的信息，还是来自于纸媒。把纸媒作为软文的第一发布媒体，是很多企业选择的宣传方式。有些企业甚至在纸媒的广告中舍弃了图片，全部以文字形式呈现，或刊登访谈实录，或书写企业文化，或记录用户评价等。大多数纸媒都拥有自己的网站以及电子版，而很多网站编辑采集的信息主要都是来自于纸媒，在纸媒发布的软文一般转载率都比较高。

2. 由非纸媒网站到纸媒网站

中国有近千种报纸，这些报纸大多都有自己的官网，并且大多也都是资讯类网站，无论是信息数量还是信息质量，都远高于资讯类论坛。同时，这些网站几乎都是百度等搜索引擎的新闻源站点。所以，在软文发布的时候，需要重视这些纸媒的官网。这些纸媒为了获得高质量的文章，开通了两个信息入口：一个是网站的论坛，一些具有一定篇幅并且观点明确的文章，会成为纸媒官网以自己名义发布的信息或者新闻，当然网站的编辑会进行一定的整合和修改；另一个就是纸媒官网开通的投稿入口，虽然对于软文的质量要求较高，但是软文依然有进入的机会。还有就是纸媒向企业收取一定的费用，在官方网站刊登软文。

3. 由行业网站到非行业网站

几乎所有的行业都有本行业内有影响力的行业网站，特别是工业，一个行业往往有数家有一定影响力的行业网站。这些网站大多有官方背景，具有权威性，发布的信息权威。公司网站编辑或者细分行业网站的编辑对于这些网站情有独钟。在这些网站发布软文，会被同类网站或者影响力较低的网站所转载，同时还会被同行业的公司所转载，尤其是涉及行业发展、规划、目标、趋势、数据等文章，同行的企业网站更加热衷于转载。企业在行业网站发布软文是一个不错的选择，当然这样的软文需要具备一定的行业视野。

4. 由非营利网站到商业网站

非营利网站包括政府网站、事业单位网站、公益组织网站、协会网站，这些网站大多都设有与本机构职能有相关性的资讯栏目。例如：教育网站可能开设有学生兴趣栏目，一些商业教育机构的软文就能够被引用；政务网站开设的智慧政府栏目，一些介绍监控、安全、政务设备等产品的文章就有被采用的可能。在这些网站发布的文章，点击率可能不高，但是被其商业网站转载的次数非常多，同时搜索引擎对这些文章收录的意愿也非常强。

5. 由热点事件软文到商业热点事件软文

热点事件原本属于非营利软文，网民关注以及讨论热点事件纯粹属于网民对事件的好奇，以及对事件缘由以自己的观点进行讨论评价，希望获得其他网民的认可。凡事都有变化，网络热点事件也是如此，经过商家的包装和创意可以成为最有利的商业广告。互联网商家可以利用热点事件炒作软文为企业进行品牌营销。

总而言之，软文营销讲究一个"软"字，这就注定了在各类软文的撰写过程中，要将"软"贯彻到底，通过设计能够吸引一部分人眼球的标题，将广告隐藏其中，用引导性的文字来带动读者的心情，软化读者对广告的排斥信息，将广告传递给读者，润物细无声地传达要宣传的产品特性和企业形象。

一篇好的软文创作出来以后，要想达到良好的宣传效果，还需要善于利用当前的热点事件，将软文广告发布和热点新闻事件黏合在一起。这种有机结合主要表现在以下两个方面。

（1）企业发布软文广告时，对发布契机的把握与对当时热点新闻的巧妙跟从；

（2）当新闻媒体在连续"炒"某个重要话题时，企业要快速做出应变，撰写与此话题相近的软文进行"跟风"。

除此之外，要善于"炒作"。如果把结合热点事件比作"借风起浪"的话，那么善于"炒作"就是要"无风自起浪"。在当前没有很好的热点事件借势的情况下，应善于发起一些读者感兴趣的话题进行"炒作"，其目的也是为了扩大宣传效应。

除了要注意软文创作和发布方面的技巧外，选择在什么样的网络媒体来投放也是至关重要的。目前，在国内像腾讯、新浪、搜狐、网易等主流门户网站以及天涯、猫扑等流量较大的社区等都是不错的选择，但也需要根据不同的受众来选择不同的版块进行更有针对性的传播。

小　结

（1）软文是由企业的市场策划人员或广告公司的文案人员来负责撰写的文字广告。软文有悬念式、故事式、情感式、恐吓式、促销式、娱乐式、新闻式、诱惑式等几种形式。

（2）软文营销具有隐蔽性，内容丰富，形式多样，受众面广，吸引力强，可接受度高，低成本，高效益，以消费者为中心等特点。

（3）软文营销有新闻攻略、概念攻略、经验攻略、技术攻略、话题攻略、权威攻略等相关策略。软文营销的实施步骤为：首先要对市场背景进行分析，策划好软文话题，策划好软文媒体，然后进行软文写作，再将写好的软文选择合适的时机和合适的平台发布出去，最后还要对软文的营销效果进行评估。

（4）软文的撰写分为新闻类软文的撰写、行业类软文的撰写和用户类软文的撰写三个方面。

（5）软文的传播途径主要有由纸媒到互联网媒体、由非纸媒网站到纸媒网站、由行业网站到非行业网站、由非营利网站到商业网站和由热点事件软文到商业热点事件软文五种。

 实践案例

案例分析

案例1　迪拜七星级酒店的软文营销

迪拜有一个七星级酒店，这个酒店建在一个人工岛上，外形酷似帆船，一共有56层，321米高，被称为帆船酒店。帆船酒店2007年开始重点拓展中国市场之时，没有投入一分钱广告费，只是在国内的几家报纸媒体做了几篇系列软文。其中比较典型的是以下两篇。

《长江商报》2007年8月20日报道"全球唯一七星酒店：24吨黄金装饰"；《北京青年报》2010年8月9日报道"迪拜七星级酒店六成中国客，消费能力让人吃惊"。

这两篇文章的核心内容被新华网、人民网、搜狐、腾讯等各大门户网站争先转载，被其他平面媒体报道引用。结果帆船酒店成了国内富商、明星等争相参观的景点，以及入住的首选。

案例2　脑白金的软文营销

脑白金上市之初，首先投放的是新闻性软文，如"人类可以长生不老吗""两颗生物原子弹"等。这些软文中没有被植入任何广告，只是在大肆渲染身体中一种叫做"脑白金体"的器官。人都是具有猎奇心理的，特别是对与自身相关的东西尤为关心，所以这些带有新闻性质的软文马上受到了用户的关注。然而，这类软文更是像冲击波一样一篇接一篇，不断冲击着人们的眼球。在读者眼里，这些文章的权威性、真实性不容置疑。虽然这些文章中没有任何的广告，但是脑白金的悬念和神秘色彩却被成功地制造出来。

人都是恐惧死亡的，也都渴望长生不老，在这时候总是在新闻频道中听到一种叫做脑白金的物质，说它可以延年益寿时，就有人坐不住了，就会问："脑白金到底是什么？"消费者的猜测和彼此之间的交流使脑白金的概念在大街小巷迅速流传起来，人们甚至对脑白金出现了一种期盼心理。

当通过第一阶段的软文成功引起人们的关注，让大家对脑白金充满期待后，紧接着跟进的是一系列科普性（功效）软文，如"1天不大便＝抽3包烟""人不睡觉只能活5天""女子四十，是花还是豆腐渣"等。这些文章主要从睡眠不足和肠道不好两方面阐述对人体的危害，并指导人们如何克服这些危害。同时在这个过程中，再次将脑白金的功效融入其中，反复强调脑白金体的重要性。

这些文章没有做广告，而是用摆事实、讲道理的方式普及科普知识，告诉大家如何活得更健康、更长寿，所有文章都是用科学的方法讲道理，这使大部分读者心悦诚服。由此可见，如此战略性地发布软文，潜移默化地就将脑白金概念放入了消费者的头脑里，从而使脑白金产品的销量年年增长。

业务操作

1. 结合上述2个案例，谈谈软文营销的特点。
2. 结合本项目内容，谈谈案例中如何体现"软"的？

学习评价

一、选择题

1. 下列选项中不是软广告的是（　　）。
   A. 电视节目访谈　　　　　　　　　　B. 手机短信上收到的文章
   C. 网络上的文章　　　　　　　　　　D. 打开网页自动弹出的广告
2. 软营销理念是企业在进行市场营销活动的同时，注重消费者的（　　）。
   A. 消费欲望　　B. 购买力　　C. 感受和体验　　D. 期望和评价
3. "软文营销着重加强与消费者的沟通和交流，根据特定产品的概念诉求和需求分析，先将重点放在研究消费者的需求和欲望上"，这是软文营销的（　　）特点。
   A. 以消费者为中心　　　　　　　　　B. 低成本，高收益
   C. 吸引力强，可接受度高　　　　　　D. 隐蔽性
4. 软文营销的实质是（　　）。
   A. 宣传产品特性　　　　　　　　　　B. 塑造企业形象
   C. 培育粉丝的忠诚度　　　　　　　　D. 达成实现企业产品销售的目标
5. 目前企业进行网络宣传的一种惯用方式是（　　）。
   A. 网络页面广告　　B. 网络软文　　C. 网络视频　　D. 网络直播
6. （　　）是制造事件营销的最好的载体。
   A. 热点新闻　　B. 热点事件　　C. 热点明星　　D. 热点话题
7. 最喜欢利用技术攻略进行软文推广的是（　　）领域。
   A. 互联网领域　　B. 医疗领域　　C. 股市　　D. 金融领域
8. 不是软文基本类型的是（　　）。
   A. 新闻类软文　　B. 用户类软文　　C. 权威类软文　　D. 行业类软文
9. 在软文中使用时间、地点等词汇，能使人觉得（　　）。
   A. 真实性　　B. 具体　　C. 有信服性　　D. 权威性
10. 除了要注意软文创作和发布方面的技巧外，还需要注意（　　）。
    A. 选择合适的网络媒体来投放　　　　B. 受众的需求
    C. 社会的要求　　　　　　　　　　　D. 国家的政策

二、判断题

1. 软文是基于特定产品的概念诉求与问题分析，对消费者进行针对性心理引导的一种文字模式。（　　）
2. 软文营销就是指通过特定的概念诉求，以摆事实讲道理的方式使消费者走进企业设定的"文化圈"，以强有力的针对性心理攻击迅速实现产品销售的文字模式和口头传播。（　　）
3. 软文的宗旨是制造信任，软文往往通过一些具有情节性的故事或者自我体验来表现产品或者服务。（　　）
4. 话题攻略是现在的软文攻略中运用的比较少的一种软文攻略类型，是围绕着实时话题、热点问题而展开的评论。（　　）
5. 行业类软文指面向大众人群的软文，此类文章的目的通常是为了扩大行业影响力，

奠定行业品牌的地位。　　　　　　　　　　　　　　　　　　　　　　　（　　）
    6. 软文的核心功能就是要说服别人，要想说服别人，首先得说服自己。（　　）
    7. 经验分享类的软文是以知识服众，观点交流型的文章是以思想取胜。（　　）
    8. 一篇好的软文创作出来以后，要想达到良好的宣传效果，还需要善于利用当前的热点明星，将软文广告发布和热点明星黏合在一起。（　　）

三、简答题

1. 软文营销的特点有哪些？
2. 软文营销的攻略有哪些？
3. 新闻类软文撰写有哪些注意事项？
4. 为什么在用户类软文的写作中，首先要作者信任自己的产品？
5. 一篇好的软文创作出来以后，要想达到良好的宣传效果，还需要怎么做？

项目八　事件营销

 知识目标

- ◆ 熟记事件营销的含义和特性
- ◆ 掌握事件营销的核心步骤
- ◆ 掌握事件营销的切入点
- ◆ 理解事件营销的成功要素

 能力目标

- ◆ 能够抓住事件营销的成功要素进行事件营销策划
- ◆ 能够运用各个切入点进行事件营销

 重点难点

- ◆ 对事件营销成功要素的理解
- ◆ 掌握事件营销的各个切入点

 **任务引入**

事件营销是国内外企业在品牌营销过程中经常采用的一种公关传播与市场营销推广的手段。互联网时代的事件营销自然过渡到网络事件营销阶段。通过本项目的学习，我们将会适时地抓住广受社会关注的时事新闻事件及人物的明星效应，结合企业和产品在传播上的最终目的来策划创造性的活动和事件。

任务一 事件营销概述

事件营销集形象传播、广告效应、公共关系和销售推广于一体，能帮助企业快速提升品牌的知名度，带来巨大的产品销售，被喻为当前时代的营销核武器。尤其是随着网络社会的日益深入，事件营销更是在企业的营销战略中起到了举足轻重的作用。

一、事件营销的含义和特性

（一）事件营销的含义

事件营销的英文是 Event Marketing，被译为事件营销或者活动营销。事件营销是指企业通过主动策划、组织，利用具有名人效应、新闻价值以及社会影响的人物或事件，吸引媒体、社会团体和消费者的兴趣与关注，以求提高企业或产品的知名度、美誉度，树立良好品牌形象，并最终促成产品或服务的销售的手段和方式。由于这种营销方式具有受众面广、突发性强，在短时间内能使信息达到最大、最优传播的效果，且为企业节约大量的宣传成本等特点，近年来越来越成为国内外流行的一种公关传播与市场推广的手段。

简单地说，事件营销就是通过把握新闻的规律，制造具有新闻价值的事件，并通过实际的操作，让这一新闻事件得以传播，从而达到特定的效果。所以说，事件营销的着眼点在于放大某一具有新闻效应的事件甚至是主动制造新闻事件。

 小链接

事件营销在中国

中国最早的事件营销可以追溯到1915年。那年，中国政府倾力参加在美国旧金山举办的世博会，这也是旧中国时期中国商品在世博会上展出最多的一次，共有1800箱10万件展品，重达两千多吨，漂洋过海地去参展，中国国酒茅台酒也名列其中。可由于各国送展的产品也很多，琳琅满目，美不胜收，所以中国的茅台酒被挤在一个角落，久久无人问津。大老远跑一趟，不能白来呀！中国的工作人员眉头一皱，计上心来，提着一瓶茅台酒走到展览大厅最热闹的地方，故作不慎地把这瓶茅台酒摔在地上。酒瓶落地，浓香四溢，人们被这茅台酒的奇香吸引住了，也因此知道了中国茅台酒的魅力。这一摔，茅台酒出了名，被评为世界名酒之一，并得了奖。

要想做好事件营销，需要具有独特的创意，主动引爆媒介和公众的关注，这就需要企业涉及的事件有足够的创新之处来吸引公众。如海尔公司"砸冰箱"事件，对其日后在消费者心中树立高品质信得过的形象起到了深远的作用，后来也有其他企业通过砸冰箱、砸汽车来效仿海尔制造轰动效应，但都很难取得海尔当时的效果。还需要具有独到的眼光，特别要对与企业相关的热点保持高度的敏感性，将现有的热点事件为己所用，让公众在关注热点事件的同时关注到自己、联系到自己，并且给自身带来正面的效果。如蒙牛在"神州五号"升天

的事件中，除了大肆宣扬蒙牛是"中国航天员的专用牛奶"外，还到处发布"举起你的手，为中国航天喝彩"的广告，这句话把中国人的民族自豪感喊了出来，是中国人民在"神舟五号"事件中的心声，蒙牛也通过"神舟五号"事件取得了巨大成功。

著名的"砸冰箱"事件

20世纪80年代，海尔从德国引进了世界一流的冰箱生产线。仅仅一年时间，就有用户反映海尔冰箱存在质量问题。海尔公司不仅积极给用户进行退换，还对全厂冰箱进行了检查，发现库存的76台冰箱虽然不影响冰箱的制冷功能，但外观有划痕。时任厂长的张瑞敏决定将这些冰箱当众砸毁，令全社会一片哗然。因为那个年代物质紧缺、质优质劣产品都遭疯抢，从来没有厂家会对自己的产品质量如此重视。

作为一种企业行为，海尔砸冰箱事件不仅改变了海尔员工的质量观念，更为企业赢得了美誉，让消费者更加认同海尔的产品，将海尔冰箱与质量过关、品牌信得过等关键词紧密联系起来，为海尔未来的成功奠定了坚实的基础。

（二）事件营销的特性

1. 免费性

在整个事件营销的过程中，可以说新闻媒体资源是免费的。当遇到新闻价值大、热点事件或容易引起受众人群兴趣的事情，新闻媒体都会进行自发传播，甚至一件新闻意义足够大的事件能够极快地引起媒体的采访欲望和消费者的关注倾向。当然，这其中不包括企业内部的品牌新闻经费。当新闻受众收到新闻时，如果和用户相关或用户感兴趣，他们也会自发传播。传播媒介和受众群体在此过程中都是免费的，因此，事件营销往往具有免费性的特性。

2. 目的性

事件营销往往都是经过企业的策划团队精心策划设计的，无论是提升品牌知名度，还是提高产品或服务的美誉度，都有既定的目的。目的明确是事件营销的主要特性，这一点与广告的目的性是完全一致的。事件营销策划的第一步是要确定营销目的，然后明确通过哪种新闻可以让新闻的接收者按确定的目的行事。新闻事业发展到今天，媒体已经非常精确地细分化了。通过某一领域的新闻只会有特定的媒体感兴趣，并最终进行报道，而这个媒体的读者群也是相对固定的。有目的地进行事件营销，能够进一步节省人力、物力，降低成本，同时也能得到更好的效果。

3. 新颖性

正如前面所提到的独特的创意对于事件营销是否成功具有很大的影响，事件营销往往是通过当下的热点事件进行营销，把当下最热的事情展现给公众，因此它不能像一些普通广告一样让公众觉得反感，要能够吸引用户和媒介的关注和参与。

4. 时效性

在事件营销中，如果想要事件传播广，传播影响力大，事件本身是否具有新闻价值是非常重要的。这要求事件营销中的事件具有时效性,可以是当前的新闻热点,或者是一些标新立异、可以引起大众关注的事件。

5. 广泛性

事件营销选取的事件往往都是非常具有时效性的热点事件,有的事件还非常容易引起大众媒体的评论及新闻受众群体的讨论,媒体和受众往往会游说别人发表自己的观点,引发广泛传播。企业如果把事件营销运用得当的话,往往会带来口碑和效益的双丰收,因此,事件营销往往还有广泛性的特性。

6. 快速性

事件营销的恰当运用对于产品的推广和品牌的树立几乎可以起到立竿见影的作用。因为热点事件本身已经聚集了数量庞大的关注者、传播者,当企业利用已有的热点事件推出自己时,立即会得到这些人的关注和传播,同时由于现在高度发达的网络传播体系,可以实现产品和品牌的迅速推广。

 小链接

可口可乐在大事件中的快速反应

2015年7月31日,国际奥委会正式宣布北京联合张家口获得2022年冬季奥运会和冬季残奥会举办权的瞬间,可口可乐大中华及韩国区副总裁张建弢和北京可口可乐饮料有限公司总经理庆立军在北京的公众庆祝活动上,共同为金色限量版可口可乐北京2022年冬奥会祝贺纪念罐揭幕。位于亦庄的北京可口可乐饮料有限公司也同时启动生产线,72000罐可口可乐北京2022年冬奥会祝贺纪念罐陆续灌装,并连夜运往北京各大超市卖场,供北京市民共享冬奥激情。

张建弢表示:"用纪念罐来记录奥运历程的激情时刻,是可口可乐多年来的传统。今晚标志了中国奥运史上又一个重要的里程碑。我们很荣幸能和全中国的消费者一起见证新一段充满激情的奥运旅程正式开启。对大家来说伸手可及的可口可乐纪念罐,承载的是这一时刻所有人浓缩的记忆。"

继2001年首次推出北京申奥成功纪念罐开始,可口可乐相继推出了2003年北京奥运会会徽纪念罐、2005年北京奥运会吉祥物纪念罐,并在2007年火炬手选拔和2008年奥运会期间推出众多设计独特的可口可乐产品包装,成为收藏界和营销界津津乐道的经典之作。

在事件营销中,新闻媒体对于事件的态度是不可控的,且新闻受众本身的素质对不同的新闻事件的接受程度也是不同的,因而往往会在不同程度上影响事件营销的最终结果,使得事件营销的最终结果存在风险性。除此之外,企业的知名度虽然扩大了,但如果企业虚假营销,一旦人们得知了事情的真相,很可能会对该企业产生一定的反感情绪,最终伤害到企业的利益。

> 为了尽可能降低事件营销的风险，应注意以下几点：
> （1）必须在法律法规允许的范围内操作，一旦触及法律底线将给企业带来致命的打击，同时应尽量避免与政治挂钩；
> （2）不要夸大实际情况，信息传递的过程中会产生一些曲解，如若从源头上就不符合最终事实，会加大信息的扭曲程度，更会导致信任的缺失；
> （3）要配备应急预案应对各种突发事件；
> （4）对公众的各种反应要进行持续的跟踪，定期进行总结，根据市场反馈及时调整方案；
> （5）切记绝不能对品牌的美誉度造成破坏，如果为了出名而不顾美誉度，即便在短时间内扩大了名气，但对品牌的长远利益是不利的。

二、事件营销的营销法则

1. 寻找品牌与事件的关联性

事件营销一定要找到品牌与热点事件的关联点，不能脱离品牌的核心价值，这是事件营销成功的关键。

2. 做别人没有做过的

"First"是事件营销的重要因素，因为是第一，所以才有新闻价值，才能吸引眼球产生轰动效应。这就要求进行事件营销时巧妙创意，做别人没有做过的，说别人没有说过的。

3. 整合营销传播到位

事件营销的最终目的是提升品牌价值，然而一个事件营销产生的轰动效应毕竟是短暂的，想要保持事件对品牌的长期影响，还需在事件后将事件及品牌的相关信息不断灌输给消费者，并把公众的注意力潜移默化地转化为实际购买力及对品牌的忠诚度。

4. 提高事件公众参与度

人们往往对远离自己生活的事件淡然处之，也许事件本身具有很高的新闻价值，但因为和自己实际生活关系不大，所以有可能很快就淡忘了，比如伊拉克战争、外国的自然灾害等，仅仅是谈资而已。然而如果事件就发生在人们身边，或人们身临其境、亲身参与则会难以忘却，甚至刻骨铭心。

三、事件营销的作用

1. 新闻效应

最好的传播工具和平台是新闻媒体。事件营销最大的目的就是可以引发新闻效应。一旦引发媒体的介入，有了媒体的帮助及大力传播，营销效果及相应的回报是巨大的。

2. 形象传播

对于那些默默无闻的企业，如何快速建立知名度、迅速传播品牌形象是一个较大的难题。而通过事件营销，就可以攻克这个难题。事件营销的裂变效应，可以在最短时间内帮助

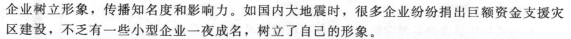

企业树立形象，传播知名度和影响力。如国内大地震时，很多企业纷纷捐出巨额资金支援灾区建设，不乏有一些小型企业一夜成名，树立了自己的形象。

3. 广告效应

不管是用什么营销手段，其实最终的目的都一样，都是达到广告效应。而事件营销是社会的焦点，是人们茶余饭后的热点话题，而由于人们对事件保持了高度的关注，自然就会记住事件背后的产品和品牌，广告效果无法估量。

4. 公共关系

通过事件营销，可以极大地改善公关关系。比如在"封杀"王老吉的营销事件中，王老吉的正面公众形象一下就树立起来了，用户对于王老吉的认可程度达到了史无前例的高度。在用户追捧的过程中，王老吉的知名度和销售量也被推向了一个新的高度。

任务二　事件营销成功要素及切入点

一、事件营销的本质

事件营销的本质是依附于新闻及新闻媒介的一种营销手段，所以，为了更好地进行事件营销，企业必须对新闻规律进行了解和掌握。新闻最重要的特点之一就是信息的损耗。新闻的加工与传播过程中充满着各种必然或偶然的因素，对于事件营销的策划者而言，必须明白新闻有着自己的损耗，并尽可能地降低这种损耗。新闻损耗的来源主要有以下几个方面。

1. 法律法规的限制

事件营销一定要遵守法律法规，新闻传播本身也要受到很多法律法规上的限制。有些事件虽然具有很大的新闻价值，但当与新闻法规或政策抵触时，一般很难成为公开的新闻或者其中某些"敏感"的部分会被删减，在一定程度上影响新闻价值。比如宗教、国家安全等敏感问题就不适合作为事件营销的内容，另外比如针对明星八卦这种涉及公民隐私的事件进行相关营销也可能会带来不必要的法律纠纷。优秀的事件营销策划者不能只把精力放在新闻价值的追求上，还必须考虑到这则新闻是否会受到媒介成文的或者不成文的约束。

2. 传播载体的限制

新闻媒体是新闻传播的载体，媒体的选择对事件营销能否成功起着关键作用。一方面，企业必须根据自身特点正确选择媒体的类型。比如说想利用与年轻人相关的事件推广面向年轻人的产品，那么微博、微信、视频等互联网媒介会更为有效，因为现在年轻人已经主动通过网络来获取信息，而读报、看电视的时间则越来越少。另一方面，新闻传播媒介的技术水平和工作质量也是影响新闻价值实现的因素。新闻编排处理不当，报纸印刷质量低劣，广播电视音像效果不佳，都可能影响受众对新闻的接受和理解。

3. 新闻受众的限制

让新闻传播达到目标群体并产生期待的反响是事件营销的目的，但是不同的受众由于群体特点、知识水平和接受能力的不同，对新闻会有不一样的解读。新闻受众是有自己思维的人，他们往往通过对新闻的阅读产生自己的独特联想。有时这种联想对于事件营销的策划是有利的，有时则是相当不利的。除了存在信息损耗的特点，新闻传播还存在着突发性强、传播速度快、受众人群广、传播方式多样化等特点，企业在进行事件营销时必须根据新闻规律来调整自己的行为。

要想成功地运营好事件营销,在规划事件营销时需要注意以下几点。

(1) 事件营销要做到求真务实

事件营销不是恶意炒作,所以必须做到实事求是,不要弄虚作假,这是对企业最基本的要求。这里既包括事件策划本身要真,还包括由事件衍生的新闻传播也要真。新闻传播的受众广泛,造假骗得了一些人却骗不了所有人,群众的眼睛是雪亮的,制造骗局早晚会被揭穿。弄虚作假的结果只能是搬起石头砸自己的脚,招致社会的口诛笔伐,严重影响企业的信誉,甚至身败名裂。例如:"某电脑品牌红本女事件"就是失败的典型案例。2008年在SOHU数码公社出现过一个帖子《7天7夜不吃不喝网络追踪红本女事件》。内容是一男子宣称在跟踪一个漂亮姑娘,用7天时间持续报道她的跟踪过程。这个姑娘有一个明显的特征,就是无论到哪里,手里都抱着一台红色的笔记本电脑,所以被网友称为"红本女"。但是很快就有网友看出了破绽:这些照片专业的光圈、角度,以及这个女孩不专业和做作神态都证明这是一个人为炒作的事件。原来这是某公司开展的一个事件营销,以偷拍为噱头进行事件营销,严重低估了受众的辨识能力,人为炒作的痕迹过于明显,花费不低却起到了负面的作用。

(2) 事件营销要善于抓住机会

由于新闻事件具有突发性,随时都有可能发生与企业自身相关的热点新闻,企业应对新闻保持高度的敏感性,在事件刚刚发生时迅速进行营销策划,比起事件已经过去很久快被人们遗忘,或者已经被竞争对手抢占了时机,立即行动会取得更加满意的效果。例如:美伊战争爆发的时候,统一润滑油第一时间就在中央电视台美伊战争报道的节目中打出了"多一点润滑,少一点摩擦"的话语,没有多余的解说和图景,和节目的氛围浑然一体、和中央电视台的反战宣传的语调高度一致,不仔细看还以为是政治宣传呢。统一润滑油能够在事件发生时立刻做出反应,抓住了普通大众希望和平、反对战争的心理,其企业形象迅速深入人心。

(3) 事件营销要与企业形象保持一致

现在人们生活节奏极快,对于所接受的信息多选择直接接受而非通过各种途径进行分析,如果企业选择了与自身形象定位不符的事件进行营销,会使消费者因为接受不到准确信息而对企业形象产生不正确的认识,不利于企业未来的品牌树立与产品推广。

(4) 有选择地向媒体适当抛出信息

企业公关事务中很重要的工作就是与媒体保持良好的信息沟通。因为从新闻的角度来讲,一个大的企业所掌握的数字或者所创造的数字往往就是广大的人群所希望知道的,同时也具有新闻的价值。而如果一个企业能够经常性地出现在媒体上时,人们对它的信任程度也会更高。尤其是在媒体和读者都把它当作是某个行业的代表时,就更是如此了。

二、网络事件营销的技能和方法

随着网络互动技术的发展和越来越多的社会热点从网络上爆发,企业正在尝试利用互联网和消费者进行多种形式的互动,并开展网络事件营销,即组织和利用具有名人效应、新闻价值以及社会影响的人物或事件,引起媒体、社会团体和消费者的兴趣与关注。简单地说,事件营销就是通过把握新闻的规律,制造具有新闻价值的事件,并通过具体的操作,让这一新闻事件得以传播,从而达到广告的效果。

（一）网络事件营销的基本技能

1. 丰富的知识储备

进行事件营销时，策划者或组织者需要在经济、人文、历史、法律等各方面有所涉猎。对设计判断网络话题的能力要求等同于新闻记者，并要时刻保持政治敏锐性，对网络话题的设计不能触犯底线，既要勇敢出击又要把握全局，能够从企业、产品、需求以及网友等多重角度转换工作职能，甚至能够从网友的跟帖中找到灵感和思路，以此突破话题方向。

2. 准确的甄别能力

当前，随着互联网用户的增长，用户成分复杂，利益趋于多元化。随着 SNS、微博等新的沟通工具的出现，网络氛围及话语权已经从精英转型为草根，从娱乐需求转向多元利益诉求。一个不起眼的小人物、一个不起眼的小帖子，都能引起轩然大波。

3. 高度的职业敏感

媒体人曾经说过：网络新闻是一种极容易腐烂的物品。抢时间、抓内容品质是话题保鲜的最好方法。当前，新闻传播方式已经发生改变，单向的传播路径已经发生改变。每一个人的面前都有一个麦克风，大家都是无冕之王。因此，需要时刻保持高度的职业敏感性，要在最快、最短时间内寻找到最有爆发力的新闻事件，迅速植入客户产品和品牌信息。王老吉亿元捐款，就是在一个恰当的时刻抓住了千载难逢的机会。

4. 培养网络感觉

很多事件营销策划者还处在闭门造车的阶段，只会拍脑门进行方案的撰写，却从来不泡论坛，也不写博客。网络感觉需要随时随地进行培养。这种感觉在一定程度上犹如评估一条普通新闻对于网友潜意识的冲击，以及网友面对此新闻的第一感觉。网络感觉和新闻素养是一个网络公关从业者谋生的手段。一个新闻工作者一定要具备杂文家的素质，能够看出新闻背后的话题，做好新闻延续报道及深度报道。针对话题炒作，抛出话题仅仅是开端，后续的修剪非常重要，如果没有良好的网络感觉素质，在话题的延续和品牌信息的衔接上就会存在很大难度。

5. 钻研网络世界

事件策划者不仅需要经常访问天涯和猫扑等社区论坛，而且需要经常去灌水、发表看法，一定要成为这些网站的资深用户；要去新浪、搜狐、网易和腾讯的博客看看大家都在写什么，同时自己也试着每周写两到三篇；订阅《华尔街日报》《联合早报》《金融时报》《财经》的新闻，看看这些新锐媒体都在讨论什么，他们的专业文章是怎么写出来的；对于任何一个网络热点事件，要及时进行跟踪。

（二）网络事件营销的方法

1. 情绪感染法

当前社会正处于矛盾频发阶段，消费者日益增长的物质文化需求和落后的生产力以及信息不对称而产生的问题，容易引起网络人群的极大关注。民生类、情感类、励志类等话题最容易引起网民共鸣。网络平台自身的优势在于传播话题的多样性，一段视频、一篇微博，甚至几个字，都能够在互联网上引起轩然大波。

2. 草船借箭法

草船借箭法是指在事件传播过程中，要善于学会在适当的时机借助其他热点事件达到产品传播的效果。很多经典的案例都是借助了别人的力量，达到了良好的传播效果，如借助当前热点事件、借助名人参与、借助专家点评及借助传统媒体引导等。

3. 概念带动法

企业在传播一个产品的时候,都希望一夜走红,但网络的不可预见性使得众多企业组织者对事件营销望而止步。目前一种新的传播方式正在被越来越多的企业所尝试,他们开始为自己的产品或服务创造一种"新理念""新潮流"。就像全世界都知道第一个造出飞机的是莱特兄弟一样,理论市场和产品市场同时启动,先推广一种观念,有了观念,市场慢慢就会好做。互联网无疑提供了一个良好的平台,从早期的农夫山泉的天然水,到联想彪悍的小 Y,诸如蚂蚁族、奔奔族、时彩族等,都是先概念、后产品或者概念产品同步推广的经典案例。

 小链接

> **时彩族的概念带动**
>
> 时彩族指的是一群有着相同爱好的网友,通过网络联络。他们所从事的是各种各样的工作,其中多数为公司白领,他们利用工作闲暇时间干着同样的事情,聊着同样的话题,也通过网络购买可以时时开奖的彩票等,除了调节工作状态,也可以算是一种赚取外快的好方法。但因为这个彩票玩法很多,中奖概率比较高,游戏性很强,让一些白领把手头的工作放到了一边,严重影响办公效率。时彩族们经常在第一视频、博弈网出现,网络是他们沟通交流的主要渠道,告别了社交网站的插件游戏,他们不再把"采菜"当作自己的任务,而是另外开辟了一个新的天地,通过网络进行小投资。其实,时彩族是第一视频为了推广自己的彩票网站而进行的概念炒作,其成功之处就是充分对概念进行前期渲染,不仅打造了一个全新的概念,而且还将需要传播的产品进行了有效的结合。

三、事件营销的实施步骤

随着信息技术的发展,当下事件营销传播的方式已经远不止纸媒杂志、电视广播等传统传播媒介了,网络传播已经逐渐成了传播的主力军。现在各个企业每年都会有大量的市场品牌预算用于网络营销,可见线上的事件传播对于企业市场的重要性。企业在运用线上网络传播平台的同时,自然也要考虑什么样的话题会受到网民关注,什么样的话题会引起网民讨论,什么样的内容可以引起网民的自主传播,什么样的方式更有利于宣传效果。否则,就有可能出现自吹自擂无人互动,或者所营销的事件话题被网民当作垃圾信息屏蔽删除的情况,耗力耗资的同时,也没有达到预期的宣传效果。

网络平台的事件营销区别于传统的媒体平台,有着自己独特的地方。由于网络传播速度极快,事件由好转坏可能只需要一瞬间,这时,对细节的把控就显得尤为重要。一旦危机事件出现,需要营销策划者立即做出响应,给予应对措施,不然后果不堪设想。因此,结合线上的事件营销,大致可以将其划分为以下几个步骤。

(一)确定营销目标,进行内容选材

在开始线上事件营销时,首先要确认本次营销的最终目标,要实现怎样的营销效果,是迎合目标用户的心理,还是提升产品的关注度,或者是提升用户对品牌的美誉度等。不同的营销目标意味着会采用不同的营销方式或手段,因此,确定营销目标是整个事件营销的前提。其次,只有从消费者关心的话题入手,才能打动消费者,才能做好事件营销,实现企业营销目标。因此,对事件营销的内容进行选材时,需要考虑什么样的事件容易受到网民关注。

(二)进行事件策划,制定话题传播方案

当确定好了事件营销的选材内容之后,要依据选材内容进行整合策划,制定出一个事件营销的传播方案。策划事件就是如何把所要营销的"故事"编好。"故事"要想得到"听众"的赏识,就必须"动听""完整""曲折"。因此,策划事件时,需要力求做到事件完整且有看点。除此之外,如何讲"故事"也是非常重要的内容。大致可以采用以下几种方式。

1. 主动出击,先入为主

企业占主导地位,可以制造营销事件,找准用户关心的话题,利用网络上不同的媒体渠道主动出击。在整个传播过程中,包括发声、互动等,企业都处在主导地位。

2. 捕捉热点,借花献佛

如果企业没有好的营销策略,可以采取借势热点的方式。在这个传播过程中,要求事件策划者时刻关注当前新闻热点,保持自己对互联网新闻热点的敏感度,结合企业自身的特质,寻找合适时机进行出击。整个传播过程中,企业并非全程的主导者,而更像一个解说员、安抚者或局外人,因此,工作人员在与用户互动的过程中也要特别注意这一点。比如,春运抢票年年都会成为众多手机浏览器和 App 的借势热点,有的企业会借此打亲民牌、感情牌或技术牌,通过借势热点,迅速提升知名度和聚集用户量。

3. 创造热点人物,借势热点人物

创造热点人物有很多方式,可以是新闻事件的意见领袖,也可以是企业形象的领军人物。目前很多大公司都会将创始人或首席执行官当作热点人物去营销。比如阿里巴巴的马云、格力的董明珠和京东的刘强东等。当企业的领军人物成为热点的时候,也会形成粉丝效应,进而提升企业形象。刘强东的书籍《创京东:刘强东亲述创业之路》讲述了京东创始人的奋斗史,使很多读者追随,也使人们更深入地了解京东。

如果不能创造自有的热点人物,也可以利用当前网络环境下的新闻热点人物,为自己企业的事件营销所用,只要能和自己的企业做一个很好的关联,都可以起到极好的效果。淘宝服装类店铺中的明星同款就是一个很好的例子。

(三)分析当前舆论环境,制定配套的监测方案和应急预备方案

仅仅制造好事件营销的传播方案是远远不够的,事件营销和以往传统媒体的营销差别十分巨大。互联网可以让一个不起眼的感人小故事火爆网络,也可以让一个令人不齿的不良社会举动遗臭朋友圈。网络是一把双刃剑,在网络传播速度日益加快的今天,可以让你"一夜天堂",也可以让你"分秒地狱"。这就要求在制作传播方案的同时,也要配备完善的监测和应急预备方案,主要包括内容传递、舆情监控和媒体报道监测等方面。

1. 内容传递

内容传递指应该保证自己所传递至网络的内容要在保质、保量、保证进度的前提下,有序地进行,确保在传递的过程中减少人为的损耗,保障所传递的信息符合大众主流价值观、合乎法律法规要求等。

2. 舆情监控

舆情监控主要指的是监控当前网络是否出现了不利于策划者进行事件营销的信息。当出现了不良信息时应当立即启动应急预备案，积极应对。可以及时联系不良信息发稿人解释误会，同时联系相关媒体进行发稿，将不利言论扩散范围降至最低。危机公关如果做得好的话，往往可以将剧情反转，甚至对企业做出惊人的贡献。反之，消极面对的话只能让事态发展得更严重，直到最后难以收场。

3. 媒体报道监测

对媒体报道监测，也可以理解为媒体风控和媒体反馈，简而言之是要时刻关注媒体的推广效果，防止出现误读。在策划事件营销时，有些媒体可能不能敏锐地理解策划者所要传递的思想价值观，这会造成一些误读，这时也需要联系媒体进行澄清。通过媒体数据，可以了解策划者所传播的内容是否受到网民关注，或者策划者所营销的内容是否按计划出现在指定推广媒体中等，并可以进行及时调整。

（四）执行方案

当确定了营销内容、传播方案和监测应对方案之后，就需要去执行方案了。事实证明，即使内容和方案再好、应对机制再完善，如果不能有效地执行方案，就有可能断送前期所有的努力，导致网民把策划者精心准备的事件营销当作骚扰广告直接拦截或删除。在执行方案时，除了执行方案要系统全面，执行力也是重中之重。好的方案配上强有力的执行力，才能将事件营销做好。执行方案时需要注意以下几点。

1. 时间节点的控制

在执行方案时，需要把握好事件发展的时间节点，什么时间做什么事情非常重要，错过好的时机可能直接导致事件营销的失败。时间节点主要保证事件按照方案的预定时间正常进行，相关媒体发稿要按照指定的时间完成，并及时与网民进行互动，要做到及时给予反馈等。

2. 传播效果的反馈及调整

在执行方案时，需要时刻关注传播效果的好坏，及时掌握网民对事件传播的态度，及时对传播风向进行调整，保证事件发展能够尽量按照计划方案进行下去。

3. 与网民、媒体积极互动

如果只是一味地进行输出，与网民没有充分的互动，往往会造成策划者"自吹自播"，积极参与网民的互动，可以增强网民对事件营销的信任度；增强与媒体互动，可以更好地为企业发声，促进事件积极发展，保证营销效果。

4. 危机公关的及时响应

事件传播过程中，策划者要时刻保持警惕。当出现危机情况的时候，策划者要及时启动应急预备方案，做好危机公关。响应速度要快，态度要积极。

5. 渠道整合

要达到事件营销最终的良好效果，单靠一条渠道或一个媒体是不够的。执行方案的过程中，要充分做好多渠道配合，只有多渠道有效、合理配合才能使事件传播迅速，高效地达成目标。比如，在推广产品过程中，前期各个媒体要做好剧透、信息铺垫；中期要强有力地进行媒体宣传，企业领袖要站台发声和参与媒体访谈；线下要配合线上进行渠道宣传；后期还要与网民进行有效互动，让更多的网民参与进来，形成口碑推荐、二次传播等。

互联网时代日新月异，新闻事件的传播速度也快到令人无法想象。事件营销其实是一把双刀剑，运用得当，可以改善、增进与公众的关系，提高社会知名度、塑造企业良好形象，并最终提升企业业绩；反之，如果运用不好，也会让企业形象和效益受损，甚至一夜崩塌。这就需要策划者在进行实际策划操作过程中，除了要遵守相应的法律法规和道德规范之外，还要思维活跃地创造事件，以及学会全面、谨慎、多方位地进行思考，只有这样事件营销才能做得越来越好。

四、事件营销成功的要素

事件营销是一个系统工程，需要组织非常完善严密，任何一个细节流程都不能有丝毫的偏差，否则就可能影响最终效果。事件营销成功的要素有以下几种。

1. 相关性

找到品牌与热点事件之间的关联点，把品牌的诉求点、事件的核心点和公众的关注点重合起来，形成三点一线，贯穿一致。品牌内涵与事件关联度越高，就越能让消费者把对事件的热情转到品牌。如果不考虑品牌内涵与事件的相关性，生拉硬拽，什么事件都想利用，什么主题都想炒作，最终只会导致品牌形象模糊。

2. 独特性

创意指数越高，则公众关注度越高，效果越好。成功的事件营销案例无一不令人耳目一新。模仿抄袭、毫无创新的事件营销很难在消费者心中留下深刻印象。

3. 重要性

事件的重要程度是决定事件营销成功与否的关键因素。判断重要与否主要看其对社会产生的影响程度，一般来说，对越多的人产生越大的影响，价值越大。因此，策划事件营销一定要考虑到如何增强事件的重要性，让更多的人参与到事件营销中来。

4. 显著性

策划事件营销一定要善于借势，多往名人、名山和名水上靠拢，因为事件中相关的人、事、物越出名，事件就越容易引起关注。

5. 趣味性

好奇心是人的本能，大多数人对新奇、反常和有人情味的事件比较感兴趣，可以想办法利用人们的好奇心理制造网络事件的亮点。

6. 贴近性

物以类聚，人以群分。策划事件营销要充分考虑人的趋同心理。因为越是在心理上、利益上和地理上与大众接近和相关的事件，就越容易被大众接受，其带来的价值就越大。

五、事件营销的切入点

在了解了事件营销的核心步骤和成功要素后，企业应该如何选择一个恰当的切入点进行事件营销呢？

1. 借势热点事件切入

借势是指企业为实现自身价值目标，利用当前舆论环境中网民热议的事件，或是抓住目前一些广受新闻关注的热点事件以及人物等，与企业自身的品牌、产品服务等特质结合起来所进行的相关活动。比如前两年莫言获得诺贝尔奖事件，相关企业竭尽所能就是为了通过借势热点事件最大可能地将自己的企业、产品与莫言关联起来，以利用"莫言热"提升自身的品牌和销量。

小链接

黑莓手机借势美国"9·11"事件

在"9·11"事件中，美国通信设备几乎全线瘫痪，但美国副总统切尼的手机为一款黑莓手机，具有强大的功能，成功地进行了无线互联，能够随时随地接收和传递关于灾难现场的实时信息。生产黑莓手机的加拿大RIMM公司不失时机地借助全球媒体对"9·11"事件的关注，把这一消息传遍了世界各地。于是在这之后，美国和全球都掀起了拥有一部黑莓手机的热潮。黑莓的股价也借此从"9·11"事件之后的低点1.38美元涨至148.13美元，涨幅超过百倍，直到2007年以后因为苹果iPhone产品的横空出世其股价才开始走下坡路，借助热点事件营销的威力可见一斑。

2. 明星效应切入

现在越来越多的企业选择明星来代言自己的产品。在选择明星时，企业也会根据自身的品牌特质进行挑选，利用明星的知名度来间接提升产品的价值，同时还会利用明星的粉丝效应扩大企业知名度，拓宽用户群。周杰伦代言爱玛电动车如图8-1所示。

图8-1 周杰伦代言爱玛电动车

其次，一些粉丝对偶像同款的追求使得明星在某些特定的情况下也会成为部分人群的风向标。比如，当前很多明星利用网络平台进行直播，有时出现在直播中的一些化妆品火爆网络，类似"连某某都在使用的化妆品"的文章在网络传播，很多公众号借此宣传自己的产品，同时淘宝天猫等店铺打造出"某某同款"来宣传自己。

3. 新发概念切入

新发概念切入指的是一些企业在自己的领域根据自己的产品及服务需要，提出一些新颖的理念和概念。这些新颖的理念和概念往往能很快吸引住好奇的目标用户，引起广泛讨论，这也是事件营销一个很好的切入点。比如营销界提出过"营销时代3.0"的概念，很快吸引了用户关注，同时也引发了用户思考"1.0和2.0的营销时代分别是什么样子的"。再比如商务通当年就是通过传播"呼机、手机、商务通，一个都不能少"的消费观念，开创了掌上电脑消费新潮流，并一举创造了产品入市第一年销售额突破8亿元的神话。

4. 热点舆论切入

热点舆论指的是企业为实现营销目的，与公关媒体进行合作，通过发表大量与自己产品或服务相关的软文，实现宣传企业核心价值理念、提高企业知名度及美誉度的一种宣传方式。目前大多数企业都意识到了这一点，很多公司在人员编制上都会安排负责软文撰写和舆情监控的岗位，通过这些手段，可以达到更好地传播自己的目的。比如奥林匹克花园曾不断地在全国各大报刊媒体撰文宣传其"运动就在家门口"的销售主张并获得很大成功。

5. 活动切入

企业往往会为提高品牌知名度及美誉度组织宣传活动，从而获得用户及媒体关注，企业也往往会参加公益活动来提升品牌形象。比如淘宝、京东、天猫在每年的"双十一""双十二""618"等购物节时，会利用派送红包活动来吸引用户关注和刺激用户。再比如百事可乐采用巡回音乐演唱会这种途径同目标消费群进行对话，从20世纪80年代中期的迈克尔·杰克逊，到20世纪90年代的珍妮·杰克逊，以及拉丁王子瑞奇·马丁，再到香港的郭富城，用音乐来传达百事文化和理念。

6. 造势新闻事件切入

除了借势新闻热点事件之外，企业媒体还可以自行为一些热点事件造势来获得用户媒体的关注。造势新闻事件切入指的是企业自发组织、策划和执行一些与自己相关的新闻、活动或事件，来获得媒体网民的关注，以提升企业知名度和美誉度。

7. 赞助冠名切入

赞助冠名切入的事件，多见于体育赛事、综艺娱乐和电视节目等，主要是指企业通过冠名费赞助相关活动，提升自身的知名度。比如当前综艺娱乐节目比较多，很多企业都会瞄准这个契机，争相冠名赞助各类综艺娱乐节目以此提高品牌形象，酸奶品牌安慕希就一直在赞助综艺娱乐节目"奔跑吧兄弟"，甚至使人提到"奔跑吧兄弟"就会想到安慕希酸奶，如图8-2所示。

当前网络发展迅速，每天都会有大量的新事物发生，也有旧事物逐渐被淘汰，事件营销的内容切入方式也在变化，因此平时需要多关注新闻热点，结合企业自身特质进行事件传播。只要合法合规，符合企业价值观和利益，能达到传播效果，就不用拘泥于形式。

图 8-2 安慕希赞助"奔跑吧兄弟"

小　　结

1. 事件营销是指企业通过策划、组织，利用具有名人效应、新闻价值以及社会影响的人物或事件，吸引媒体、社会团体和消费者的兴趣与关注，以求提高企业或产品的知名度、美誉度，树立良好品牌形象，并最终促成产品或服务的销售的手段和方式。

2. 事件营销的特性：免费性、目的性、新颖性、时效性、广泛性、快速性。

3. 事件营销的作用：新闻效应、形象传播、广告效应、公共关系。

4. 事件营销的本质是依附于新闻及新闻媒介的一种营销手段，所以，为了更好地进行事件营销，企业必须对新闻规律进行了解和掌握。

5. 要想成功地运营好事件营销，在规划事件营销时需要注意以下几点：事件营销要做到求真务实、事件营销要善于抓住机会、事件营销要与企业形象保持一致、有选择地向媒体适当抛出信息。

6. 事件营销大致可以划分为以下几个步骤：确定营销目标，进行内容选材；进行事件策划，制定话题传播方案；分析当前舆论环境，制定配套的监测方案和应急预备方案；执行方案。

7. 事件营销成功的要素：相关性、独特性、重要性、显著性、趣味性、贴近性。

8. 事件营销的切入点：借势热点事件切入、明星效应切入、新发概念切入、热点舆论切入、活动切入、造势新闻事件切入、赞助冠名切入。

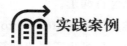 **实践案例**

案例分析

华为 Mate 10 Pro 防水广告

网络上经常会出现一些让人看完之后心头一震的广告，比如一条介绍华为 Mate 10 Pro 防水性能的 30 秒广告就让人看过之后心头一暖。

视频中讲述了一位消防员在执行任务后和妻女用手机联络的画面，视频中，女儿看到手机上爸爸的照片后，便起身拿起手机对着水龙头洗了起来，说道："爸爸你的脸脏了，我给你擦擦脸"。这则视频确实让人感动，视频中的小女孩虽然还很小还不怎么懂事，但是心中却充满了对爸爸的爱。

在这条视频播出之后有很多网友发表了留言，有网友说"这视频可能是年度最佳手机广告"，也有网友表示华为 Mate 10 Pro 的防水功能"太有爱，功能很强大"，还有的

网友表示非常期待这款手机并且已经订购了。

从华为通过拍摄暖心视频来推广华为 Mate 10 Pro 防水性能，能够看出华为在营销方面的用心，功能的强大固然重要，但是也需要找到符合用户需求的契合点，这次华为 Mate 10 Pro 防水性能的推广可以说是非常成功的，很多消防系统的工作人员看到这个视频后也非常感动，在朋友圈多次转发。

其实，华为一直以来都在进行有温度的营销，在 2017 年年初华为就曾发布《过年，让陪伴先到家》的新年视频，视频中没有过多华丽的修饰，也没有奢侈的布景和高颜值的演员，有的只是父母在背后默默的准备，准备着一年一度最期盼与孩子相聚的时光的到来。正是如此，令观者不自觉地就将自己带入广告，引发情感的共鸣。

诸如此类的暖心视频还有很多，虽然很多时候我们把它们当做广告来看，但却总是能够触动心灵的某些地方，这样的广告、这样的产品相信每个人都会喜欢。

业务操作

1. 结合案例，分析营销事件营销的关键要素有哪些？
2. 华为手机是如何开展事件营销的？

 学习评价

一、选择题

1. （　　）是指企业通过策划、组织和利用具有名人效应、新闻价值以及社会影响的人物或事件，吸引媒体、社会团体和消费者的兴趣与关注，以求提高企业或产品的知名度、美誉度，树立良好品牌形象，并最终促成产品或服务的销售的手段和方式。

   A. 网络营销　　　　B. 微博营销　　　　C. 微信营销　　　　D. 事件营销

2. 为了尽可能降低事件营销的风险，应注意（　　）。

   ① 必须在法律法规允许的范围内操作，一旦触及法律底线将给企业带来致命的打击，同时尽量避免与政治挂钩
   ② 不要夸大实际情况，信息传递的过程中会产生一些曲解，如若从源头上就不尊重事实，会加大信息的扭曲程度，更会导致信任的缺失
   ③ 要配备应急预案应对各种突发事件
   ④ 对公众的各种反映要进行持续的跟踪，定期进行总结，根据市场反馈及时调整方案
   ⑤ 切记绝不能对品牌的美誉度造成破坏，如果为了出名而不顾美誉度，即便在短时间内扩大了名气，但对品牌的长远利益是不利的

   A. ①②③　　　B. ①③④　　　C. ①②③④　　　D. ①②③④⑤

3. 事件营销的作用有（　　）。

   ①形象传播　　　　②新闻效应　　　　③广告效应　　　　④公共关系

   A. ①②③④　　　B. ①②　　　C. ③④　　　D. ①②③

4. （　　）是指企业为实现自身价值目标，利用当前舆论环境中网民热议的事件，或是

抓住目前一些广受新闻关注的热点事件以及人物等，与企业自身的品牌、产品服务等特质结合起来所进行的相关活动。

  A. 造势   B. 乘势   C. 倚仗   D. 借势

5. 事件营销的本质是依附于（ ）的一种营销手段。

  A. 新闻及新闻媒介 B. 网络   C. 活动   D. 事件

二、判断题

1. 事件营销的着眼点在于放大某一具有新闻效应的事件甚至是主动制造新闻事件。（ ）

2. 事件营销的本质是依附于新闻及新闻媒介的一种营销手段。（ ）

3. 在事件营销中，新闻媒体对于事件的态度是可控的，且新闻受众本身的素质对不同的新闻事件的接受程度也是相同的，因而往往会在不同程度上影响事件营销的最终结果，使得事件营销的最终结果存在风险性。（ ）

4. 新闻最重要的特点之一就是信息的损耗。（ ）

5. 由于新闻事件具有突发性，随时都有可能发生与企业自身相关的热点新闻，企业应对新闻保持高度的敏感性，抓住一切机会进行事件营销。（ ）

三、简答题

1. 什么是事件营销？
2. 事件营销的作用有哪些？
3. 在规划事件营销时需要注意哪些方面？
4. 事件营销的核心步骤有哪些？
5. 事件营销的切入点具体有哪些方面？

项目九 病毒营销

 知识目标

- ◆ 理解病毒营销的基本工作原理
- ◆ 掌握病毒营销的基本类型
- ◆ 了解病毒营销的效果监测

 能力目标

- ◆ 能够总结病毒营销的特点
- ◆ 能够掌握企业开展病毒营销的过程
- ◆ 能够分析病毒营销在个案中成功的关键

 重点难点

- ◆ 能够结合产品或企业特点选择合适的病毒营销载体,开展营销活动
- ◆ 能够制订病毒营销的推广方案

 **任务引入**

很多人听到病毒营销马上联想到的是计算机病毒,会好奇计算机病毒怎么和营销模式联系到一起了呢?其实病毒营销和计算机病毒是两码事,病毒营销是一种常用的网络营销方法,通过"让大家告诉大家"的口口相传的用户口碑传播原理,利用网络的快速复制与传递功能将要表达的信息向数以千计或万计的受众传递,实现营销杠杆的作用。因此,病毒营销是一种高效的信息传播方式,而且,由于这种传播是用户之间自发进行的,几乎是不需要费用的网络营

手段，常用于进行网站推广、品牌推广等。目前越来越多的企业和网站利用病毒营销聚集了大量粉丝，并且成功地将这些粉丝转化为消费者。这种利用公众积极性，使信息像病毒一样被快速复制并传播扩散的营销手段就是本项目我们要学习的病毒营销推广。

任务一　病毒营销概述

一、病毒营销的工作原理

（一）病毒营销的概念

病毒营销（Viral Marketing）也叫病毒式营销，既可以被看作是一种网络营销方法，也可以被认为是一种网络营销思想，即通过提供有价值的信息和服务，利用网民之间的主动传播来实现网络营销信息传递的目的。

病毒营销利用用户口碑传播的原理，在互联网上实现自愿、高效的信息传播。这种传播是用户之间自发的，几乎不需要费用。病毒营销的核心是营销，手段是实现信息的"病毒性"传播，其实质与病毒没有任何关系。

病毒营销这一概念，最早由贾维逊（Steve Jurvetson）及德雷伯（Tim Draper）在1997年发表的《病毒营销》一文中首先提出，并初步定义为"基于网络的口碑传播"。这个概念的提出是基于 Hotmail 的实践。最初 Hotmail 推出电子邮箱服务的时候还是个不起眼的 IT 界小公司，却在短短 10 个月内聚集到了近千万的注册用户，并且新增用户以每月几十万的速度递增。当时 Hotmail.com 只是提供免费 E-mail 地址和服务，但是他们在每一封免费发出的信息底部附加一个简单的标语："Get your private, free E-mail at http://www.hotmail.com"，意为从 Hotmail 到你的免费个人邮箱。当人们利用免费 E-mail 向朋友或同事发送信息的同时也将这条广告随信发出了。接收邮件的人除了收到信息也将看到邮件底部的信息，应邀加入使用免费 E-mail 服务的行列。结果是 Hotmail 提供免费 E-mail 的信息将在更大的范围扩散，并在一年半之内，就成功地吸引了 1200 万注册用户。而同期的竞争者 Junc Online Services 没有采用病毒营销的推广方式，而是在传统的营销方式上斥资 2000 万美元，但收效甚微。

中国首个真正意义上的病毒营销案例，当属百度唐伯虎系列小电影广告。2005 年百度的 3 个短片以一种周星驰风格诠释"百度，更懂中文"，仅花费了 10 万元级的拍摄费用，却达到了近亿元传播效果。这 3 个短片没有花一分媒介钱，没有发过一篇新闻稿，仅仅通过员工给朋友发邮件，以及在一些小视频网站挂出下载链接等方式扩散开来，传播人群超过 2000 万人次。

（二）病毒营销的传播方式

病毒营销为什么可以吸引目标受众的热情并让他们主动进行传播呢？首先我们要弄清楚病毒营销的传播方式是什么，是通过什么样的方式吸引到了目标受众。病毒营销常见的传播方式有以下几种。

1. 社交化传播

社交化传播是指依附现有的社交网络，通过多种发送方式向其他消费者传播信息，即当消费者使用该产品的时候，社交网络会将相关信息显性或隐性地传播给其他消费者。比如，腾讯游戏会在消费者玩某款游戏时，使用其登录的社交账号向其好友推送此游戏的信息，告知他们某个好友在玩这个游戏的信息。或者，很多游戏会通过奖励游戏币或是道具的方式鼓励用户向在社交网络上分享游戏链接，通过社交化传播方式吸引新消费者非常快，所以现在很多网站都会通过社交账号来授权注册账户。

2. 可植入性传播

可植入性传播方式适用于以文章、资料、视频等为主的内容性网站。原创者会把广告信息植入进去，这样该内容无论以什么样的方式传播，广告信息都能被消费者看到。可植入性传播看起来与软文很相似，但其实并不是软文。例如，比较流行的视频广告，前面是一段感天动地、制作精良的短片，最后加一个稍微有一点关联的品牌名称。泰国的视频广告就非常喜欢利用可植入性传播。泰国潘婷广告"You Can Shine"讲述了一个头发柔顺的聋哑小女孩学习小提琴的励志故事，她被同学嘲笑聋人也要学小提琴，练习时被欺负，街头的一个琴师告诉她，音乐是可以用眼睛感知的，闭上眼睛就能看见它。琴师送了一把小提琴给女孩，虽然女孩还是经常蒙受竞争对手的不屑与打击，但最后凭借自己的坚持勤奋及琴师的鼓励，最终走上了比赛现场，并以精湛的技艺征服了全场所有的观众。在这个过程中，她也实现了从之前的胆怯、怀疑自己，到最后越来越自信、迷人的完美蜕变，就像结尾的那只蝴蝶。视频的最后灯光变成光点，才出现潘婷的 Logo 和字幕"你也能闪亮，潘婷"宣传语。这就是一则典型的可植入性传播，在短片的前面观众被剧情所感动吸引，并好奇这是什么短片，最后广告语出现的时候会吸引受众的关注，并且由于广告本身内容励志感人，受众会愿意主动去传播分享这个视频。

3. 口碑效应传播

简单来说，口碑效应传播就是通过足够好的产品吸引消费者，只要赢得了消费者的信赖，他们自然也就会转变为"传播者"。虽然初期这种传播效果并不明显，但经过一段时间后，就会出现爆炸性的增长。当然这种方式效果虽好，但是要实现起来也较难。因为要做到让消费者认可并主动传播是很难的，因为每个消费者的需求不同，偏好不同。海底捞火锅就是口碑效应的一个很好的例子，海底捞火锅通过为用户提供超乎预期的服务，赢得了极好的口碑，从而在互联网上引发了大量传播。我们经常可以在网上看到海底捞的服务人员和顾客之间的暖心小故事，以及各种顾客在社交媒体上的称赞，这些都是消费者认可了海底捞的服务后自发替海底捞传播的，这就是口碑效应传播。

口碑传播原理——病毒营销的基础

口碑传播即口口相传，个体之间关于产品和服务积极的或是消极的评价的主动传播过程。口碑传播实际上就是一种人际传播，人际传播是个人与个人之间的信息传播活动。口碑传播在具备人际传播共性的同时，还应具备4个特点：①传播者和受传者都是消费者；②传播渠道为非正式；③传播内容是产品和服务的信息及观点；④具有较强的可信度。随着网络的发展，信息的传播更加方便，每个人、每台电脑都成为一个信息接收站和发布源。病毒营销正是有效利用了网络这一特点,在网络平台上进一步发展了口碑传播。可以说,病毒营销就是基于网络的口碑传播。从这个角度看,口碑传播理论成了病毒营销的基础。

口碑传播和病毒营销虽然二者手段相似,但是却有本质上的区别。从传播动机上看,病毒营销运用的是看热闹的羊群效应,传播者本身是基于觉得有趣才主动传播,对传播的内容几乎是不了解的。而口碑传播过程中,传播者不仅了解并且很认同,是基于信任而主动传播,他们愿意为传播的内容负责任。从传播的效果来看,病毒传播需要的是知名度,通过高曝光率在用户中达成共识。而口碑传播需要的是美誉度,通过口口相传以达到增加用户信任度和认可度的目的。

4. 沟通效应传播

沟通效应传播通常出现在交流工具中,通过某种交流工具(比如邮件、微博、微信、短信等),某个名称会经常出现在交流过程中,例如,大家经常会在别人的微博下看到"来自×××"类似的字眼,久而久之,人们就会在不经意间记住这个品牌或者产品,这也是属于一种病毒传播。微博上的沟通效应传播如图9-1所示,这条微博显示着来自iPhone X。

马蜂窝旅游
48分钟前 来自 窝主的iPhone X
【TVN超高分新综艺《街头大胃王》】豆瓣9.5分,由"大吃货"白钟元创作的美食旅行节目,足迹遍布夜市、门店、脏摊...搜罗街头美食,麻辣小土豆、蛋炒面、肥肠粉、炒花甲、锅盔、卤肉饭...吃货要阵亡了😭
第一集: 🔗网页链接 第二集: 🔗网页链接

图 9-1 微博上的沟通效应传播

5. 协同效应传播

协同效应传播是指某产品对单独一个消费者来说其价值是有限的,但如果该消费者把该产品推荐给其他消费者使用,其他消费者再推荐给其他消费者,那么消费者越多这个产品产生的价值就会越大,比如,为消费者提供免费和收费服务的云存储软件百度云,如果某一个消费者上传了文件,价值是有限的,但是如果他和其他人共享了文件,需要这个文件的人通过链接下载这个文件,再把这个链接分享给其他人,这样百度云从一个人的使用就扩散到了更多的人,百度云就会给消费者带来更大的价值,这样就形成了病毒传播。

6. 激励效应传播

激励效应传播就是利用一定的奖励措施实现广泛传播。比如,消费者在某个网站上邀请了其他人加入进来时,系统就会给这个消费者相应的奖励。正如 Dropbox 云存储软件一样,如果消费者邀请了其他人使用该软件，系统就会给该消费者增加空间。像某些游戏，若有新用户是通过你的邀请注册的，系统就会给你发放金币或道具。这种策略虽然操作很简单，但却屡试不爽。

7. 话题性传播

话题性传播是为某产品或服务制造一个话题性较强的事件，人们在讨论这个话题时，会不自觉地带入这款产品，就会把该品牌或产品记住了。这也就是我们经常说的造势。例如，2017年10月25日晚间，工商信息数据显示：2017年10月12日，麦当劳（中国）已正式变更为"金拱门（中国）有限公司"。而后，麦当劳证明了这一消息的真实性，官方回应更名是因业务发展需要。麦当劳每个餐馆前都有一个明黄色拱形结构的大 M 标志，正是这个标志被称作金色的拱门。麦当劳改名为"金拱门"事件几乎第一时间引起了大家的热议，"金拱门"开始作为一个网络语瞬间走红网络。更名事件除了衍生出各种段子、网友的吐槽和自发替其他外企改名，还在传播的过程中使更多人记住了麦当劳以及其明黄色拱形结构的大 M 标志，这无疑是一场成功的营销。不可否认企业进行了引导，更重要的是网民的自发传播。但是在利用话题性传播方式时，切忌制造反面话题，虽然很多时候反面话题传播的效果更好，但是一旦品牌形象受损，后续则很难挽回。

8. 签名式传播

签名式传播是指在传播本体的最后"签"上品牌名称或者产品名称等，最常见的是某人做在线调查，最后生成调查报告时，通常会有一句"来自×××调查网站"，或者某信息图下标有一个"本信息图汉化来自×××"的小图标，即我们俗称的水印，这些都属于签名式病毒传播。

（三）病毒营销的传播媒介

尽管病毒营销有各种各样的传播方式，但是在互联网上，还是要谨慎选择有效的媒介，利用好互联网时代的各种新媒体以达到预期的效能。常见的配合病毒营销的互联网传播媒介有以下几种。

1. 电子邮件

利用电子邮件的传播方式进行病毒营销传播是一种最直接也是应用广泛的途径。一般在消费者注册成为会员的时候，都会填写电子邮箱，系统就会给消费者发送电子邮件介绍网站及产品。电子邮件病毒营销可以长久不间断地进行，比如定时向消费者发送电子邮件告知消费者相关产品优惠信息。这样一来，消费者将形成长期访问网站的习惯，不仅可以增加网站访问次数，还可以促进销售。例如，消费者如果注册成为珠宝品牌蒂芙尼的会员，就会定期收到来自蒂芙尼发来的电子邮件介绍其产品，如图9-2所示。

2. QQ、微信等即时通信

QQ、微信等是非常好的互动平台，而这种传播方式也使病毒营销的传播因互动而变得简单有效。在这些平台上，如果消费者认为营销的产品或者内容有价值，就会顺手把信息分享转发给QQ及微信中与他有相同兴趣爱好的好友。这些营销传播途径使病毒营销的传播速度有效加快，信息价值得到最大限度的提高。例如，某个消费者在购物网站上买了一件很满意的产品，然后他会把这个网站的链接在QQ、微信中分享给有同样需求的好友。

3. 微博、论坛等社交平台

社交网络营销是近几年刚流行起来的营销方式，通过社交网络的分享和共享功能达到营

图 9-2 来自蒂芙尼的电子邮件

销推广的目的。网站进行病毒营销发布的信息首先要对消费者构成诱惑,这样通过链接,大量消费者就会自发转载分享信息,营销内容的传播将形成爆炸效应。例如很多明星在微博中宣传自己代言的产品,其粉丝就会自发转发和评论,取得了很好的营销效果。微博、论坛拥有很大的消费者流量,还可以通过话题传播实现病毒营销。

(四)病毒营销的特点

病毒营销是通过利用大众的主动传播达到营销的目的,因此与其他营销手段相比,病毒营销有以下主要特点。

1. 推广成本低

病毒营销与其他营销方式的最大区别就是成本大大降低,因为它利用了目标消费者的参与热情,但渠道使用的推广成本依然存在的,只不过目标消费者受商家信息的刺激自愿参与到后续的传播过程中,这样就使原本应由商家承担的广告成本转嫁到了目标消费者身上。因此,对商家而言,病毒营销是低成本的。

但是消费者也不会自愿做免费的宣传工具,所以病毒营销的第一步就是要突破消费者的心理防线,并不是让人们觉得自己是在传递一种广告信息,传播者不是传播赤裸裸的广告,而更像是以一种"过来人"的身份与语气表达信息的内容,或是利用一些看似优惠的政策,从而突破了消费者戒备的心理,使其自愿担当信息的传播者。例如中国电信推出集团短号套餐,使用电信号的客户每月可交 5 元,与其他使用电信号的亲朋好友组成一个集团短号群,在集团群里的用户之间可以免费互打电话。当一个用户开始使用这个套餐后,与其他亲朋好友组成一个新的免费互打群的意愿会升高,特别是如果越来越多的人参加到这个套餐中,那么其他通信公司的用户也会倾向使用这种套餐而加入中国电信,所以中国电信的业务会不断扩张,客户数量通过客户的自愿组群而产生裂变式的增长。在这种传播过程中,用户既是受众,也是传播者,用户数量实现自我裂变式的增长。

2. 传播速度快

报纸、杂志、电视、广播等大众媒体的广告营销方式是撒网式,即"一点对多点"的辐射状传播,所以实际上目标受众是被动接受,而且接受的效果十分有限,而病毒营销采取的是自发式、非强迫式、扩张式的信息推广方式,并不是把营销信息强加给一个人,而是激发目标受众的热情使之自发在群体之间传播,每个人都有自己的交际圈,口口相传,圈圈相连,构成了几何倍数的传播,因此病毒营销的传播速度相对来说要快很多。

但是引起大家转发的前提有两个,一方面是消息本身有吸引力。生活中,一般具有话题性、可以引起大家都纷纷转发的某则消息,一定是内容有趣或是具有冲击性和讨论性的。因此内容是否具有吸引力是病毒营销能否成功的一个重要因素。这就需要营销人员有较强的社会敏感度,可以制造出热点内容。另一方面,还需要庞大的网络媒体平台资源去推广,互联网的发展给病毒传播提供了有利条件,它能让信息在病毒营销领域里实现几何数级式增长的传播速度。如果在这两者缺少的情况下进行病毒营销很难成功。另外,由于网络媒体上的新内容产生的速度太快,一些不成熟的病毒信息很容易被埋没。因此病毒营销的传播是在有成熟的病毒信息和网络媒体平台资源的条件下进行的。

例如,近年来,支付宝发起的红包活动就是一种病毒营销,我们可以称为"病毒式"红包,传播给数以千万甚至上亿的用户。支付宝在其软件中卡包里的惠支付中推出了发红包赚赏金营销活动,用户可以自己领取支付抵扣红包,领取的方式可以扫描来自店家或是他人分享的二维码,自己也可以发送二维码,邀请朋友家人得到红包。在被邀请者用红包支付后,邀请者同时会获得与被邀请者同样数额的红包,甚至附带便利店专享红包,这样通过大家分享给大家,支付宝的用户就会实现几何数级式增长。

支付宝还巧妙地设定了规则,所有红包会在一定时限内失效,只有消费抵扣完红包金额后才能进行下一次领取。支付宝将一部分利益回馈给消费者和商家用户的同时,也牢牢地抓住了消费者,他们自发地转发红包二维码,邀请新用户,使用支付宝消费,在每日周而复始地领取赏金后,潜移默化地形成了一种习惯。支付宝在活动期间利用社交平台微博进行宣传推广,特别是春节期间的集五福活动一直占据着微博的热搜榜,扩大了活动知名度和参与度,形成协同效应。据统计,移动支付在支付宝整体笔数的占比从2015年的65%上升到2018年的82%,毫无疑问,红包活动是一场成功的病毒营销。

3. 效率高、更新快

由于病毒营销的信息传递者是目标受众身边的人或是有公共影响力的人,相比大众媒体的播出环境与接收环境的复杂性,还有目标受众的戒备心,病毒广告的传递和接受更具有积极性。因此病毒营销克服了信息传播中干扰信息的影响,增强了传播的效果,提高了信息的接收效率。

由于目标受众主动接收信息的心态更为积极,因此随着信息传递过程的继续,最开始的传播力已经慢慢转化为购买力,而新一波的"病毒"也会相继而来,将"病毒"的威力继续传递,因此信息更新速度相比大众媒体广告更快。

病毒营销传播过程曲线通常是呈"S"形,即在营销刚开始时往往因为宣传力度不够,能够发散的受众人群数量有限,传播速度很慢,当其扩大至受众的一半时速度迅速加快,更新增长速度几乎呈直线上升,如图9-3所示。但其营销传播速度不会无限制地增加,而是在接近最大饱和点时会慢下来。因此,做病毒营销时一定要在受众对信息产生

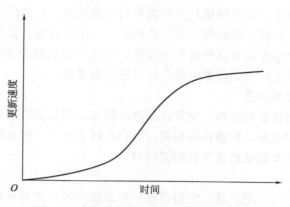

图 9-3　病毒营销的"S"形曲线更新速度

免疫力之前,快速地触发人们的分享欲望,将传播力转化为购买力,方可达到最佳的销售效果。

 小链接

病毒营销背后的六大关键驱动力

沃顿商学院的市场营销学教授乔纳·伯杰认为,若想在病毒营销上有所突破,必须抓住人们本能上的反应,即如何使人们去分享信息。乔纳·伯杰花了数年的时间,总结出了六大关键驱动力。

(1) 社交　分享一些看上去不错的事情。
(2) 触发　即时唤起谈论欲望。
(3) 情感　因关心而分享。
(4) 公众　模仿一些他人所做的事情。
(5) 实际价值　可以为新闻工作者使用。
(6) 故事　用来传递广告信息。

对于这六大驱动力,乔纳·伯杰的解释是,每一个驱动力都增加了人们谈论、分享内容的可能性,这些内容包括口碑传颂的品牌、值得分享的服务,以及在互联网上疯传的视频。如果信息符合以上的某些特征,就会增加参与分享的消费者数量,也会提升内容被分享的可能性。但是这六大驱动力并不是使病毒营销成功的唯一标准,因为每个病毒营销都要和实际情况相结合。

(五) 病毒营销的类型

在了解了病毒营销的基本原理、传播方式及媒介之后,下面介绍几种常见的病毒营销的类型。

1. 免费的互联网服务

免费的互联网服务一般有三种。

(1) 提供全部免费的服务

网络内容服务商提供了大量网络用户所需要的和感兴趣的免费信息服务,因此网站的访问量非常大,如新浪、搜狐、雅虎等大型门户网站。由于这些服务都是免费的,对用户有着很大的吸引力,当用户在使用并对外宣传的时候,就也为提供该服务的公司做了免费宣传,然后网站企业向其他投放广告的商家收取广告费用和服务费。

（2）提供部分免费的服务

企业提供只有基础功能的版本,免费让消费者使用,但是如果消费者想升级到更高版本或者想要更多的功能和服务,则需花钱购买。例如迅雷下载对于所有用户都是免费的,但若是用户想要提升下载速度或是离线下载则需付费。

（3）免费试用

企业给用户提供一些试用产品,使用者在一定期限内可以免费试用。如许多游戏公司都会免费开放某款游戏的前几个关卡给用户试玩,但是一旦到达指定的关卡就需要付费才能继续游戏。

2. 便利的生活服务

为了吸引住消费者,必然要抓住与居民生活息息相关的服务,提供高质量的便利生活的服务势必起到事半功倍的作用。而且这类服务信息的传播范围更广,需要的财力物力更少,因此比较适合刚起步或者较小的网站,提供类似天气查询、公交在线查询、电话查询以及餐饮查询等信息,集中起来能带给用户极大的便利,会在大范围的网民中推广开来。

3. 节日祝福

每逢节日,亲朋好友间少不了的就是彼此的相互祝福,而在信息化高度发达的今天,如何送上独具匠心的祝福成了大家关注的重点。因此,可以通过QQ、微博、微信、E-mail等通信工具向朋友发送一些祝福,后面附上网页地址或精美图片,大家都很高兴收到来自朋友的祝福和喜欢发祝福给朋友,一个病毒链就这样形成了。例如,在QQ里就有一个向过生日的好友赠送祝福的功能,用户可以挑贺卡和电子蛋糕发送给好友,好友收到后可以选择回赠。

4. 人际关系网络

人际关系网络是由家庭成员、朋友或同事构成的。根据社会地位的不同,一个人的人际关系网络中可能有几十、几百甚至数千人。互联网的网民同样也在发展虚拟社会中的人际关系网络,例如电子邮箱中的联系列表,通过社交网络结交新的朋友等。网络营销人员需要利用虚拟社会中的这些人际关系网络,通过病毒营销把自己的信息置于人们的各种关系网络之中,从而迅速地把促销信息扩散出去。例如,很多商家会发起在朋友圈集齐一定的点赞数就可以享受优惠,就是充分地利用了人们的人际关系网络,让自己的宣传信息迅速传递到此消费者的人际关系网络之中,再由关系网络中其他人继续传递。

二、病毒营销的要素

电子商务专家领域的专家威尔逊（Ralph F. Wilson）博士曾经指出有效的病毒营销战略可以归纳为6个基本要素:提供有价值的产品或服务、提供无需努力就可以向他人传递信息的方式、信息传递范围很容易从小向大规模扩散、利用公众的积极性和行为、利用现有的通信网络、利用别人的资源。

企业在制定和实施病毒营销计划时,应进行必要的前期调研和针对性的检验,以确认病毒营销方案是否满足这6个基本要素。

1. 提供有价值的产品或服务

对于病毒营销来说，能够提供产品和服务是其得以顺利实施的基本条件。企业应该从顾客的角度出发为其提供独特、实用、有价值的产品，使顾客在使用产品、体验服务的过程中逐渐培养对企业产品及品牌的感情。

在市场营销人员的词汇中，"免费"一直是最有效的，大多数病毒营销战略以提供免费产品或服务来引起注意，例如免费 E-mail 服务、免费信息、具有强大功能的免费软件等。因为"免费"通常可以更快地吸引人，在面对一个新产品或是服务时，如果是免费的，人们则更愿意尝试。正是这种免费服务才能吸引住消费者，进一步带来有价值的内容，如电子邮件地址、广告收入、电子商务销售机会等。简单来说，提供免费而有价值的产品或服务是广告商抛出的诱饵，只有把消费者吸引来，才能进行下一步的传播。

 小链接

比利时汉堡王的病毒营销

在比利时，不少上班族都有在夏季休长假的习惯。比利时汉堡王针对这种情况做了一个有趣的促销。他们为那些正准备休假的上班族提供了把"休假通知"改成一个汉堡的福利。只要在比利时汉堡王的网站中填写出行日期、目的地等信息，你办公室里的同事便能在你出行的那天，收到来自汉堡王的"安慰"——一张汉堡或者奥利奥奶昔的兑换券。汉堡王此举就是通过提供免费的产品，以吸引消费者。试想，当你收到兑换券的时候是否也会想要在自己休假时加入这个活动，或是等你去到汉堡王兑换产品时是否会消费其他产品。无论是哪一种，汉堡王的营销目的就都达成了。

病毒营销往往在短期内不能营利，但是如果消费者能从一些免费服务中刺激高涨的需求或兴趣，获利将是不久的事情。

2. 提供无需努力就可以向他人传递信息的方式

病毒只在易于传染的情况下才会传播，因此，携带营销信息的媒体必须易于传递和复制，如 E-mail、视频、图表、软件等。病毒营销在互联上得以极好地发挥作用是因为通信变得容易而且廉价，数字格式使得复制更加简单。从营销的观点来看，必须把营销信息简单化，使信息容易传输，越简短越好。例如前面提到的 Hotmail.com 邮件的结尾处 Hotmail 的广告词 "Get your private, free E-mail at http://www.hotmail.com"，人们在微博上转发信息只需按一键快转即可，因此信息的传播极为便捷。某位明星在微博上发布了一条信息，他的粉丝很快就能转发上万条甚至几十万条。如果转发微博是个很烦琐的过程，需要复杂的操作，这样的传播量是不可能在短时间内完成的。

3. 信息传递范围很容易从小向大规模扩散

为了满足病毒营销所带来的巨大需求，服务必须适应从小到大的迅速改变。如果病毒营销的复制在扩散之前就扼杀了主体，就什么目的也不能实现了。Hotmail 模式的弱点在于免费 E-mail 服务需要有自己的邮件服务器，如果要想这种战略获得成功，就必须迅速增加邮件服务器，否则将抑制需求的快速增加。只有提前对增加服务器做好计划，病毒营销战略的实施才有可能。

4. 利用公众的积极性和行为

巧妙的病毒营销战略是利用公众的积极性，是什么原因使得 Hotmail 网站得以成功？原因就是由于人们希望有一个免费的方便获取的邮箱，而 Hotmail.com 邮箱免费的信息传播是人们申请作为它用户的驱动力。通信需求的驱动产生了数以百万计的网站和数以十亿计的 E-mail 信息。为了传输而建立在公众积极性和行为基础之上的营销战略将会取得成功。例如 2016 年，在网络上突然大火的 papi 酱，她录制吐槽搞笑视频，实现了在年轻人群的爆发式传播，如图 9-4 所示，她的一个吐槽双十一的短视频转发量超过 25 万。其成功的原因有 2 个。

图 9-4 微博上的短视频

（1）papi 酱视频以吐槽为主，贴合生活，帮大家说了想说而不能说的话，这里就是利用了公众的积极性，因为大家认同她的吐槽，加上转发会进行抽奖活动，因此网友就会积极地去转发。

（2）短视频是天然的病毒载体，最适合移动社交平台的传染和转发。

5. 利用现有的通信网络

大多数人都是社会性的，每个人都有朋友、同事、同学、网友和家庭成员等，一个人的人际网络中可能包括 20 人、几百人或者数千人。现在互联网上的人们也同样在发展着网上关系网络。例如，当一个用户在 Facebook 上注册成为会员后，网站会根据他填写的信息以及他通讯录里的名单给他推荐好友，有注册信息为同一学校的用户、同一公司的用户，还有他关注的好友的朋友。经过这样的发散,一个用户带来的人际网络关系将会是巨大的。无论是坚固的、亲密的网络还是松散的人际网络关系,对于营销人员来说都是一笔财富。他们收集即时通信账号、电子邮件地址以及喜爱的论坛,通过这些网络,人们可以迅速地把各种信息扩散出去。常用的方法有:建立许可邮件列表、建立网络讨论区、实行会员制等。

6. 利用别人的资源

最具创造性的病毒营销战略是利用别人的资源来达到自己的目的。让其他的网站转播你的新闻或你的营销信息,耗用的是别人的资源而不是你自己的资源。例如在网络中出现的王老吉捐款1亿就是病毒营销成功典范。2008年5月18日晚,在多个部委和央视联合举办的赈灾募捐晚会上,加多宝集团代表手持一张硕大的红色支票,以1亿元的捐款成为国内单笔最高捐款企业,他们的善举顿时成为人们关注的焦点。第二天在一些网站社区里,不断流行着这样一个名为《封杀王老吉》的帖子:"王老吉,你够狠!捐一个亿,胆敢是王石的200倍!为了整治这个嚣张的企业,买光超市的王老吉!上一罐买一罐!不买的就不要顶这个帖子啦!"这个热帖被各大论坛纷纷转载。从百度趋势上不难看出,"王老吉"的搜索量在5月18日之后直线上升。3个小时内百度贴吧关于王老吉的帖子超过14万。正是由于王老吉捐款1亿的善举引起了全社会的广泛关注,无数网站纷纷转载了关于王老吉捐款的新闻和帖子,使得南方凉茶"王老吉"几乎一夜间红遍大江南北。

任务二 病毒营销推广

一、企业开展病毒营销的流程

企业开展病毒营销的流程其实与计算机病毒类似,首先要制造病毒,然后发布病毒,等到消费者对病毒产生反应后及时更新病毒。

(一)制造病毒

病毒的前提是传播力要足够强,制造病毒的前提是要找到有吸引力的病原体,病毒可以是各种形式,但是其中一定会有一些引爆点,可以从以下几方面入手来寻找引爆点。

1. 免费和利诱类

对于免费的好东西或是可以给我们带来利益的东西,谁都无法拒绝,也最容易形成病毒效应。比如前面提到的Hotmail,走的就是免费路线。天下没有免费的午餐,可多数人却偏偏向往免费的午餐,总是在心理层面上有贪图小便宜的心理弱点。有些商家用免费做招牌吸引了很多顾客,让他们在享受免费之后,再向他们推销产品,一般很容易就能促进顾客的购买行为。因此,名目繁多的免费促销活动让人应接不暇。例如,现在有些商场会以免费停车的方式拉拢会员,只要你申请加入会员即可享受几小时的免费停车服务,然后商场就可以定期向你推送各种促销信息。

生活中,无论何时大家都会对免费的电子书、免费的软件、免费的程序、免费的域名、免费的邮箱、免费的空间等免费资源加以关注和传播。其实免费试用在病毒营销中最主要的作用还在于吸引眼球,引起参与。以免费电子书为例,很多商家将广告信息内置于电子书的页眉中,网民在阅读时便会无意识地接触到这些商业信息,但却不会对读者的阅读体验有较大影响,而且电子书易于长久保留,方便再次传播。总之,在做病毒营销时,一定要让目标受众有利可图,这样他们才更愿意帮助传播产品和品牌消息。

2. 娱乐类

用户上网最重要的目的之一就是娱乐，所以娱乐类的内容是很容易引发病毒效应的。比如最典型的就是各种搞笑的图片、视频，这类内容是用户最愿意主动传播的内容之一。将广告信息融入娱乐中来，或者设计娱乐化的传播场景，是病毒营销设计的重要一环。因此做病毒营销的内容要尽可能地有娱乐性，这样才能吸引更多的消费者。

特别是娱乐类的视频内容，能以更加直观生动的形式，更容易在短时间内创造轰动效应。例如手机短视频APP抖音就是以娱乐视频的形式，推广了很多城市旅游的广告。西安城墙脚下的永兴坊"摔碗酒"是被抖音捧红的众多"网红"景点之一。"摔碗酒"配上一曲欢快又洗脑的《西安人的歌》，在网上迅速蹿红，吸引各地的游客纷纷前来，饮一碗古城老米酒，体验一回西安"社会人"。其他因为抖音而爆红的景点还有重庆的"轻轨穿楼"、厦门鼓浪屿的"土耳其冰激凌"、山东济南宽厚里的"连音社"和张家界的天门山等。这些地方都借助抖音平台完成了病毒式的疯狂传播。

3. 情感类

病毒营销背后的六大驱动力，其中有一项就是情感。情感是驱动人们分享内容的一个因素，乔纳·伯杰说："任何能够点燃情绪的内容，都能激发人们分享的冲动，包括幽默、惊叹、兴奋、愤怒、焦虑等。"通过情感层面引导用户进行病毒营销是良策。常见的情感有以下几种。

（1）新奇

当人们遇到新奇而有趣的事时，总会情不自禁地关注并分享，因为谁都想表现得知识渊博一些。所以当我们策划口碑营销时，可以从新奇出发。

"世界上最好的工作"

澳大利亚昆士兰州一项名为"世界上最好的工作"的全球性招聘，将病毒营销引向了一个全新的方向。这一长约6个月的"世界上最好的工作"非常诱人，工作内容主要为在大堡礁沙滩上晒太阳和在博客上写日志，而应聘获胜者的工作报酬则高达10.5万美元。全球约有3.5万人应聘了这项工作，2009年5月6日，昆士兰州政府宣布，应聘获胜者为本·绍索尔，一个英国慈善工作者、业余探险爱好者。虽然绍索尔的工作从7月1日才正式开始，但事实上，他已全程参与了此次能量惊人的病毒营销，完成了自己的工作任务——增加昆士兰州的曝光率。在此次招聘的短短几个月时间内，数以百万网络访问者在网站上浏览了昆士兰州的美丽风光。顷刻间，昆士兰州的大堡礁从一个以前人们从未听说过的地方，跃升为世界顶级度假胜地之一。昆士兰政府发出这个号称世界上最好的工作招聘时，就是利用了人们的好奇心。人们会非常想知道昆士兰大堡礁是个什么地方，这个工作为什么号称是世界上最好的工作。当人们不自觉地关注这个消息之后又发现了大堡礁美丽的风景，自然就会有分享的意愿，去向其他人解释这个工作为什么号称世界上最好。

（2）快乐

没有人会拒绝传播快乐，当我们给用户带去快乐时，想让用户不传播都难。典型的案例如网络红人假笑男孩，仅靠表情包就火遍大江南北。之所以照片能够产生如此神奇的效果，就是因为这张照片给无数人带去了快乐。

（3）故事

好的故事人人爱听，听完后自然也会传播，而且在口碑营销中，制造有趣和易于传播的故事是个非常好的策略。因为想引起口碑，必须要有话题才行，而故事本身就是非常好、非常持久的话题。例如民宿短租网站爱彼迎就非常善于运用故事营销。爱彼迎一直鼓励旅行者分享自己的故事，也会同时在微博、知乎等平台上分享这些故事，让这些故事感动你、吸引你，以此进行潜移默化的营销。

（4）愤怒

如果把用户的某种愤怒心理激发起来，用户的愤怒就会转化为传播的力量。比如2010年最劲爆的某网络红人，之所以如此爆红，就是因为她的言行太令人愤怒了。大家忍不住要和身边的朋友说她，忍不住在网上批评她。再比如"我爸是李刚"之所以成为网络流行语，也是因为这句话太让人气愤和发指了。愤怒的情绪更加容易引导人们去传播，就是所谓的好事不出门，坏事传千里。

（5）共鸣

心理学中有一种策略和方法叫情感共鸣，通过此方法，可以快速拉近与陌生人之间的距离，从而影响别人。在实施口碑营销过程中，如果我们能够引起用户的内心共鸣，自然就会形成口碑效应。

ALS"冰桶挑战"（Ice Bucket Challenge）是一场席卷全球的"公益病毒"，是由美国人发起的一个线上慈善活动，目的是呼吁公众关注肌萎缩侧索硬化症（ALS）患者。此活动规则很简单：参与者只需将一桶冰水从头向下浇下，或者向美国ALS协会捐赠100美元。成功完成"冰桶挑战"的人可以公开点名3个人参与挑战，被点名者或在24小时内应战，或向美国ALS协会捐款100美元，以此继续接力。

"冰桶挑战"的内容设置以情感为核心，利用了人们的情感共鸣，感同身受，激发了参与"冰桶挑战"的人的同理心。同理心是人们感受他人内心体验的一种能力，同理心的存在使人们有了同情、怜悯等美好情感。"冰桶挑战"采用冰水浇身的形式就是为了让参与者体会ALS患者可能的感受，这种相似的体验可以加强普通人对这类病症的理解。普通人参与"冰桶挑战"时会觉得自己有同样的目标和感情，从而更加充满了参与激情。情感营销的影响是非常大的，很多人选择了既接受挑战又进行捐款的原因就是内心的情感被打动了。

大多数人都是感性的，对于一些力所能及又有意义的事情，大家都愿意伸出援手。做病毒营销，营销人员要抓住人类的这种特性，让情感成为病毒营销的引爆点，这样的营销方式才会更容易成功。当然"冰桶挑战"的成功不仅仅是因为引发了人们的情感共鸣，但是在制造病毒的这一环节，发起者的确选择了一个非常好的引爆点。加上"冰桶挑战"的规则十分简单，只要一桶冰水，一个小视频就能做到，满足无需努力就可以给别人传播的方式，信息传递范围很容易向大规模扩散，又通过名人效应和点名的方式充分利用了现有的网络通信，并且因为引发了大众的情感共鸣，明星、公司、热心网友、纷纷加入挑战并且分享给他人，"冰桶挑战"利用别人的资源来达到了自己让公众关注罕见病的目的。此活动的成功满足前面所说的病毒营销的基本要素，并且利用情感激发了人们的分享冲动，所有公益活动的举办都应该从"冰桶挑战"的传播上吸取成功经验。

4. 邀请推荐类

邀请类病毒是指目标受众只有邀请规定的几个好友之后才能享受某些服务。邀请类病毒营销的开创者是Google（谷歌）的Gmail。在推广前期，Gmail就利用了病毒营销，当时它并不接受公开注册，注册消费者必须接到现有消费者的邀请才能注册。开心网上线之初为什么发展如此之快，其中一个重要原因就是其邀请注册机制。开心网不能够自由注册，只能通过已注册用户的邀请链接进行注册。此方法用在注册类的产品上非常有效，比如对于社区论坛这类产品，增加有奖推荐注册机制后，注册量都会大增。这种方式不仅可以引发消费者的好奇心理，同时，通过邀请可以使具有共同兴趣爱好的消费者聚成一个"圈子"，大家可以在这个"圈子"里互相交流信息，为公司产品或服务的推广埋下伏笔。

5. 投票类

投票也是能够引发病毒效应的有效手段之一，前提是相关的投票活动能够引起大家的关注和兴趣，能够引起大家的拉票欲望。最典型的案例是2006年日本申请加入联合国安理会常任理事国期间，各大网站纷纷推出反对日本加入联合国安理会常任理事国的投票活动，一时间席卷互联网，据称当时有超过1亿人参与了此类投票。还有微信朋友圈上很流行的各种评选活动，很多商家举办评选最可爱宝宝、最上镜宝宝等活动，让广大家长们为了孩子自发替商家推广。当人们参与投票时，会发现必须要关注主办方的公众号才有资格投票，这就达到了商家最初的目的。

病毒内容对病毒营销是非常关键的环节。病毒内容要结合产品特质，选取一些爆点元素，而且内容还要做到连贯，以便能做到延续性传播，在具体操作时，要多寻求新的方法和创意。

（二）发布病毒

病毒制造好后，要开始大范围发布。病毒营销除了有好的内容以外，还要有合适的发布节点。因此，营销人员要结合网络趋势，找准目标人群，选择一些热度高的平台。在发布这个环节，有以下几个技巧和注意事项。

1. 无需努力即可向他人传播的方式

病毒营销最终是要由人去传播，由用户去传播，而用户传播的力度有多大，在很大程度上取决于传播方式的复杂程度，所以应该尽可能设计一种无需努力即可向他人传播的方式。比如病毒营销的开拓者Hotmail之所以大获成功，就是因为其传播方式太简单了，甚至用户不需要做任何事，只需要正常地和亲朋好友通信，就能够帮助其完成传播。

2. 找准低免疫力易感人群

如同现实中的感冒病毒一样，病毒想传播得快，也要像感冒病毒一样找到那些低免疫力易感人群，通过他们才可以将病毒扩散出去。让每一个受众都成为传播者是病毒营销的终极目的。寻找易感人群，也就是那些会积极参与病毒营销的潜在感染者。易感人群根据感染病毒的程度，可分为易感染人群和极易感染人群，都属于低免疫力人群。病毒营销的病毒必须找到一部分极易感染的低免疫力人群，由他们携带病原体散播到各处。一般来说，低端消费者、低龄消费者、感性消费者都是比较易感的人群。

（1）低端消费者

低端消费者群规模大、需求多、忠诚度高。世界上的高端消费者也就是所谓的成功人士只占人口的极小部分，大部分的人只是普普通通的人，这大多数人就是低端消费者群。低端消费者规模庞大,涉及的领域也非常广泛。低端消费者群的业余时间多,自我解决问题的能力较弱,这样就产生了很多需求,因为在他们遇到自己无法解决的事情时,喜欢上网,查找信息寻求帮助。低端消费者还喜欢与人交流,因此他们是各类社交网站的常客。如果一个网站可以让他们学到东西、交到朋友或者满足某种需求,他们就会成为这个网站的常客,并且推荐给自己的朋友圈。低端消费者的朋友圈基本上都是与他有某种相同特征的人群,这样,"大家告诉大家"的传播方式将形成巨大的宣传效果。

(2) 低龄消费者

低龄消费者追求时尚、容易接受新潮流、新趋势、新事物,他们注重个性,对外界有很强的感知能力。这些低龄消费者本身所具有的个性特点使他们注定成为低免疫力人群。而低龄消费者作为易感人群,很容易成为产品或服务第一批接受者和最有可能的产品使用者。而容易接受新事物的特性将促使低龄消费者自发进行后续的传播活动。现实生活中,很多新事物的出现都是由年轻人作为主力最先体验,然后传播发散的。

腾讯最初在进行QQ品牌推广时,非常注重易感人群的寻找,并将低龄消费者锁定为易感人群。据腾讯公关总经理杨益介绍,最初,QQ的注册消费者平均年龄只有20.6岁,他们对QQ没有任何抵制,迅速接受了QQ这个新的即时通信工具。据调查,尽管QQ提供的中文界面与其他社交软件有很大不同,大部分低龄消费者都非常适应,并且还会积极地将这一产品推广给周围的人。

汉堡王通过视频线上互动游戏"听话的小鸡"来推广鸡块汉堡快餐就是寻找到了最易感染的低龄消费者。"听话的小鸡"是一个简单的线上互动游戏:一个人形小鸡站立在视频窗口内,下面是一个输入框,消费者在输入框内输入一个英文单词,小鸡就会做出相对应的动作。比如,消费者输入"跳",小鸡就会立即挥动翅膀,原地跳起,然后恢复初始画面;消费者输入了"跑",小鸡就会马上在屋子里疯跑一气;而当消费者输入了小鸡无法用动作表示的单词时,小鸡就会做出表示不理解的表情;还有就是当消费者长时间没有输入命令的时候,小鸡就会做出擦汗的动作表示提醒或抗议。营销策划人员找了20多位在游戏圈里具有一定影响力的人员,通过这些人把"听话的小鸡"游戏网址分享到了各自的朋友圈。一个星期以后,网址的点击率达到了2000万次以上,每次访问的平均停留时间达6分钟以上。随后,"听话的小鸡"线上互动游戏掀起了热潮,有一些网民甚至将网站书签记录到平板电脑中,随时随地无线上网与"小鸡"进行互动。

很多网民在网站中进行游戏互动时,会顺便点击下面的网址链接,而大量的最新鸡块汉堡快餐促销信息常常会吸引这些网民,几乎没有花费任何宣传推广的费用就获得了巨大的成功。这次传播效果如此好,很大原因在于汉堡王找到了最容易被游戏感染的低龄消费者,又通过游戏圈里的人准确地把病毒传播出去了,因为他们的朋友圈大多是一些低龄消费者。

(3) 感性消费者

感性消费者感情比较脆弱,容易受外界影响。感性消费者群是一个感性且充满了爱心的群体,容易受外界诱惑,做事受情感支配。比如,母婴产品在SNS上进行病毒营销时,就注意到妈妈们是最有价值的易感人群。妈妈消费者群体不仅极富有感性与爱心,同时也是个爱表现、爱传播的群体,所以当她们在SNS上相互交流经验心得的时候很容易被影响。因此在设计病毒时要充分考虑这些特性。

3. 选好病毒发布渠道

在传播病毒时,应该选择那些人群集中、互动性强、传播迅速的平台。还要进行首发媒体和分批发布媒体设计,明确每一个平台的传播目标是什么。此阶段应首先找到意见领袖。意见领袖指的是活跃在人际传播网络中,经常为他人提供信息、观点或建议并对他人施加个人影响的人物。普通受众往往在这些意见领袖的带动下发展到最终被劝服来接受一件商品,然后通过各种渠道帮助病毒造声势。病毒营销通常使用的网络媒介传播工具有电子邮件、网站广告、论坛、社交网站(如Facebook)、即时通信工具(如AIM、ICQ、QQ)、搜索引擎、博客、播客、视频短片、互动性广告、网络游戏、电子图书、搞笑图片、动画、电子折扣券等。

4. 给大家发布传播的动力

如果单靠激发用户的兴趣使其主动传播是一件很难的事情,除非病毒本身非常有引爆点。但是一般情况下,没有动力,用户是不会主动传播的,所以需要给用户一个有力的传播理由,如利诱、娱乐、情感引导等。例如,现在很多博主都会在微博上发起抽奖的活动,只要关注者转发某条微博就有机会抽中奖品。这里的奖品就是博主给大家转发的动力。

(三)病毒的变种和再传播

病毒营销是有周期性的,时间一长,随着消费者对病原体的了解,他们对病毒的热情会消失,病毒营销的传播力也会减弱。为了吸引消费者继续参与传播就要及时更新病毒,不断植入新的病毒按钮。只有不断出新,才能持续刺激消费者的注意力,使其一直被吸引。例如网络红人papi酱之所以可以一直保持关注度,就是因为她会结合时下最热门的事件或是话题制作吐槽视频,定期更换视频里的"病毒"。

二、制订病毒营销推广方案

如何才能在最小的成本投入下取得病毒营销的成功是经营者最想找到的答案,但每个成功的案例都有其独特的成功之道,一般情况下,营销人员可以根据互联网的特点来设计病毒营销推广的方案,以最小的代价来获得最佳的效果。病毒营销推广的实施一般都需要经过方案的规划和设计、信息源和传递渠道的设计、原始信息发布、效果跟踪管理等基本步骤。

(一)方案的规划和设计

在进行病毒营销方案的总体规划阶段,营销人员一定要考虑在网络上什么样的有价值产品或服务能吸引网民的注意?什么样的信息比较容易在网上传播?信息传播与企业的真正营销目的如何结合巧妙地起来?什么样的通信网络或是他人资源可以为自己所用?要在此阶段确认病毒营销方案符合病毒营销的基本要素,以及病毒的设计有没有流行性,是否能达到企业最终的营销目的。

 小链接

燕小唛的病毒营销推广方案

2017年1月,燕小唛在粉丝的积极参与下,制作了纯公益性质的"世界再大,也要回家"的沙画视频,短短10天时间达到了200多万的传播量,催泪效果十分明显。

视频用沙画形式,穿插生动的游子离家的场景,在一幕幕父母痴痴地等待中勾勒了浓浓亲情,唤起受众共鸣,让其沙画主题语"世界再大,也要回家"疯传网络。不

仅用低成本达到了理想的传播效果，更为品牌实现了高转化，是真正意义上的病毒传播。

（二）信息源和传递渠道的设计

虽然病毒营销信息是用户自行传播的，但是这些信息源和信息传递渠道需要进行精心的设计，使病毒的传播方便快捷。例如要发布一个短视频，首先要对这个短视频进行精心策划和设计，使其看起来更加吸引人，并且让年轻的朋友们更愿意自愿传播。

仅仅做到这一步还是不够的，还需要考虑这种信息的传递渠道。在传播病毒时，应该选择那些人群集中、互动性强、传播迅速的平台。通常电子邮件、论坛等是常用的渠道。

1. 电子邮件

病毒营销最好的例子就是电子邮件营销。电子邮件营销除了成本低廉的优点之外，更大的好处是能够发挥病毒营销的威力，利用网友"好人有好报"的心理，轻轻松松按个转发键就化身为广告主的营销助理，一传十、十传百，甚至能够接触到原本公司企业营销范围之外的潜在消费者，不少尝过病毒营销甜头的公司也因此津津乐道。

电子邮件营销的三大基础如下。

（1）电子邮件营销的内容

营销信息是通过电子邮件向用户发送的，邮件的内容对用户有价值才能引起用户的关注，有效的内容设计是电子邮件营销发挥作用的基本前提。

（2）电子邮件营销的技术基础

从技术上保证用户可以加入、退出邮件列表，并实现对用户资料的管理，以及邮件发送和效果跟踪等功能。

（3）用户的电子邮件地址资源

在用户自愿加入邮件列表的前提下，获得足够多的用户电子邮件地址资源，并且清洗、过滤，提高电子邮件的效率，是电子邮件营销发挥作用的必要条件。当这些基础条件具备之后，才能开展真正意义上的电子邮件营销，电子邮件营销的效果才能逐步表现出来。

2. 论坛

（1）事件炒作通过炮制网民感兴趣的活动，将客户的品牌、产品、活动内容植入传播内容，并展开持续的传播效应，引发新闻事件，导致传播的连锁反应。

（2）运用搜索引擎内容编辑技术，不仅使内容能在论坛上有好的表现，在主流搜索引擎上也能够快速寻找到发布的帖子。

（3）适用于商业企业的论坛营销分析，对长期网络投资项目组合应用，精确地预估未来企业投资回报率以及资本价值。

（4）利用论坛的超高人气，可以有效地为企业提供营销传播服务。由于论坛话题的开放性，几乎企业所有的营销诉求都可以通过论坛传播得到有效的实现。

（5）专业的论坛帖子策划、撰写、发放、监测、汇报流程都是为了保证在论坛空间提供高效传播，包括各种置顶帖、普通帖、连环帖、论战帖、多图帖、视频帖等。

（6）论坛活动具有强大的聚众能力，利用论坛作为平台举办各类踩楼、灌水、贴图、视频等活动，可以调动网友与品牌之间的互动。

（三）原始信息发布

所有的大范围信息传播是从比较小的范围内开始的，如果希望通过病毒营销方式可以很快地使自己的原始信息传播，那么对于原始信息的发布也需要经过认真筹划。原始信息应该发布在用户容易发现，并且乐于传递的地方，如果有必要，还可以在一定范围内主动传播这些信息，例如我们之前提到的找到"意见领袖"或是我们所说的"网络水军"，等到自愿参与传播的用户数量比较大了之后，才让其自然传播。

（四）效果跟踪管理

当病毒营销方案设计完成并开始实施之后，对于病毒营销的最终效果实际上自己是无法控制的，但并不是说就不需要进行这种营销效果的跟踪和管理。实际上，对于病毒营销的效果分析是非常重要的，不仅可以及时掌握营销信息传播所带来的反应，也可以从中发现这项病毒营销计划可能存在的问题，以及可能的改进思路，将这些经验进行积累为下一次病毒营销计划提供参考。

三、病毒营销效果监测

1. 从消费者层面监测病毒营销效果

预测消费者是否会采取某种具体行为的方法是测量其采取该行为的意愿。根据消费者行为理论，通过测量消费者对病毒营销信息的分享意愿，预测病毒信息分享行为。从消费者层面去监测其对病毒营销的分享意愿很难有量化的结果。现有的关于病毒营销的研究方法主要是通过实验法、量表测量法和访谈法，对其传播效果影响因素的总结分类，主要分为信息来源特征、信息内容特征和接收者特征三大类。

2. 从企业层面监测病毒营销效果

这种测量通过实验的方式，测量产品营销的效果，比如统计产品的销售量、点击量或下载量。如同我们在前面提到的普通网络营销效果的测量一样，一般在互联网平台，企业可以统计相关产品的点击量和安装数量来检验病毒信息传播过程，通过统计产品的广告收入、销售收入或是点击量转换率等来测量产品营销的效果。

小　　结

1. 病毒营销并非真的以传播病毒的方式开展营销，而是通过用户的口碑传播原理，信息像病毒一样传播和扩散，利用快速复制的方式传向数以千计、数以万计的受众。

2. 病毒营销的主要特点有推广成本低，传播速度快，效率高、更新快。

3. 有效的病毒营销战略可以归纳为 6 个基本要素，一个病毒营销战略不一定要包含所有要素，但是包含的要素越多，营销效果可能越好。这 6 个基本要素是：提供有价值的产品或服务、提供无需努力就可以向他人传递信息的方式、信息传递范围很容易从小向大规模扩散、利用公众的积极性和行为、利用现有的通信网络、利用别人的资源。

4. 企业开展病毒营销的流程其实与计算机病毒类似，首先要制造病毒，然后发布病毒，等到消费者对病毒产生反应后及时更新病毒。

5. 病毒营销推广的实施一般都需要经过方案的规划和设计、信息源和传递渠道的设计、原始信息发布、效果跟踪管理等基本步骤。

6. 病毒营销效果监测分为从消费者层面监测和从企业层面监测。

 实践案例

案例分析

可口可乐火炬在线传递

2008 年北京奥运会是全中国人民共同期待的盛事，是人们关注度高的事件，可口可乐公司利用人们对奥运会极大的关注度来进行营销，以火炬在线传递来引发病毒传播，达到很好的效果。

火炬在线传递分为两个阶段。一是资格邀请阶段，第一棒火炬大使获得火炬徽章，通过前期第一棒火炬大使招募，招募选手于 2008 年 3 月 23 晚 8 点获得徽章，然后通过火炬传递或好友索取确定，传递后可将火炬点亮，成为火炬大使；二是正式火炬传递阶段，姚明点亮在线火炬，火炬开始传递，完成火炬在线传递赠送 QQ 火炬徽章。

自活动开始，参与人数呈几何倍数增长，活动开始的短短两周内，有 1700 万的参与者，到 2008 年 8 月，共有 6000 万的参与者参与火炬在线传递任务，活动达到了预想的效果。同时，论坛、BBS 和博客上一时间充满了想要被邀请参与活动的资讯，百度有上百万搜索记录，结果更显示了该活动的影响力和口碑。

利用网络这一媒介，可口可乐的奥运火炬传递活动通过口碑和人际关系产生的互动体验，通过消费者参与到品牌推广活动，拉近了品牌和消费者的距离，不仅起到了快速、成本低廉、影响人群面广而精、信任度高的效果，同时打破了时间、空间和地域的限制，也成就了可口可乐品牌自身的价值，使可口可乐赞助商身份深入到绝大多数网民的心中，成为 2008 年奥运会成功的营销之一。

业务操作

1. 请你思考一下，在这场营销活动中，可口可乐公司为什么可以在两周内聚集了 1700 万的参与者？

2. 可口可乐公司的火炬传递活动运用了哪一类的病毒？

3. 可口可乐公司的这场病毒营销为什么会成功呢？是否满足了病毒营销的基本要素？

4. 可口可乐公司选择的传播媒介是社交网络，请你结合可口可乐公司的目标人群，分析为什么要选择这一媒介。

5. 如果时间倒回2008年，你是一家饮料公司的营销人员，你要设计一场病毒营销活动，你会怎么做？

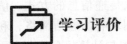

学习评价

一、选择题

1. 病毒营销是一种常用的网络营销方法，通过"让大家告诉大家"的口口相传的用户口碑传播原理，利用网络的快速复制与（　　）将要表达的信息向数以千计、数以万计的受众传递。
   A. 快速传播　　　　　　　　　　B. 便于修改
   C. 成本低廉　　　　　　　　　　D. 庞大的用户基础

2. 通过 QQ、微博、微信、E-mail 等通信工具免费向朋友发送一些祝福，后面附上网页地址或精美图片是（　　）病毒营销类型。
   A. 娱乐类　　　B. 情感类　　　C. 节日祝福类　　　D. 免费服务类

3. 下列几种传播方式中，不属于病毒营销的传播方式是（　　）。
   A. 协同效应传播　　　　　　　　B. 可植入性传播
   C. 口碑效应传播　　　　　　　　D. 情感效应传播

4. 很容易成为产品或服务第一批接受者，最有可能的产品使用者，而且愿意自发进行后续的传播活动的是（　　）。
   A. 低端消费者　　B. 低龄消费者　　C. 感性消费者　　D. 易感人群

5. 制订病毒营销推广方案时，最后一步应该是（　　）。
   A. 原始信息发布　　　　　　　　B. 方案的规划和设计
   C. 效果跟踪管理　　　　　　　　D. 信息源和传递渠道的设计

6. 提出病毒营销背后的六大驱动力的是（　　）。
   A. 贾维逊　　　B. 德雷伯　　　C. 威尔逊　　　D. 乔纳·伯杰

7. 病毒营销重要的是能在"病毒"内容传播的（　　）快速地触发人们的分享欲望。
   A. 前期　　　　B. 中期　　　　C. 后期

8. 企业开展病毒营销的流程中不包含（　　）。
   A. 制作病毒　　　　　　　　　　B. 发布病毒
   C. 监测病毒　　　　　　　　　　D. 更新病毒

9. 企业拍了一系列微电影作为自己的产品广告，运用了（　　）方式。
   A. 可植入性传播　　　　　　　　B. 协同效应传播
   C. 社交化传播　　　　　　　　　D. 话题性传播

10. 下列对病毒营销的六个要素表述正确的是（　　）。
    A. 对于病毒营销来说，能够提供产品和服务是其得以顺利实施的首要条件
    B. 病毒营销在互联上得以极好地发挥作用是因为互联网通信容易而且廉价
    C. 只有亲密的人际网络关系才是营销人员应当关注的
    D. 病毒营销战略是利用免费资源来达到自己的目的

二、判断题

1. 病毒营销传播过程是在营销刚开始时传播速度很慢,当其扩大至受众的一半时速度会一直加快。（ ）
2. 病毒式营销的核心是免费。（ ）
3. 口口相传原理是病毒营销的基础。（ ）
4. 邀请类病毒是指你只有被好友或网站邀请之后才能享受某些服务。（ ）
5. 口碑传播的内容一般是积极向上的,而病毒营销的信息内容一般比较消极。（ ）
6. 当病毒营销方案设计完成并开始实施之后,对于病毒营销的最终效果营销人员是无法控制的。（ ）
7. 病毒营销运用的是"看热闹的羊群效应",传播者本身是基于觉得有趣才主动传播,对传播的内容几乎是不了解的。（ ）
8. 病毒营销成功的关键是制作的病毒必须具备六要素。（ ）
9. 病毒营销推广成本低廉是因为其传播媒介大多都是网络上免费的平台。（ ）
10. 意见领袖指的是活跃在人际传播网络中,经常为他人提供信息、观点或建议并对他人施加个人影响的人物。（ ）

三、简答题

1. 什么是病毒营销？病毒营销的特点有哪些？
2. 病毒营销有哪几种传播方式？请举例说明。
3. 什么是病毒？病毒有哪些分类？
4. 好的病毒要满足什么样的条件？
5. 一场病毒营销的成功取决于哪些要素？
6. 企业展开病毒营销的流程是什么？

项目十 移动网络营销

 知识目标

- ◆ 理解移动网络营销及其价值
- ◆ 理解移动网络营销的概念、特点、模式和策略
- ◆ 掌握 APP 营销的方法
- ◆ 理解二维码、LBS 与移动营销的作用
- ◆ 理解移动 O2O 营销的含义

 能力目标

- ◆ 能够运用 APP 营销开展相关活动
- ◆ 学会移动 O2O 营销的应用模式

 重点难点

- ◆ 对移动网络营销内涵的理解
- ◆ APP 营销、O2O 营销的运用

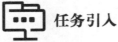 **任务引入**

由于互联网的崛起,使得网络营销成为热门的话题,并且让众多企业研究如何利用它来开拓渠道促进销售。随着互联网的变化,人们的网络行为也发生了巨大的变化,在移动互联网的影响下,网络营销又有哪些新思路、新方法呢?移动网络营销应该怎么做?通过本项目的学习,你将解决上述问题。

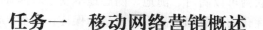

任务一 移动网络营销概述

移动网络营销是网络营销的一个新的分支,但是从应用角度来看,它的发展是对传统互联网的整合和发展,是网络营销发展的新态势。随着移动网络营销的快速发展,企业可能将市场目标定位到个人,而传统的基于互联网的营销只能将市场细分到一个小的群体,比如,一个家庭或者一台计算机。因此,可以说移动网络营销是网络营销的高级形式。

一、移动互联网的营销价值

(一) 移动互联网的发展历史

截至 2018 年 12 月,我国网民规模达 8.29 亿,我国手机网民规模达 8.17 亿,网民通过手机接入互联网的比例高达 98.6%。从 2014 年手机上网规模首次超越 PC 端以来,手机上网占比一直在高位运行。网民上网的设备进一步向移动端集中,这主要得益于移动互联技术的飞速发展和创新类移动应用的深入渗透。目前来看,移动类的应用已经包罗万象,从移动办公、移动交易、移动门户、移动娱乐、移动视频等,应有尽有。

移动网络营销尽管与传统网络营销有类似之处,但同时也表现出一些新的特点以及移动网络营销专有的方法。移动网络营销是以移动通信网络数据传递为基础发展而来的,到目前为止,移动通信网络经过了以下几个阶段:短信息、WAP 手机上网、2G 网络、GPR 网络、3G 网络和 4G 网络。每种阶段的数据传输模式都产生了相应的营销方法,目前数据传输速度最快的 4G 无线网络已成为主流模式。

第一阶段的移动网络营销主要表现是以使用短信为基础,通过输入指定命令实现用户与企业或商家的沟通。这种技术最大的不足之处就在于成本较高,实时性较差,查询请求不能实时反馈。同时,由于不同平台短信长度的限制不同,使得一些查询无法得到一个完整的答案,分成了许多条短信来回复,有些短信还在传输过程中丢失。这些糟糕的用户体验使得这一时代迅速终结。

第二阶段的移动网络营销是以无线应用通信协议(WAP)为基础的,WAP 可以将互联网中丰富的资源引入移动电话等无线终端,由于 WAP 协议本身不要求移动通信协议做任何改动,所以可以广泛应用在 GSM、CDMA、TDMA 等。但是,这种技术的缺陷也很明显,就是通过翻译网页得到的 WAP 页面交互能力较差,再加上当时移动通信网络速度的不足、网络安全性差等因素,使得其在金融、证券等领域难以满足用户的要求。

第三阶段的移动网络营销是以面向服务的体系架构(SOA)、智能手机、3G 网络、4G 网络为基础发展起来的。随着信息技术的革命,硬件、软件技术得到了突飞猛进的发展,基于 SOA 架构的 Web Service 已经使得电子商务系统的安全性和交互能力有了相当大的提高,同时,借助 3G 网络、4G 网络的高带宽和移动 VPN 等手段,使得企业可以将 ERP、CRM、HR 等异构的数据应用集成在移动终端上,为网络营销人员从事安全、快速的商务活动提供了极大的便利,移动贸易、移动物流和在线支付等活动也给移动网络营销提供了良好的支撑。

(二) 移动互联网的特点

小巧轻便和通信便捷两个特点,决定了移动互联网与 PC 互联网的根本不同、发展趋势及相关联之处。移动互联网可以随时、随地、随心地享受互联网业务带来的便捷，还表现在更丰富的业务种类、个性化的服务和更高服务质量的保证。当然，移动互联网在网络和终端方面也受到了一定的限制。与传统的桌面互联网相比较，移动互联网具有以下几个特点。

1. 便捷性和便携性

移动互联网的基础网络是一个立体的网络，GPRS、3G、4G 和 WLAN 或 WiFi 构成的无缝覆盖，使得移动终端具有通过上述任何形式方便联通网络的特性。移动互联网的基本载体是移动终端，顾名思义，这些移动终端不仅仅是智能手机、平板电脑，甚至还有可能是智能眼镜、智能手表、服装、饰品等各类随身物品，它们属于人体穿戴的一部分，随时随地都可以使用。

2. 即时性和精确性

由于有了上述便捷性和便携性的特点，人们可以充分利用生活中、工作中的碎片化时间，接收和处理来自互联网的各类信息，不再担心有任何重要信息、时效信息被错过了。无论是什么样的移动终端，其个性化程度都相当高。尤其是智能手机，每一个电话号码都精确地指向了一个明确的个体，使得移动互联网能够针对不同的个体，提供更为精准的个性化服务。

3. 感触性和定向性

这一点不仅仅是体现在移动终端屏幕的感触层面，更重要的是体现在拍照、摄像、二维码扫描，以及重力感应、磁场感应、移动感应、温度和湿度感应等无所不及的感触功能。而 LBS（基于位置的服务），不仅能够定位移动终端所在的位置，甚至还可以根据移动终端的趋向性，确定下一步可能去往的位置，使得相关服务具有可靠的定位性和定向性。

（三）移动互联网营销的价值

随着 iPhone、iPad、Android 手机等移动终端的火热和普及，用户的构成和行为习惯的改变以及新应用程序的大量涌现，移动互联网开始成为新的营销信息传播载体。移动互联网营销到底有什么魔力，能够得到如此快速地扩张呢？移动互联网营销的价值体现在社交性、移动性和位置性 3 个方面。

1. 社交性

移动互联网的终端一般为手机，其最核心的功能就是通信。移动与互联网的结合，特别是具有个人身份性的手机与互联网社交平台的结合，构建了移动互联网的人本化社交系统，将互联网中的匿名性的弱关系网络延伸到了实名性的强关系网络。例如，拥有庞大使用群体的手机应用软件——微信，在很大程度上方便了熟人朋友之间的信息分享和交流互动，将线下私密型的社交活动线上化和计算化，使企业有机会借助和利用这些可计算、可观察和可交互的社会资源进行营销活动，起到事半功倍的作用。

移动社交平台的普及和应用，使消费者获取、分享信息的模式发生了重大转变，消费者将越来越依赖熟人间的信息分享和推荐，而减少了对商业化信息的获取和采信。这也客观上大大弱化了电视、报纸等传统媒体商业广告的可信度，使得品牌的口碑比过去任何一个时代都更加重要。

2. 移动性

移动性是指消费者可以随时随地接入互联网享受各种服务和体验。借助各种移动终端设备，消费者可以利用碎片时间进行碎片化的活动，比如，消费者可以在排队等待时间、乘车时间见缝插针式地进行信息分享和快速交互活动。有效地利用消费者使用行为的移动性和时间的碎片性，是适应移动互联网特点的关键之一。

移动互联网的移动性在真正意义上消除了信息传播的时空限制。电视可能需要在客厅观看，电脑需要在卧室、办公室使用，车载电脑需要汽车等场景。移动互联网的信息发布与接收之间的时间差更小，基本做到即时发布、即时接收。例如，手机不仅可以实时获得信息，同时也可以实时向别人传递信息。

3. 位置性

位置性是基于位置来提供服务的，它一般可以从两个方面来实现，如通过电信移动运营商的无线电通信网络，利用三角定位原理来计算出客户的实际位置，当然也可以借助外部的定位方式，主要是 GPS 来获取终端用户的位置信息，在地理信息系统平台的支撑下，就可以掌握客户的实时地理坐标。

移动终端的消费者用随身携带的移动设备随时接入互联网来获取和分享信息，从而实现线下、线上的实时关联。如消费者利用扫描二维码可以快速连接到线上获取信息并下订单，在线下实现货物提取和服务，实现线上快捷便利的购买决策、交易支付及线下的及时安全的货物传递。移动互联网的位置性，使消费者可以从容在线下、线上无缝切换和对接，消费者购买决策更加主动和灵活。很多基于位置的生活服务模式产生和发展起来，主要有周边生活服务搜索、旅行服务、同城交友服务等。移动互联网位置性的特点使企业将线上信息服务和线下体验服务有机结合起来。

除了上述特点以外，移动互联网还有很多明显的优点，可以应用到营销活动之中。正是因为移动互联网的这些特点，使得"任何时间、任何地点、任何对象、任何信息、任何方式"的营销传播成为现实。在移动互联网时代，营销正在向"在最正确的时间，在最正确的地点，把用户最需要的信息，传递给最正确客户的正确的屏幕上"发展。总之，在移动互联网的世界中，人与智能终端其实已经融为一体，共同成为移动网络上的一个节点。这就使得每个节点之间更容易形成精准快捷的信息交互，更好更便捷地满足人们的信息需求。

随着智能手机技术的不断发展以及互联网标准的不断升级创新，移动互联网已经消除了不同媒介之间的隔断，人们可以借助文字、图片、音频、视频的任何一种组合或者几种组合来表达思想，移动媒体、移动广播、移动网站、移动电视、移动电子商务、移动社交等不同的传播形态实现新的融合发展。

二、移动网络营销的内涵和特点

移动网络营销涉及移动通信技术和市场营销，它是指以市场营销为基础，在移动通信网络上实现的营销活动。移动网络营销是网络营销的延伸，可以实现个性化、精准化的营销，其目的主要有以下几个方面：移动电子商务调查、分析消费者行为、辅助营销策略制定、提高产品的品牌知名度、收集客户资料进行管理、改进客户信任度和增加企业收入等。

从 2G 网络时代开始，人们就可以利用移动通信终端来访问互联网，开启了手机上网的时代。以智能手机为例，在浏览网页和使用常用的互联网应用时与个人电脑上网在客户层面上并没有太大的差异，如电子邮件、搜索引擎、QQ 聊天、微博互动等。与传统的网络营销相比，移动网络营销的特点表现在以下几个方面。

1. 个性化

人们在接入移动网络时，每部手机对应一个用户。因此，营销人员可以根据用户的年龄、爱好、兴趣、上网习惯、收入、消费行为、浏览记录等来向用户推荐不同的商品，实现有针对性的个性化精准营销，提高营销的效率。

2. 交互性

手机在交互性方面有传统媒体无法比拟的优势。手机的互动性在效率、速度和灵活性上都要更胜一筹，特别是智能手机的飞速发展，使得手机的用户体验更加优良。企业可以与客户之间展开双向互动和沟通，有助于改善企业客户关系管理。

3. 灵活性

在移动网络营销环境中，人们可以不再受时间和地域的限制，可以随时随地通过终端进行支付和发起交易，并进行评价反馈。这种灵活性可以使企业随时随地了解市场动态，了解客户的真实需求，为他们提供最优质的服务。

4. 丰富性

移动营销广泛使用多媒体技术，企业可以将产品信息以图片、声音、文字、视频的形式展现出来，用户可以通过手机直接浏览这些内容。

5. 经济性

移动营销能通过数字信息向用户进行商品和服务的宣传和推销，所花费的营销成本又远远小于传统营销手段，如节省了巨额的电视广告的费用、印刷媒体的实物成本、报纸的版面费用、影视明星的代言费用等。

6. 监测性

移动网络营销的效果可以通过相关的工具来进行监测，企业可以实时看到回复率和回复时间、用户是否浏览信息、用户是否购买产品等重要信息。这种监测能力在市场调查、行为分析等方面对企业具有非常重要的意义。

当然，由于移动终端，特别是手机有着天然的随身性，实用有趣的手机应用消耗了绝大多数年轻人的碎片时间。等车要玩手机、途中要玩手机、睡觉前要玩手机、睡醒了更要玩一下手机已经成为一种普遍现象。移动网络天然的黏性也给了市场无限的想象空间。

三、移动网络营销的模式

移动网络营销的运行模式主要有3种：Push模式、Web模式和内嵌模式。

1. Push模式

Push模式是指企业直接向用户发送短信、彩信和广告，进行商品营销的形式。Push模式中应用最广的就是短信息营销方法，其优点在于价格低廉，潜在用户巨大，不足之处是容易引起客户反感。因此，采用Push模式进行市场营销活动时，可以学习电子邮件营销的许可机制，即建立客户许可和退出机制。当然，最近几年移动网络广告的程序化购买已经形成，成为更加精准、专业、高效、低成本的Push模式。

2. Web模式

Web模式是企业通过建立WAP网站或者与其他移动网站合作进行企业品牌宣传与推广的模式。自建移动网站的优点是自由度较大、灵活方便、便于管理和内容控制，不足之处在于成本较高。目前移动平台上的网站功能已经非常强大，如与手机新浪、手机百度等合作进行广告投放，或者采用搜索关键字竞价的方法进行营销活动。

3. 内嵌模式

内嵌模式是指产品的信息直接嵌入手机内，早期主要是通过屏保、铃声、游戏、软件等多种形式进行，也可以在手机出厂之前直接植入手机硬件内部，通常以买断的形式，在某个品牌的手机里投放广告。这种方式尽管有效，但由于推广成本较高，内嵌广告容易引起手机用户不满等，并不一定适合所有的产品和品牌。但是最近几年，内嵌模式主要是以 APP 的形式展开。移动互联网的快速发展，催生了巨大的 APP 开发市场，开放的平台、强大的功能，使得 APP 有了非常可观的需求量，智能手机的娱乐性主要是由其安装的 APP 的功能所决定的，所有 APP 软件内嵌商品信息或者广告已经成为移动广告的主要形式。

四、移动网络营销的方法以及发展趋势

（一）移动网络营销的方法

移动网络营销早期主要是基于短信息的广告模式，随着基于 3G、4G 网络的移动互联网和智能手机的兴起，手机操作系统和浏览器功能越来越强大，专门用于手机的 APP 应用开发也形成规模，因此移动网络营销的研究和应用的重点也将不断发生变化。有学者指出，由于手机终端的差异，移动网络营销研究首先要区分手机的类别，然后才能研究针对各种类型手机适用的网络营销方法。但考虑手机本身的更新换代速度远快于数据网络的发展，因此在研究过程中，并不针对手机的品牌、手机的操作系统。参考学者们对于移动网络营销方法的分类，将移动网络营销分为以下几种类型：许可短信营销、信息发布营销、搜索引擎营销、移动广告营销、手机微博营销、手机微信营销、病毒营销、APP 营销、LBS 营销、移动网站营销，如表 10-1 所示。

表 10-1 移动网络营销的方法

序号	移动网络营销方法	说明与评价
1	许可短信营销	这是最早也是沿用至今的移动网络营销方法之一，通常是用户注册为会员时接收短信许可，或者主动订阅相关的手机信息，如手机报、手机天气
2	信息发布营销	与传统网络营销类似，企业可以在移动网站、B2B 网络平台、第三方平台如 Wiki、Blog 等发布信息
3	搜索引擎营销	与传统网络营销类似，可以采用搜索引擎优化、搜索引擎广告、竞价排名等方式来展现自己的移动网站和相关商业信息
4	移动广告营销	与传统网页展示类广告有较大差异，不论是从制作、设计上，还是广告投放架构上都发生了巨大变化，移动广告更加强调精准性，方法上多采用程序化购买的方式，设计上更追求对用户的价值理念和个性化
5	手机微博营销	手机微博应用广泛，与传统微博营销的功能基本一致，差别就在于输入终端不同。通常手机微博输入的字数更少，图画更多
6	手机微信营销	基于腾讯专门为移动端开发的微信软件，适用于建立和维护顾客关系，做移动客服。伴随着微信功能的不断强大和微商的兴起，朋友圈广告不断刷屏，微信营销正在不断改写着手机微信营销的自身概念与内涵
7	病毒营销	与传统病毒营销类似，病毒营销同样也非常适合移动网络营销，移动终端的黏性和便携性大大提高了病毒营销的便利程度
8	APP 营销	大量 APP 应用可供智能手机下载安装，通过与 APP 开发服务商的合作，或者通过程序化购买的方式，在 APP 终端植入某些形式的广告，也是移动网络营销的主要形式
9	LBS 营销	通过手机的定位服务，商家可以为用户发送各种服务信息，各类 APP 软件、地图软件、支付软件、社交软件都内置了 LBS 服务，LBS 颠覆了客户满足消费需求的入口，未来具有非常广阔的发展空间
10	移动网站营销	与传统的基于网站的营销类似，差别仅在于使用的技术手段和表现手法上有较大的差异性

（二）移动网络营销的发展趋势

1. 移动网络营销的常态化

随着移动终端的普及，移动网络营销的价值日益显著，移动网络营销已经进入常态化。对于品牌而言已不是要不要做移动互联网营销，而是要如何把它做得更精准、更具有价值。这也意味着移动网络营销将成为企业必须要适应移动界面和与用户沟通的触点，如何制定出精准的移动营销策略，将会成为品牌所需要思考的问题。而那些已经拥有大流量入口的网站或应用，其移动营销的价值亟待广告主发掘。

移动互联网成为连接企业和消费者的主要界面，人们对于移动应用的依赖程度越来越高，会利用移动互联网进行社交，例如QQ、微信、陌陌等社交应用成为人们常用的社交软件；会利用移动互联网连接信息，很多人已不再看报纸，不再看新闻资讯，会通过像网易新闻、腾讯新闻这样的客户端进行阅读。线上线下渠道融合，利用手机作为介质将线上线下打通，使手机能够与电视形成连接。

2. 技术创新驱动移动网络营销的进化

技术创新正在不断地驱动移动互联网帮助企业解决更多新的需求，尤其在移动的小屏上，如何将更好的技术应用于移动互联网营销成为各家公司都在思考的问题。既可以像多盟、指点传媒、力美广告平台等互联网广告技术切入，也可以通过程序化广告购买升级互联网广告交易平台。很多互联网公司已经开始利用LBS位置定向完成移动分众的定向，除了模式上考虑，同时，在技术的推动下，产品对于用户的服务也在不断升级，升级产品的同时也为营销带来更多可能性。例如，有道词典可以更为精准地完成翻译工作，同时搭建在线教育平台，增加客户黏性，提升广告价值；科大讯飞可以不断延展语音的使用功能，推出情景化广告内容；豌豆荚可以从APP的使用兴趣来为广告主提供服务用户，实现兴趣定向营销；全景可以通过图片进行社交、分享、互动，甚至是购物等，将图片变成媒介。

 小链接

有道词典

有道词典是由网易有道出品的全球首款基于搜索引擎技术的全能免费语言翻译软件。有道词典通过独创的网络释义功能，轻松囊括互联网上的流行词汇与海量例句，并完整收录《柯林斯高级英汉双解词典》《21世纪大英汉词典》等多部权威词典数据，词库大而全，查词快且准。结合丰富的原声视频音频例句，总共覆盖3700万词条和2300万海量例句。

有道学堂是有道词典推出的在线教育服务平台，通过线上教学，以直播授课为主、录播形式为辅的方式传递服务，主打精品课程，帮助用户解决英语学习的困扰。此外，有道学堂还提供"单词下午茶""老外看东西"等原创栏目，是最专业的在线英语学习平台。该平台不但增加了客户黏性，同时还提升了广告价值。

3. 重度垂直应用将引爆移动网络营销

重度垂直就是瞄准一个细分垂直领域，在线下构筑重度运营体系，在线上运用IT系统形成 O2O 闭环。有了移动互联网后，由于人们之间的关系信息可以更好地连接，移动互联网将人们切分成更为细分的族群。在如今这个网络化时代，品牌营销要做得更有价值，一定不是大而全，而是小而美，要做到更加垂直和细分化。例如，妈妈网就属于重度垂直于母婴市场，可以精准地画出母婴用户人群图谱。这种垂直应用的场景可以为广告主带来深度与消费者沟通的营销机会。

在移动互联网时代，影响大众人群消费选择的不一定是大众本身，而是那些精众和小众人群。同时，这些人群多数为重度垂直应用的使用者。因此对于未来的创业趋势和移动 APP 的开发，重度垂直应用必将引爆移动网络营销。

4. 移动社交广告独占鳌头

在移动互联网时代，社交网络已经成为人们依赖手机的重要理由。例如微信、QQ 等社交平台已成为人们花费时间最长的应用平台，腾讯已经把社交大数据作为移动广告程序化购买的关键。而且从全球的发展趋势来看，Facebook 已经成为基于熟人朋友圈的广告精准投放平台。

现在通过用户的社交属性，可以更为精准地判断出用户的消费需求与消费行为，从而可以实现品牌与用户在节点上的连接。当然，移动社交平台对于企业而言，也是最好的会员服务平台。所以移动社交广告在今后的一段时期很可能将有更加广阔的发展空间。

5. 移动跨屏化探索将成为必然

如何能更精准地营销，真正地实现广告主按效果付费，同时消费者也愿意去看广告，成为每个企业都在关注的问题。捕捉更为精准化的营销场景，为品牌推广塑造了直达用户的快速通道。在信息碎片化满天飞的移动互联网时代，营销必然呈现出跨屏化趋势，《2015 年中国互联网电视研究发展报告》中指出，未来中国家庭的 50 寸互联网电视大屏将成为营销的蓝海市场，同时，伴随着智能终端的不断进步，手机也成为控制电视的工具，这也就意味着，跨屏技术的融合度在提高，移动互联网和大屏的互动将有更多的探索性。

当然，在移动互联网时代，同一个消费者，可能同时拥有多个手机和若干台笔记本、平板电脑、台式机、智能电视机等设备，如何推出跨屏互动广告，提供全新的数字营销闭环也是新的研究课题。所以，我们有充分的理由相信，移动跨屏化探索将成为必然，这一进程正在快速实现。

 小链接

精众消费群体

如今中国主流消费者正在以"族群"聚集，正在穿梭于不同的时间和空间。企业对于消费者的理解，不是通过一个简单的消费行为就包含的个体，而是一个从外在表现到内在心理因素双重驱动的感性和理性结合的生活者。今天我们还不能清晰地确定新兴一族即"精众"人群的特点，但很多消费场景中，都可以看到"精众"消费现象，如在中高档健身会所，越来越多的人群聚集，通过健身来保持自己的精力、活力与竞争力；IT 数码、汽车、时尚奢侈品的设计越来越个性化和风格化……。对于市场

网络营销与推广

> "精众消费群体"的营销越来越呈现出价值观驱动的特征,而在此过程中形成的消费符号也引领大众消费潮流趋势。
>
> 精众消费群体的崛起来自消费者对于商品品质的追求。德国社会学家G.齐美尔说"越是容易激动的年代,时尚的变化越迅速",即越时尚越有市场,而中国就处在社会经济高速发展的"激动年代",人们对时尚的追求也可谓"日新月异",消费者对于产品的内在品质的需求正在不断刷新。研究发现,不仅仅是房子、家电、汽车、IT产品和时尚奢侈品,服装服饰、日常饮食、鞋子也都成为人们最在意品质的消费领域。
>
> 从文化人类学角度讲,消费者的消费行为不仅存在着等级,也有"血统"的基因,消费不仅是一种需求满足,也是一种"阶层"演练,大众分化的背后是精众的重聚和完整。据统计,占据中国城市总体人群10%的精众人群以70后、80后为主体,80%的精众已经成家,公司管理层超过一半,家庭平均月收入3万元左右,这些数据意味着精众群体是这个市场当中最能够主导潮流和时尚的人群。
>
> 追求自我独立、看重独特的风格、追求特有的生活方式……正在重新定义"精众"消费者对于产品和品牌的需求,企业要影响他们,就必须在品牌营销中添加这些因素。未来中国的消费市场将是由消费空间带来的新的分层结构,企业今天不是打动所有大众的问题,而是找到真正的价值消费群体,用精众引领大众,大胆进行营销创新才有出路,市场正在被不断地切割,"差异""个性化""精细化""精致化"成为新的主题。这也正是营销的本质所在。

任务二 APP营销

随着智能手机的流行,APP的数量也越来越多。最初,APP是作为一种第三方应用的合作形式参与到互联网商业活动中去的,随着互联网越来越开放化,APP作为一种萌生于智能手机的营利模式开始被更多的互联网商业大亨看重,如淘宝的开放平台、腾讯的微博开发平台、百度的百度应用平台等。一方面可以积聚各种不同类型的网络受众,另一方面借助APP平台获取流量,其中包括大众流量和定向流量。APP的流行,给企业带来了一种新的营销方式——移动APP营销。

一、APP营销的内涵

APP是英语Application的缩写,一般是指手机软件。随着科技的发展,手机功能越来越强大,手机软件也和电脑软件一样,种类越来越多。当然,手机软件的下载,首先要判断手机使用的操作系统。早期智能手机主要的操作系统有Symbian、Research in Motion、Windows Mobile等,2007年以后,手机操作系统的主要市场份额被苹果公司的IOS和谷歌公司的Android操作系统占领,所以绝大部分APP软件也都基于这两个平台开发。

APP营销是指在移动互联网的条件下,利用手机APP进行营销活动的过程。随着移动通信应用技术及移动智能终端设备的不断发展,APP营销是企业发展的必然产物。APP营销不断发展的主要动力源自企业对客户移动端营销的逐步重视,如今各大公司纷纷都开发并推出APP应用程序,从中不难看出,APP营销正在逐步引领并开创移动营销的新时代。

在当今的移动互联网时代背景下,哪家企业先切入占领用户的手机桌面,谁就是明日市场的霸主。与传统移动媒体营销相比,APP 营销有着无可比拟的优势。

1. 在传播方式方面

传统移动媒体主要是企业通过主动推送短信、电子邮件、EDM 等各类形式的信息让客户被动接收品牌或产品信息,这样往往容易产生反面效果;而目前市场上主流的 APP 营销,就是把企业的品牌或产品信息根植于 APP 应用程序的制作,通过客户主动下载并通过其进行互动,在使用 APP 应用程序的过程中更加容易起到营销及信息传播的作用。

2. 在传播内容方面

传统移动媒体传播的品牌或产品信息只在字面上做文章,客户对接收到的品牌或产品信息不能产生全面的感知;而企业 APP 应用程序中则可以包含文字、图片、视频、客户评价等诸多元素,客户可以通过 APP 应用程序全方位地感受企业品牌或产品。

二、APP 的设计与推广

(一) APP 的设计

APP 的开发设计是一个较为复杂的过程,APP 的开发设计也属于信息系统项目范畴,可以简单地把 APP 的设计流程归纳为 4 个阶段:准备阶段、开发设计阶段、测试阶段和上线阶段。

1. 准备阶段

首先要有 APP 的创意,也就是说要开发什么样的 APP,是媒体类、购物类,还是休闲类、知识类、游戏类,理清开发 APP 的背后逻辑,分析其可能的营利模式和推广方式,并对 APP 的主要功能和大概的界面进行构思。准备阶段要撰写相应 APP 的开发说明书,明确项目的可行性,定义主要的功能,规避可能的风险。项目经过评估之后,产品经理会根据商定好的功能进行价格和工期的评估,确立一个初步的项目进度表,得到客户的认可之后,签订 APP 开发合同。

2. 开发设计阶段

这个阶段可以分为两个部分。设计的第一阶段,经过前期准备,项目各个部门开始碰头会议,设计部门根据需求开始设计产品界面(UI)和用户体验(UE),针对产品开展创意设计,形成初步的效果图,经过客户的确认,再根据各方面讨论的具体结果进行二次修改,最终与客户确认高保真视觉图,开始进入设计的第二阶段。设计的第二阶段主要是程序设计和功能性实现,经过软件工程师一段时间的研发,产品基本成型。

3. 测试阶段

测试阶段主要是开展全方位的各类测试,首先是功能性测试、BUG 测试、压力测试、安全性测试等。测试合格并确认没有 BUG 后可以与客户进行沟通和验收。由客户再进行测试,提出修改意见。客户验收合格满意后,开发者会将 APP 程序和文档交付客户,客户根据 APP 预估的访问量、用户数量等来进行服务器的选择,服务器可以自己购买管理,也可以购买后托管,也可以直接租赁。

4. 上线阶段

上线阶段就是客户在选定好服务器以后,APP 就可以正式上线。上线时要在前期预留一定的时间,苹果的 APP store 审核周期一般在 1 周左右,安卓平台的审核相对较快,大约在 3 天。上线的平台尽量选择主流的大平台,如安卓市场、安智市场、豌豆荚、应用汇和机锋市场等。一些不出名的市场会从大型市场上抓取部分应用，所以发布不必涵盖所有市场。

 **提醒您**

> APP 上线所需资料：如果是公司开发者，需要上传营业执照扫描件（已年检）；如果是个人开发者，则需要上传个人有效身份证的正反两面扫描件，开发者提供的联系人、联系电话将作为手机应用市场与开发者联系的渠道，需真实有效。上传 APP 的资料软件名称、文字介绍及截图不能违反国家相关规则，软件介绍里有网址的，必须与软件开发者或者内容相关，不得有其他无关内容。软件图标、截图必须来源于上传软件且内容清晰，与当前版本对应。之后就可以发布 APP 下载页，生成下载二维码，提供 APP 的应用手册。

（二）APP 的推广

APP 的推广需要从 APP 内部和外部两方面来努力。

1. 从 APP 内部而言

首先，要确保推广的 APP 对客户是有价值的。在移动互联网时代，企业已经不能再靠一味地向客户进行单向灌输理念就能轻易达成交易目的。企业最需要注重的是与客户深入地对话及沟通。企业在考虑自身的产品特点是否符合用户需求的同时，还需要思考什么样的产品特点才能真正满足客户生活或者心理诉求，引起客户的共鸣。企业只有深入挖掘客户内在需求与喜好，用收集到的客户历史数据和研究结果来做支撑，根据客观的分析结果来总结出客户的需求与喜好，才能准确把握客户所想、所求，真正地引发客户心理互动，并将这种心理互动与 APP 设计进行整合，才能开发出有价值的 APP。

其次，确保要推广的 APP 是具有良好用户体验的。企业应该从客户体验的角度进行充分考虑。企业的 APP 应用程序不仅要全面展现企业形象，更重要的是设计并制作出来的 APP 应用程序要符合目标客户的口味及偏好，企业能够将自身的品牌或产品通过 APP 应用程序进行合理展示，做到精准把握客户的内在需求并为其量体裁衣，而不要像一些企业仅仅是将原有的网站转化成一个 APP 应用程序进行宣传或营销。

2. 从 APP 外部而言

APP 的推广需要多方面的努力。首先，要了解各个 APP 平台的排名规则，通过各种优化方法，争取让自己的 APP 排名靠前。如果 APP 的产品质量比较好，可以把 APP 的推广发行工作交给代理商来完成。其次，APP 的信息可以借助传统的网络营销方法如论坛营销、博客营销、微博营销、微信营销来推广，当然也可以到各个门户类网站发 APP 广告，找公关公司进行软件推广。最后，如果企业的实力较强，可以联合腾讯、百度等用户量较大的互联网公司一起推广运营。

三、基于 APP 的营销方式

APP 营销的方式有 3 种：广告植入模式、购物网站移植模式和用户营销模式。

（一）广告植入模式

广告植入模式是最基本的 APP 的营销模式，特别是在功能性 APP 和游戏类 APP 中，广告主通过植入动态广告栏链接进行广告植入，当用户点击广告栏的时候就会进入指定的界面或链接，可以了解广告主详情或者是参与活动，这种模式操作简单，适用范围广，只要将广告投放到那些热门的、与自己产品受众相关的应用上就能达到良好的传播效果。

网络游戏"疯狂猜图"就是很好的内容植入的成功案例，该游戏融入广告品牌营销，把Nike、可口可乐之类的品牌作为关键词，既达到了广告宣传效果，又不影响用户玩游戏的乐趣，而且因为融入了用户的互动，广告效果更好。所以企业最好选择与自己应用用户群贴近的广告主，这样的广告既能给用户创造价值，又不会引起用户反感，而且点击率会比较高，因此能获得较高的收益。

（二）购物网站移植模式

商家开发自己产品的 APP，然后将其投放到各大应用商店以及网站上，供用户免费下载使用。该模式基本上是基于互联网购物网站，将购物网站移植到手机上，用户可以随时随地浏览网站获取所需商品信息、促销信息，进行下单。这种模式相对于手机购物网站的优势是快速便捷，内容丰富，而且这类应用一般具有很多优惠措施。

如"闪电降价"是一款限时闪降类电商 APP，主要销售男性服装、鞋包、配饰、数码品类商品，目前累积入驻国际国内知名品牌超过 3600 家，累积用户规模超过 1000 万，不断为消费者提供更多实惠优质的商品，如图 10-1 所示。

图 10-1 "闪电降价"APP

（三）用户营销模式

用户营销模式的主要应用类型是网站移植类和品牌应用类，企业把符合自己定位的应用发布到应用商店内，供智能手机用户下载，用户利用这种应用可以很直观地了解企业的信息，用户是应用的使用者，手机应用成为用户的一种工具，能够为用户的生活提供便利性。

网络营销与推广

这种营销模式具有很强的实践价值,让用户了解产品,增强产品信心,提升品牌美誉度。如通过定制"孕妇画册"应用吸引准妈妈们下载,提供孕妇必要的保健知识,用户在获取知识的同时,不断强化对品牌的印象,商家也可以通过该APP发布信息给精准的潜在用户。

用户营销模式相比植入广告模式更具有软性广告效应,用户在满足自己需要的同时,获取品牌信息、商品资讯。从费用的角度来说,植入广告模式采用按次收费的模式,而用户营销模式则主要由客户自己投资制作APP,相比之下,首次投资较大,但无后续费用。APP营销效果取决于APP内容的策划,而非投资额的大小。

除了以上3种APP营销方式,APP营销还可以与传统广告、视频营销、店面促销、事件营销等独立营销方式进行整合,形成整体协同效应,达到最大化营销效果。LBS位置服务、手机身份识别、增强现实(Augmented Reality)、重力感应、陀螺仪等新技术不断出现,让APP营销可以通过多方技术整合拥有以前很多营销不能实现的技术特征,引爆客户眼球。

任务三 移动广告

一、移动广告的内涵和特点

(一)移动广告的概念

移动广告的概念主要是指通过移动设备开展一系列企业营销活动,主要指短信广告、移动终端访问APP或者网页时显示的广告。移动广告是网络广告的一种。最初的移动广告可以追溯到2001年的短彩信广告。当时手机广告投放的载体是基于运营商通信渠道的增值业务,包括了媒体和运营商合办的大大小小的短信手机报,以及大量以数据库营销或会员服务为主的短彩信推送业务。

尽管短彩信广告取得了一定的效果,但过度的使用和推送会让消费者感到厌倦,随着LBS和AR技术的日渐成熟为移动互联网广告的发展带来了可能。移动应用商店中可供下载的APP数量激增,移动APP营销已经成为前沿阵地。与此同时,几乎所有的互联网企业腾讯、阿里、新浪、百度等都转战移动互联网,建立起了移动手机网站,数以亿计的消费者正在使用手机去搜索、了解和比较产品的品牌和服务信息,加上之前较为成熟的短信营销,因此有人把短信、手机网页和APP称为移动网络的三大广告形式。但是,短信目前主要用于验证功能;同时,由于各类垃圾信息、诈骗信息的侵蚀,短信营销的影响力已经越来越小了。

(二)移动广告的特点

1. 即时性

手机广告即时性来自于手机的可移动性。手机是个人随身物品,它的随身携带性比其他任何一个传统媒体都强,绝大多数用户会把手机带在身边,甚至24小时不关机,所以手机媒介对用户的影响力是全天候的,广告信息到达也是最及时、最有效的。

2. 精准性

相对于传统广告媒体,移动广告在精确性方面有着先天的优势。它突破了传统的报纸广告、电视广告、网络广告等单纯依靠庞大的覆盖范围来达到营销效果的局限性,而且在受众

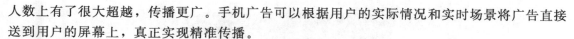

人数上有了很大超越,传播更广。手机广告可以根据用户的实际情况和实时场景将广告直接送到用户的屏幕上,真正实现精准传播。

3. 互动性

手机广告互动性为广告商与消费者之间搭建了一个互动交流平台,让广告主能更及时地了解客户的需求,更使消费者的主动性增强,提高了自主地位。用户可以非常方便地发条短消息,或者呼出商家的电话,还可以直接把有用的广告内容转发给亲朋好友,这一切让用户的主动性增强了。

4. 可测性

对于广告业主来讲,移动广告相对于其他媒体广告的突出特点还在于它的可测量、可追踪性,受众数量可准确统计。这对于广告主来说是非常必要的。

5. 整合性

移动广告的整合性优势得于 3G 技术、4G 技术的发展速度,移动广告可以通过文字、声音、图像、动画等不同的形式展现出来。智能终端将不仅仅是一个实时语音或者文本通信设备,同时也是一款功能丰富的娱乐工具,具有影音、游戏终端、移动电视等功能,还是一种及时的金融终端,如手机电子钱包等。再加上 Htm15、LBS、AR、二维码扫描、重力感应等技术手段,移动广告的表现形式将更加丰富多彩。

(三) 移动广告的形态

移动广告的 LBS、GPS 导航、二维码识别、NFC 支付等,便于用户看到广告后通过多种方式给出回应。已经有数据表明,移动广告的点击率和转化率较传统网络广告有了明显提高,已经超过了网络营销中转化率最高的搜索引擎广告。移动广告大体有以下几种形态。

1. 短信和彩信广告

这里所指的短信、彩信主要是指移动运营商可以作为媒介的增值业务,如手机报、交通违章查询、各类优惠券等。当然也包括各类电商或者传统商家用短信猫等工具进行客户购买提醒的短信息。此类短信、彩信一般主要给老顾客推送,如大型活动、优惠信息、产品上新、节日提醒等。

2. APP 显示全屏广告

APP 启动全屏的优点是启动时自动打开,强迫关注,由于对用户直接骚扰,一般只服务于大型品牌,因此广告的设计都比较精美。大多开屏广告都伴有自动读秒,在 5 秒以内,避免用户等待过久,造成不良的情绪,如图 10-2 所示。

3. 首页和内屏焦点图

首页和内屏焦点图多见于手机网站和 APP,在开启后首页和内屏的固定位置设置焦点大图广告,与互联网的 Banner 广告类似,一般也有三轮播或者五轮播,如图 10-3 所示。

4. 媒体广告

在手机网站或者 APP 开启后,从手机屏幕上方或者下方弹出旗帜广告,类似互联网中的本地网飘窗广告,可以关闭。一般点击飘窗将会打开一个设计精美的网站、图文、视频,甚至还有一些小游戏,互动非常丰富。

5. 文字广告

文字广告非常普遍,各大手机网站、APP 中,都在各个位置上设置了文字链接广告,一般要求文字在 13~17 个字符之间,文字链接广告多用于各种营销活动的推广之中。

网络营销与推广

图 10-2 APP 的开屏广告

图 10-3 手机网站的焦点图广告

6. 移动视频贴片广告

移动视频贴片是指用户在手机、平板电脑上观看视频时弹出的广告，是移动视频中一种重要的广告模式，可以分为前贴片、后贴片和中间贴片。一般而言，中间贴片的效果会更好一些。移动视频的贴片广告近年与热播网剧或者视频本身内容结合在一起，有一定的趣味性、娱乐性和迷惑性，一般还可以点击和交互。随着移动端网速的提升，移动视频贴片广告将更加流行，如图 10-4 所示。

图 10-4　手机视频贴片广告

二、移动广告的测评

移动广告的测评基本上与网络广告的计费模式相同，只是由于移动广告的迅速发展，国内外如 Admob、优友、多盟、Momark、有米、亿动智道、百分互联、MobWIN、点入、万普、微云等，这些平台的竞争与合作使得移动广告很快出现了较为成熟的商业模式。早在 2013 年，Facebook 的移动广告收入已经达到全部广告收入的 41% 以上。现阶段，移动广告的计费方式主要有 CPM、CPC、CPA、CPS、CPI、CPV、CPT 几种，CPM、CPC、CPA、CPS 模式在项目六网络广告的计费模式中已经介绍过，这里重点介绍 CPI、CPV、CPT 这 3 种移动广告计费模式。

1. 安装计费 CPI

CPI（Cost Per Install）是指按实际安装情况计算广告费用。主要用于应用推广，是前期获取用户的有效方式。

2. 观看计费 CPV

CPV（Cost Per View）是指按照广告完整播放来计算广告费用。这种计费模式较适用于图片、视频类广告。广告主仅为完整看完广告视频的用户付费。

3. 试玩计费 CPT

CPT（Cost Per Try）是指以移动应用的试玩为广告计费标准，而不仅仅以应用的显示次数或者联网激活作为广告计费标准，较适合手机游戏、社交移动应用、工具类移动应用。

三、移动广告程序化购买

程序化购买（Programmatic Buying），主要是指通过数字化、自动化、系统化的方式改造广告主、代理公司、媒体平台，进行程序化对接，帮助其找出与受众匹配的广告信息，并通过程序化购买的方式进行广告投放，并实时反馈投放报表。程序化购买把从广告主到媒体的全部投放过程进行了程序化投放，实现了整个数字广告产业链的自动化。程序化购买并不只是移动广告的专利，它最早是随着网络广告的兴起而产生的，伴随移动终端的迅猛发展，跨屏等移动问题取得了发展。程序化购买按照交易是否公开可以分为公开交易和私有交易，公开交易主要是 RTB 实时竞价模式；私有交易主要包括三种竞价方式：PDB 私有程序化购买、PD 优先交易、PA 私有竞价，区别在于是否竞价以及广告位是否预留。

随着网民媒体消费行为的碎片化，在海量的数字营销资源中实现对于目标客户的精准定位成为极其迫切的需求，依靠传统的媒体排期广告投放模式已经难以适应当前的媒体环境与用户习惯，因而程序化购买模式作为代表数字营销领域规模化、精准化、程序化趋势的新营销方式应运而生，2017 年中国程序化购买广告市场 AMC 模型如图 10-5 所示。

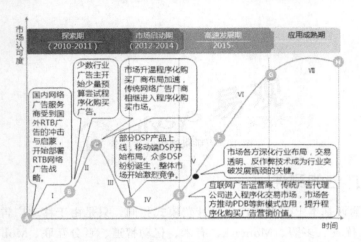

图 10-5　2017 年中国程序化购买广告市场 AMC 模型

程序化购买相比于传统网络营销媒介购买模式的优势在于在每一个单一的展示机会下，把适当的广告在适当的情境提供给适当的消费者。这种方式对广告主而言，可以只对那些他们想获取的目标消费者付费，从而提高了广告预算的回报；对媒体而言，可以获得更大的收益；对消费者而言，可以只看那些与他们的特定需求和利益相关的广告。尽管程序化购买意味着很少或者没有人工的介入，通过计算机的自动算法实现广告的投放，但如果要真正释放程序化购买的营销价值，同样需要有善于分析的交易员对广告投放进行优化，从而显著提升程序化购买的效果。

从我国来看，2012 年可以说是程序化购买的起步年：第一个广告交易平台（AdExchange）（阿里巴巴集团旗下的 TANX）和第一家需求方平台（DSP 或 Demand-side Platform）的出现（悠易互通），创造了以实时竞价（RTB 或 Real-time Bidding）为主的程序化购买市场。2013 年则是程序化购买的爆发年：国内互联网巨头都推出他们的广告交易平台，包括了 BAT 中的 B 和 T（百度和腾讯）、谷歌、新浪、优酷、搜狐、盛大等。易观发布的截至 2017 年程序化购买广告市场的中国企业如图 10-6 所示。

品牌广告主开始重视程序化购买，服务商开始搭建私有程序化购买服务平台，广告主买断的私有资源实现程序化购买，这对优质广告主来说既保留了其专属广告位的排他性优势，又保证了广告内容的个性化展示和投放频次的综合性控制，还能够对广告预算进行智能分配，大大避免了广告费的浪费。在此需求趋势下，程序化购买服务商开始针对性地推出私有程序化购买的服务团队及平台。2014 年，中国程序化广告营收规模为 523 亿元，增长率为 141.0%，2015 年，中国程序化购买的市场规模达到 115.1 亿元，但程序化购买广告占网络展示类广告规模仅为 15%，相比于美国展示类广告 50% 的程序化购买占比，我国程序化购买市场空间巨大。

图 10-6　截至 2017 年程序化购买广告市场的中国企业

任务四　移动 O2O 营销

线下与线上相结合,传统渠道与网络渠道的整合,已经成为企业发展的重要走向。特别是"互联网+"的国家发展战略下,传统产业已经很少有不考虑互联网因素而独立生存、做大做强的了。许多电商的品牌和企业也在尝试性地通过线下来实现体验营销。所以,在移动互联网时代,做好移动的 O2O 营销值得每位企业家和学者深入思考。

一、二维码与移动 O2O

(一) 二维码的基本概念和分类

二维码是用某种特定的几何图形按一定规律在平面(二维方向上)分布的黑白相间的图形记录数据符号信息,在代码编制上巧妙地利用构成计算机内部逻辑基础的"0""1"比特流的概念,使用若干个与二进制相对应的几何形体来表示文字数值信息,通过图像输入设备或光电扫描设备自动识读以实现信息自动处理。

二维码通常呈正方形,传统上为黑白两色,在三个角落印有较小的"回"字形正方图案。这三个标志是帮助解码软件定位的图案,使用者可以不用对准,无论在任何角度,资料都会被正确读取。它具有条码技术的一些共性:每种码制有其特定的字符集;每个字符占有一定的宽度;具有一定的校验功能,同时还具有对不同行的信息自动识别功能及处理图形旋转变化点。常见的二维码可以分为堆叠式和矩阵式两类。

1. 堆叠式二维码

堆叠式二维码的编码是建立在一维条码基础上的,按需要堆积成两行或者多行,也叫排行式二维码。它在编码设计、校验原理、读取方式等方面都继承了一维条码的特点,识读设备和一维条码也是兼容的。但由于行数的增加,需要对行进行判定,其译码算法和软件也不完全和一维条码相同,有代表性的排行式二维码有 Code 16K、Code49、PDF417 等。

2. 矩阵式二维码

矩阵式二维码是在一个矩形空间通过黑白像素的不同分布进行编码，用点代表逻辑"1"，用点的不出现代表逻辑"0"，点的排列组合确定了矩阵式二维码所代表的意义。具有代表性的矩阵式二维码有 Code One、Maxi Code、QR Code、Data Martix 等，国内最为常见的二维码是 QR 条码。

（二）二维码的特点

二维码在国际上是一项非常成熟的防伪技术，可以帮助消费者实现快速、准确地了解自己想要的产品的信息。二维码被制成标签粘在产品、包装之上，消费者在购买产品时，只需要用手机扫码，就可以查询产品的信息和企业的信息。它主要的特点有信息容量大、编辑范围广、保密和防伪性能好、译码可靠性高、修正错误能力强、容易制作和成本低。

1. 信息容量大

二维码的信息容量大，可以在水平和垂直两个方向上存储信息，一维码一般只是保存数字和字母，而二维码可以存储汉字、数字、图片等信息。二维码可以在较小的空间里表达大量的信息，相对一维码信息容量高几十倍以上。

2. 编辑范围广

二维码条码编辑范围广，可以将照片、指纹、掌纹、签字、声音等凡是能够数字化的信息进行编码，用条码表示出来，可以表示多种语言，也可以表示图像数据。

3. 保密和防伪性能好

二维码保密和防伪性能好，具有多重防伪特性，它可以采用密码防伪、软件加密以及利用所包含的信息防伪，如指纹、照片等。

4. 译码可靠性高

二维码译码可靠性高，它的错误率低于百万分之二，误码率不超过千万分之一，译码可靠性是极高的。

5. 修正错误能力强

二维码修正错误能力强，它采用了世界上最先进的数学纠错理论，如果破损面积不超过50％，条码由于沾污、破损等所丢失的信息，可以照常被恢复找回。

6. 容易制作和成本低

二维码容易制作且成本极低。利用现有的点阵列、激光、喷墨、热敏等打印技术，就可以在多种材料上印出二维码，可以说二维码是"零成本技术"，由于 QR 二维码有 30％的容错，所以可以最高遮挡 30％，这样就可以设计出很多个性的二维码。

（三）二维码的功能与移动 O2O

在现代商业社会中，二维码的使用已经非常广泛了，特别是在移动互联网中。从其功能上来看二维码的使用包括了以下几个方面。

（1）信息获取（名片、地图、WiFi 密码、资料）；

（2）网站跳转（跳转到微博、手机网站、网站）；

（3）广告推送（用户扫码，直接浏览商家推送的视频、音频广告）；

（4）手机电商（用户扫码，手机直接购物下单）；

（5）防伪溯源（用户扫码，即可查看生产地，后台可以获取最终消费地）；

（6）优惠促销（用户扫码，下载电子优惠券，抽奖）；

(7) 会员管理（用户手机上获取电子会员信息、VIP 服务）；

(8) 手机支付（扫描商品二维码，通过银行或第三方支付提供的手机端通道完成支付）。

二维码的应用似乎一夜之间渗透到我们生活的方方面面，地铁广告、报纸、火车票、飞机票、快餐店、电影院、团购网站以及各类商品外包装上，都能见到二维码的身影。在移动互联业务模式下，人们的经营活动范围更加宽泛，二维码应用可以伴随智能手机和平板电脑的普及，不再受到时空和硬件设备的局限。二维码成为移动互联网入口一般可以从以下 3 种途径考虑。

1. 信息传播

不论是电子凭证还是企业、媒体或商品信息，其实都是信息传播概念，用户用手机扫描二维码，就可以进入对应的地址，获得完整的数据。线上的用户可以通过二维码获取商家的信息、产品的信息，从而到线下进行体验。

2. 互动入口

用户通过扫描二维码来关注微信好友，或优惠券领取、投票报名、参加调研等在手机上的可操作形式，向企业回传客户信息。企业就能将广告投放效应最大化，获得宝贵的用户互动数据。这样的互动购买模式已经在电影、电视、杂志、宣传册、广告等领域开始使用。

微信在较早的版本中已经开始提供扫二维码服务，用户可以通过扫他人二维码而直接建立微信关系，微信在 4.0 版本后还提供了可以直接通过扫二维码而实现手机和电脑微信同步的功能，非常巧妙地结合了二维码和验证的特性。新浪微博提供扫二维码后可以关注微博等功能。2012 年之后，微信推出公众平台面向企业和个人开放，打开了自媒体时代。同时，二维码的运用更达到了前所未有的高度，扫一扫加关注几乎是所有公众号推广的方式。

3. 形成购买

形成购买是指直接把消费者带往某个商品的电子商务平台，产生交易。原来需要进实体店或在网上购买的流程，已经可以通过扫描二维码而实现，在手机上完成购物支付流程。这样的方式可以弥补在原来无法涉足的空间进行消费的需求。支付宝、微信、各类电子钱包目前都开通了二维码支付的功能。

二、LBS 与移动 O2O

（一）LBS 的含义

LBS 即基于位置的服务，是指通过电信移动运营商的无线电通信网络或外部定位方式（GPS）获取移动终端用户的位置信息，在 GIS 平台的支持下，为用户提供相应服务的一种业务。

我国的 LBS 商业应用始于 2001 年中国移动首次开通的移动梦网品牌下的位置服务。2003 年，中国联通又推出了"定位之星"业务。2006 年年初，中国移动在北京、天津、辽宁、湖北 4 个省市进行了"手机地图"业务的试点运行，为广大手机用户提供显示、动态缩放、动态漫游跳转、全图、索引图、比例尺、城市切换以及各种查询等位置服务。此后互联网地图的出现加速了我国 LBS 产业的发展。众多地图厂商、软件厂商相继开发了一系列在线 LBS 终端软件产品。此后，伴随着无线技术和硬件设施得到完善，LBS 行业在国内迎来一个爆发增长期。2006 年以后受 Foursquare 模式的启发，国内也涌现出了诸多新兴的 LBS 服务提供商，他们专注于基于手机的 LBS 服务，利用 LBS 手机软件或 Web 站点向用户提供个性化的 LBS 服务。

（二）LBS 与移动 O2O 营销

LBS 与移动 O2O 营销相结合主要有 4 种模式，即签到模式、游戏模式、搜索模式、信息推送模式。

1. 签到模式

签到模式主要是以 Foursquare 为主，还有一些国外同类服务如 Gowalla、Whrrl 等，国内有：嘀咕、玩转四方、街旁、开开、多乐趣、在哪等。

该模式的基本特点如下：用户需要主动签到以记录自己所在的位置，通过积分、勋章以及领主等荣誉激励用户签到，满足用户的虚荣感；通过与商家合作，对获得的特定积分或勋章的用户提供优惠或折扣的奖励，同时也是对商家品牌的营销；通过绑定用户的其他社会化工具，以同步分享用户的地理位置信息；通过鼓励用户对地点（商店、餐厅等）进行评价以产生优质内容。

2. 游戏模式

游戏模式的主旨是游戏人生，可以让用户利用手机购买现实地理位置里的虚拟房产与道具，并进行消费与互动等将现实和虚拟真正进行融合的一种模式。这种模式的特点是更具趣味性，可玩性与互动性更强，比签到模式更具黏性，但是由于需要对现实中的房产等地点进行虚拟化设计，开发成本较高，除了学习签到模式之外，还可以植入地域广告等。2016 年任天堂等开发的 AR＋LBS 游戏《精灵宝可梦 GO》，它对现实世界中出现的宝可梦进行探索捕捉、战斗以及交换的游戏，也可实现线上线下互动，可以设置很多怪物出现在某餐厅，吸引消费者玩家前去消费。

3. 搜索模式

该模式主要与地图搜索相关，客户基于地理位置的周边搜索，APP 可以推送周边的各种服务，如餐厅、旅游、酒吧，甚至交友等。主流的 APP 如百度地图 APP、高德地图、微信、支付宝、大众点评等都提供类似的服务。此服务借助于 LBS，还对各类服务商家进行评价、打分、推荐和利益分成，在实际场景中，搜索模式还经常采用"LBS＋团购"这样的商业模式，对消费者有很大的吸引力。

4. 信息推送模式

Getyowza 为用户提供了基于地理位置的优惠信息推送服务。例如，Getyowza 用户安装 Getyowza 提供的客户端，Getyowza 会根据用户的地理位置，给用户推送附近的优惠券信息。Getyowza 只在美国开展此项业务，用户安装软件之后可以设置推送距离（推送距离自己多少范围内的优惠信息），可以直接在 Google Maps 上查看这些优惠信息，可以收藏自己喜欢的店铺，选择只接受自己收藏店铺的优惠券的推送信息。Getyowza 的优惠券不需要打印，直接给商户看便可以享受打折优惠。Getyowza 的营利模式是通过和线下商家的合作来实现利益的分成。ShopKick 将用户吸引到指定的商场里，完成指定的行为后便赠送其可兑换成商品或礼券的虚拟点数。当然信息推送结合 LBS 和旅游、交友结合在一起，例如，当获取用户到达北京的消息后，可以推送当地的旅游景点，也可以推送其在当地的好友信息，当然还可以推送当地的吃喝玩乐等信息。

三、移动 O2O 营销应用模式

O2O 的全称为 Online to Offline，泛指通过有线或者无线互联网提供商家销售信息，聚集有效的购买群体，并在线支付相应的费用，再凭借各种形式的凭证去线下，也就是现实世界进行消费产品和体验相应的服务,让互联网成为线下前台。O2O 的核心是线上支付。

从 O2O 的定义来看,团购模式、生活服务类电商模式也都属于 O2O 的范畴。移动 O2O 主要是运用移动终端和移动互联网精准、便捷等特点来实现商家线上线下互动,达到营销目的的各类活动。

移动 O2O 应用模式很多,目前主要有以下 4 种模式。

1. Online to Offline

Online to Offline,即线上交易到线下消费体验商品或服务,是最常见的 O2O 模式,团购模式就是此类的代表。每年春运的时候,人们除了排队买票、打电话购票之外,这几年最火的就是网络订票。其实网上购票就是典型的 O2O 模式。用户在网上下订单支付成功,然后用身份证在火车站取票,完成乘车的体验。

携程、同程、去哪儿网的酒店预订,各航空公司的机票网上订购都是比较典型的 O2O 模式,在互联网时代,这些企业要做的只是将网站打包或者重新开发一个 APP 推送给客户即可。

2. Offline to Online

Offline to Online,即线下营销到线上交易。此模式 2005 年在日韩非常火爆,但当时因为智能手机还没有普及,所以国内并没有充分了解。2012 年之后,随着微信的崛起,二维码模式为越来越多人所接受,很多企业通过线下做营销,如发放带有商品信息的二维码宣传单、在地铁口的二维码广告等,然后在线上实现交易,这种模式正在被越来越多的企业所使用,特别是那些传统产业,比如,电商类消费品、服装鞋帽、家电、计算机、数码产品、游戏充值卡等。

3. Offline to Online to Offline

Offline to Online to Offline,即线下营销到线上交易,然后再到线下消费商品和服务。此模式主要是一些生活服务类企业进行某项促销活动时最为常见。如美容院在开业期间,派出员工在大街上发放带有二维码的广告传单,凡是扫描了二维码的顾客都给予一定优惠券,通过二维码解码登录公司网站产生订单交易就可以使用这些优惠券,最后前往店铺进行消费。这就是典型的 Offline to Online to Offline 的模式。此类模式主要适合必须要线下体验服务的行业,如餐饮业、美容美发业、旅游业等。

4. Online to Offline to Online

Online to Offline to Online,即线上交易到线下消费体验商品或服务再到线上交易或营销,如滴滴打车等打车类软件"分享赠话费"就属于这种模式。首先通过打车 APP 在网上下单,然后在线下坐车完成整个服务,在完成整个服务之后,用户需要对这次服务进行评价分享转发到朋友圈,就可以获得 10 元电话费。

无论哪种应用模式,移动 O2O 的目的就是使用移动网络营销手段或者传统营销手段把线上线下一体化,同时移动客户端和互联网技术的飞速发展也给这一领域注入了活力,推动移动 O2O 模式不断创新和发展。

<h1 style="text-align:center">小　　结</h1>

1. 移动互联网营销的价值体现在社交性、移动性和位置性 3 个方面。
2. 移动网络营销具有个性化、交互性、灵活性、丰富性、经济性、监测性等特点。
3. 移动网络营销的运行模式主要有 3 种:Push 模式、Web 模式和内嵌模式。

4. APP 的设计流程分为 4 个阶段：准备阶段、开发设计阶段、测试阶段和上线阶段。

5. APP 营销的方式有 3 种：广告植入模式、购物网站移植模式和用户营销模式。

6. 移动广告具有即时性、精准性、互动性、可测性和整合性的特点。

7. 移动广告的形态主要有短信和彩信广告、APP 显示全屏广告、首页和内屏焦点图、媒体广告、文字广告、移动视频贴片广告。

8. 二维码具有信息容量大、编辑范围广、保密和防伪性能好、译码可靠性高、修正错误能力强、容易制作和成本低的特点。

9. LBS 与移动 O2O 营销相结合的模式为签到模式、游戏模式、搜索模式、信息推送模式。

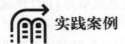 实践案例

案例分析

耐克："Nike＋Running" APP 让跑步不再孤单

世界上最大的运动装备制造商耐克公司曾推出一款运动类 APP——Nike＋Running，这款软件使跑步不再无趣，跑步者不再孤独，而且还可以帮助那些喜欢跑步和运动的都市白领在世界范围内记录奔跑距离、测量热量消耗等指标，对比和分享他们的跑步经历。

耐克推出的"Nike＋Running" APP 掀起了全民跑步的热潮，很多跑步爱好者已经不再局限于锻炼身体这个概念，而是上传自己的跑步数据和体验，与朋友分享成为这项运动新的延伸。对耐克而言，这不仅仅是在推销一个数字化的产品，它想告诉人们的是，今天的耐克已经不再是一家传统的卖运动服饰和运动鞋的公司，它正在向"互联网＋运动"方向出发，开发出传统业务的新蓝海。

耐克是运动行业的先驱，它总是紧跟消费者不断变化的现实需求，甚至挖掘消费者潜在的隐性需求。多年前，耐克用一片小小的气垫将体育用品行业引入了一个科技比拼的新时代，从而树立起耐克科技创新型公司的形象。而今，耐克通过 Nike＋Running、Nike＋iPod、Nike＋Move、Nike＋Training、Nike＋Basketball 等手机应用程序的开发与推广，成为大数据时代运动领域的佼佼者。可见，耐克无论在产品创新方面还是在营销创新方面，从未停止自己的脚步，而且在致力于为消费者提供前所未有的产品体验与服务价值的道路上，耐克更是从未放慢自己的脚步。

业务操作

1. 结合案例，分析耐克是如何借助 APP 开展营销活动的。
2. 论述 APP 营销的模式有哪些。

 学习评价

一、选择题

1. 下列是移动 3G 标准的有（　　）。

    A. WCDMA　　　　B. CDMA2000　　　　C. TD-SCDMA　　　　D. WiMAX

2. 移动网络营销的特点是（　　）。
   A. 先天高度的便捷性　　　　　　B. 用户高度的黏性
   C. 高度的精准度　　　　　　　　D. 相对低廉的成本
3. 下列（　　）不是微信的功能。
   A. 摇一摇　　　B. 附近的人　　　C. 吹一吹　　　D. 扫一扫
4. 下列不属于移动网络广告计费模式的是（　　）。
   A. CPM　　　　B. CPT　　　　　C. CPA　　　　D. CPB
5. （　　）是移动营销的方法。
   A. 短信营销　　B. 彩信营销　　　C. APP营销　　D. 视频植入广告
6. 常用的手机的操作系统类型有（　　）。
   A. Android　　　B. IOS　　　　　C. Windows Phone　　D. Symbian
7. （　　）是移动端的搜索引擎工具。
   A. 百度搜索　　B. 搜狗移动　　　C. 宜搜　　　　D. 神马
8. 程序化购买的特点是（　　）。
   A. 简单易用　　B. 打击精准　　　C. 成本较高　　D. 评估困难
9. 二维码的特点是（　　）。
   A. 信息容量大　　　　　　　　　B. 编辑范围广
   C. 保密和防伪性能好　　　　　　D. 可靠性高
10. LBS与移动O2O营销的模式为（　　）。
    A. 签到模式　　B. 游戏模式　　　C. 搜索模式　　D. 信息推送模式

二、判断题

1. 移动网络营销是网络营销发展的新态势。（　　）
2. 移动互联网营销的价值更多地体现在社交性、移动性和位置性3个方面。（　　）
3. 移动社交广告的发展空间十分有限。（　　）
4. APP营销是指在移动互联网的条件下，利用手机APP进行营销活动的过程。（　　）
5. 程序化购买主要是指通过数字化、自动化、系统化的方式改造广告主、代理公司、媒体平台，进行程序化对接，帮助其找出与受众匹配的广告信息，并通过程序化购买的方式进行广告投放，并实时反馈投放报表。（　　）

三、简答题

1. 移动网络营销的概念和特点是什么？
2. 微信是一个即时聊天工具，它的哪些功能可以"嫁接"到营销之中？
3. 微信朋友圈营销有哪些利弊？

参 考 文 献

[1] 吴海兵.中小企业论坛营销运作策略初探[J].中国商贸.2011,02.
[2] 周仕洵,李瑶.网络营销方法的"常青树"——论坛营销[J].中小企业管理与科技(上旬刊).2014,02.
[3] 李瑶,伊新.微博营销活动策划与实施方法研究[J].中小企业管理与科技.2013,10.
[4] 王惊雷.企业微博营销研究及策略分析[J].价格月刊.2014,09.
[5] 王霞,牛海鹏.企业微博营销中品牌曝光度对网络口碑的影响研究[J].管理评论.2013,05.
[6] 赵爱琴,朱景焕.企业微博营销效果评估研究[J].江苏商论.2012,01.
[7] 刘晓燕,郑维雄.企业社会化媒体营销传播的效果分析——以微博扩散网络为例[J].新闻与传播研究.2015,02.
[8] 周凯,徐理文.基于5T理论视角下的企业微博营销策略及应用分析——以欧莱雅的微博营销为个案研究[J].图书与情报.2012,05.
[9] 王立影.浅谈微信营销优势及发展前景[J].中国证券期货.2013,09.
[10] 李瑶,伊新,周仕洵.企业微信营销实施方法研究.现代国企研究.2015,20.
[11] 王艳.企业微信营销的模式与发展前景分析[J].商业经济.2014,09.
[12] 戚蕾,张莉.企业微信营销[J].企业研究.2013,11.
[13] 王时杰.关于微信营销现状及对策的思考.信息与电脑.2014,21.
[14] 陈怡红,齐丽娜,孙景蔚.微信营销模式及其特点分析.人力资源管理.2016,07.
[15] 徐雅琴.微信营销的特点、优劣势和解决之道.新闻世界.2015,05.
[16] 郑亚琴,郭琪.微博营销对企业品牌传播的影响[J].吉林工商学院学报.2011,04.
[17] 侯钰滢.解读新媒体条件下电子商务网络软文营销策略[J].山西农经.2017,16.
[18] 李娜.E时代,如何做好软文营销[J].电子商务.2013,11.
[19] 杜漪,金艳梅.对我国网络软文营销的研究[J].中国商贸.2010,14.
[20] 谢爱平.软文营销:企业网络营销的又一利器[J].电子商务.2011,03.
[21] 翁东东,高上江,林伟锋.网络营销之软文营销[J].电子世界.2014,12.
[22] 刘敔.新媒体条件下电子商务网络软文营销策略分析[J].巢湖学院学报.2013,05.
[23] 江礼坤.网络营销推广实战宝典[M].北京:电子工业出版社,2012.
[24] 秦勇,陈爽.网络营销理论工具与方法[M].北京:人民邮电出版社,2017.
[25] 凌守兴,王利锋.网络营销实务(第二版)[M].北京:北京大学出版社,2011.
[26] 王宏伟.网络营销[M].北京:北京大学出版社,2010.
[27] 韩布伟.颠覆式互联网营销[M].北京:中国铁道出版社,2016.
[28] 袁宁,吴志军."病毒"营销在网络中的应用[J].电子商务,2015,12.
[29] 张建斌,贾芸.病毒营销的文献综述及市场应用前沿探析[J].商业经济研究.2015,10.
[30] 史振厚,邱靖涵,邱奎博.支付宝"病毒式"红包营销策略研究[J].经济研究导刊.2018,07.
[31] 谭贤.新网络营销推广实战从入门到精通[M].北京:人民邮电出版社,2016.
[32] 高振宇.互联网营销之道[M].北京:人民邮电出版社,2018.
[33] 叶龙.从零开始学网络营销和推广[M].北京:清华大学出版社,2017.
[34] 夏雪峰.全网营销[M].北京:电子工业出版社,2017.
[35] 刘杰克.网络营销实战[M].北京:电子工业出版社,2014.
[36] 张书乐.实战网络营销[M].北京:电子工业出版社,2015.
[37] 燕鹏飞.全网营销[M].广东:广东人民出版社,2018.
[38] 王永东.网络营销学[M].北京:清华大学出版社,2018.
[39] http://www.cnnic.net.cn.中国互联网络信息中心官网.